LE LIVRE DU DIVAN

STENDHAL

VIES
DE HAYDN
DE MOZART
ET DE MÉTASTASE

RÉVISION DU TEXTE ET PRÉFACE PAR
HENRI MARTINEAU

PARIS
LE DIVAN
37, Rue Bonaparte, 37

MCMXXVIII

VIES
DE HAYDN, DE MOZART
ET DE MÉTASTASE

CETTE ÉDITION A ÉTÉ TIRÉE A
1.825 EXEMPLAIRES : 25 EXEM-
PLAIRES NUMÉROTÉS DE I A XXV
SUR PAPIER DE RIVES BLEU ET 1.800
EXEMPLAIRES NUMÉROTÉS DE 1 A
1.800 SUR VERGÉ LAFUMA.

EXEMPLAIRE 1483

STENDHAL

VIES
DE HAYDN
DE MOZART
ET DE MÉTASTASE

> The present work is presumed to contain more musical information, in a popular form, than is to be met with in any other book of a size equally moderate.
>
> (*Préface de la traduction anglaise.*)

PARIS
LE DIVAN
37, Rue Bonaparte, 37

MCMXXVIII

PRÉFACE DE L'ÉDITEUR

Nulle existence plus que celle de Stendhal ne fut ballottée par les événements. Parti pour entrer à Polytechnique, il échoue dans les bureaux de son cousin Daru. Quittant bientôt, afin de se consacrer uniquement aux lettres, l'uniforme des dragons dont il s'était revêtu par caprice, il rentre à nouveau dans l'administration et ne commence à publier qu'à trente et un ans passés. Ne rêvant que théâtre et ayant ébauché plus de cent comédies, il ne sera jamais auteur que de romans et d'essais. Dans sa maturité il abhorre les paperasses et ne se plaît plus qu'à Paris, seul endroit où il puisse jouir des plaisirs de la conversation : son manque de fortune le contraint cependant à passer ses dernières années dans la quasi solitude d'un lointain consulat.

Pourtant cette existence tourmentée, et dont jamais celui qui la vécut avec tant d'appétit ne semble avoir été vraiment le maître, présente à chaque pas les signes d'une évidente prédestination. C'est ainsi que son premier livre est tout consacré à la musique qui fut, avec l'amour, sa plus constante préoccupation. Mais, tandis que l'amour lui cause souvent bien des désillusions et de la tristesse, la musique ne le déçoit jamais et le console toujours.

Aucun autre sentiment ne fut mieux analysé par lui, et chaque page de son œuvre pour ainsi dire en atteste la profondeur. Faisant, dans Henri Brulard, la somme de ses expériences, il s'exprime ainsi : « La musique a peut-être été ma passion la plus forte et la plus coûteuse : elle dure encore à cinquante-deux ans et plus vive que jamais. Je ne sais combien de lieues je ne ferais pas à pied, ou à combien de jours de prison je ne me soumettrais pas pour entendre Don Juan et le Matrimonio Segreto, et je ne sais pas pour quelle autre chose je ferais cet effort ! »

*
* *

Les alliés entrent dans Paris, le 31 mars 1814, environ le temps où Beyle regagne son logement, au n° 3 de la rue Neuve-du-Luxembourg. Il a été quelques mois auparavant envoyé en Dauphiné comme adjoint au sénateur comte de Saint-Vallier pour stimuler l'activité de la circonscription militaire : mais il se lasse bientôt de cette *mission confuse et stérile. Il revient à point pour assister à la dissolution du conseil d'Etat et à la suppression des adjoints aux commissaires des guerres ; il demeure sans emploi, sans appointements, avec trente-sept mille francs de dettes. C'est alors qu'afin de chasser le noir qui l'assiège et se consoler du malheur de vendre ses chevaux, il prend un copiste et, suivant les justes expressions de sa notice autobiographique de 1820, « lui dicte une traduction corrigée de la* Vie de Haydn, *d'après un ouvrage italien ».*

Cet ouvrage avait paru à Milan en 1812 et y avait obtenu un vif succès. Il était intitulé : Le Haydine, ovvero Lettere sulla vita e le opere del celebre maestro Giuseppe Haydn. *Il avait pour auteur un librettiste italien, Joseph Carpani, traducteur du poème de* La Création de Haydn *et qui avait personnellement approché ce dernier à Vienne. Beyle, au cours de son voyage à Milan, en 1813, avait dû connaître ce livre et former probablement dès lors le projet de s'en servir un jour. Le moment venu, il va l'utiliser largement ; il en prend toutes les anecdotes ainsi que les trois quarts des jugements et analyses. Bref, des dix-sept lettres de Carpani il tire les vingt-deux qui forment la première partie de son propre livre, transposant les faits, abrégeant har-*

diment tout ce qui chez l'auteur italien sentait le pédantisme, omettant les détails superflus, développant par ailleurs ce qui lui paraissait plus important, commentant, enrichissant et renforçant presque partout la pensée assez flottante et diffuse de son devancier.

Ce travail ne constituait encore qu'un ensemble banal et un peu mince. Pour étoffer son manuscrit, Beyle va y ajouter une Vie de Mozart *suivie d'opinions sur son œuvre puis des lettres sur* Métastase *et sur l'état de la musique en Italie. Pour la* Vie de Mozart, *il annonce ouvertement qu'il l'a traduite d'un auteur allemand : M. Schlichtegroll. En réalité, il utilise de très près une brochure parue à Paris en 1801 :* Notice biographique de Jean-Chrysostome-Wolfang-Théophile Mozart, *par C. Winckler. Winckler du reste prévenait dans sa notice qu'il s'était beaucoup servi de la « Nécrologie » de Schlichtegroll. Ainsi s'explique d'elle-même la petite supercherie de Stendhal indiquant une source première dont il ne s'est certainement point servi, et passant sous silence l'ouvrage qu'il copie ou presque. Car il a suivi, pas à pas, — comme l'a démontré M. D. Muller, — le texte de Winckler, se bornant à le diviser en sept chapitres et n'y ajoutant que quelques remarques de son crû et quelques anecdotes, empruntées elles aussi à une autre brochure parue également à Paris en 1801 :* Trente-deux anecdotes sur W. C. Mozart, traduites de Rochlitz par C. Fr. Cramer. *Le jugement qui suit cette* Vie de Mozart *reflète certainement en grande partie les opinions personnelles de Stendhal. Ce qui ne veut pas dire qu'il n'ait utilisé, ici comme ailleurs, quelque devancier, mais ce serait également bien mal le connaître et le juger que de ne pas le croire capable à l'occasion d'être original. Seulement en pareille matière la méfiance est légitime ; on soutenait ainsi fort imprudemment que les deux lettres sur Métastase ne devaient rien à personne, quand M. Paul Hazard vint nous assurer au contraire, dans la* Revue des Deux-Mondes *du 15 septembre 1920, que ces deux lettres étaient pleines d'emprunts faits à un critique italien du nom de Baretti. A la bonne heure, cette découverte prouve une fois de plus que Stendhal aimait se bien documenter puisque M. Hazard lui-même reconnaît que Baretti n'est pas un écrivain banal mais au contraire qu'il est fort éloquent quand il parle de Métastase.*

N'approfondissons pas trop pour l'instant la méthode de travail de Beyle, où nous aurons à revenir. Retenons seulement que ces différents travaux d'adaptation le consolent de sa grandeur passée et lui permettent de tuer le temps, en attendant qu'il obtienne du gouvernement de Louis XVIII quelque place nouvelle. Il a en effet la sagesse de croire davantage pour remédier à sa mauvaise position, aux bénéfices d'une situation officielle qu'aux ressources de son nouveau métier d'écrivain. Son plus ferme appui est le comte Beugnot qui le recommande à la bienveillance particulière de Talleyrand et demande pour lui une petite place en Italie. Aussi Henri Beyle fait-il avec conscience son office de solliciteur. Il se met en bas de soie et se rend régulièrement chez la comtesse Beugnot. Il la connaît du reste d'assez longue date et lui écrivait déjà de jolies lettres durant la campagne de Russie.

Mais Beyle n'était pas le seul solliciteur qui hantât les salons de la comtesse Beugnot. Il y retrouvait son ex-collègue au Conseil d'État, Louis Pépin de Bélisle, qui habitait au n° 1 de la rue Neuve-du-Luxembourg et était par conséquent son plus proche voisin.

Bélisle et Beyle étaient fort liés depuis plusieurs années. En 1811 et 1812 ils avaient occupé en commun le même appartement, ce que Beyle annonçait à sa sœur Pauline en ces termes : « Je me mets en ménage avec le plus beau garçon que je connaisse, le meilleur et le plus aimable, à un peu de tristesse et de hauteur près. » Bélisle était certainement un garçon cultivé dans le goût duquel Beyle avait confiance. Les manuscrits de Grenoble (R. 5896, tome I) conservent un brouillon de lettre qu'il lui adressait de Méry-sur-Seine le 5 mai 1814. Le contexte autant que le titre de cette lettre, semble indiquer que c'est la troisième lettre écrite à cette époque par Beyle qui, dans les graves circonstances où il se trouvait, ne cessait de se préoccuper de littérature et d'en disserter avec son ami. Bélisle, nous allons le voir encore mieux tout à l'heure, est donc à cette époque le grand confident littéraire de Stendhal, en même temps que son co-solliciteur. Mais, soit qu'il eût des titres plus importants, soit que Mme Beugnot eût des raisons particulières de s'intéresser davantage à lui, toujours est-il que c'est lui, cette même année 1814, qui est nommé maître des requêtes et qui sera préfet trois ans plus tard quand Beyle aura l'occasion de lui envoyer l'Histoire de la Peinture en Italie.

Beyle pour sa part n'obtient rien. Pouvons-nous croire qu'il ait eu à refuser « la place superbe » offerte par M. Beugnot ; il ne se serait agi ni plus ni moins que de l'approvisionnement de Paris ? Sur ce point il a dû broder quelque peu dans ses souvenirs, et prendre à distance quelque petit projet pour une offre magnifique. Peut-être sa patience s'était-elle trop vite lassée. La persévérance n'était pas sa qualité dominante. Dès le 24 juin 1814 il mande à sa sœur qu'il a peu d'espoir parce que M. Beugnot pousse Bélisle et que dans ce pays on ne peut pousser deux personnes à la fois. Alors il se console autant qu'il le peut avec son travail littéraire, et à la date du 30 juin il écrit dans son Journal : « Je travaille depuis le 10 mai à Métastase et à Mozart. Enfin ce travail me donne beaucoup de plaisir, il m'ôte tout le chagrin de voir M. D. ne pas me nommer secrétaire d'ambassade à Florence. »

En M. D. il est aisé de reconnaître le comte Beugnot que, dans sa Correspondance et ses Souvenirs d'Egotisme, Beyle désigne ordinairement sous le nom de Doligny. N'oublions pas surtout cette dédicace cavalière et charmante que Beyle inscrira à la dernière page de son livre[1]. Il en fait hommage à Mme Beugnot, pardon à Mme d'Oligny, et si l'on en serre les termes d'un peu près on voit qu'en la remerciant de tous ses bons offices, il semble lui reprocher moins de n'avoir pu lui obtenir une place que d'avoir laissé un nuage s'élever entre eux, et d'avoir pour ainsi dire négligé l'amitié. Ne dirait-on pas le ton d'un soupirant évincé ? L'hypothèse ne serait point

---

1. Voir plus loin, p. 413.

improbable. Dans ce cas Beyle aurait eu dix ans plus tard une heureuse revanche quand il devint l'amant de la comtesse Curial, fille de Mme Beugnot.

Stendhal et la comtesse Beugnot ne se brouillèrent cependant point. Dès son arrivée à Milan, en 1814, Beyle lui envoya la relation de son voyage, lui rappelant qu'il espère toujours qu'elle lui obtiendra un poste en Italie. Sa dédicace ne sera imprimée, avec le volume, que plusieurs mois plus tard, mais en réalité elle avait été écrite par Beyle avant son départ de Paris. La date du brouillon nous le certifie. Stendhal paraît donc avoir abandonné la partie et quitté la France, moins par impatience de solliciteur que par dépit amoureux. Et son heureux rival auprès de Mme Beugnot n'aurait été autre que Bélisle, il le laisse nettement entendre dans sa Vie de Henri Brulard. *Il ne lui en montra néanmoins nul ressentiment et lui garda toujours une fidèle amitié. Il lui dédie même ce premier livre sur* Haydn, Mozart et Métastase *auquel ils s'étaient intéressés ensemble. Nous savons en effet aujourd'hui ce que cache l'énigmatique dédicace : « A M. Louis de Lech**. » Elle désigne indéniablement L. Pépin de Bélisle. C'est lui le cher Louis à qui toutes ces lettres sont adressées et non point Louis Crozet comme on l'avait cru jusqu'au jour* d'une découverte excessivement importante dont nous a fait part, en une brochure brève, modèle d'élégante précision[1], M. Louis Royer, l'érudit et complaisant conservateur de la bibliothèque de Grenoble,

Le 12 mai 1895, Octave Mirbeau avait trouvé pour deux francs cinquante sur les quais de Paris un recueil composé des Vies de Haydn, de Mozart et de Métastase, édition de 1817, et de Racine et Shakspeare, n° II, les deux œuvres reliées ensembles. Ce recueil, qui contient de nombreuses notes de la main de Stendhal, figura sous le n° 663 sur le catalogue de la vente Mirbeau, et nous le désignerons désormais au cours de cette édition sous le nom d'exemplaire Mirbeau. M. Louis Royer, à qui cet exemplaire fut confié, en a relevé toutes les annotations et celles-ci m'ont été fort utiles pour l'établissement de mes propres notes. Ces remarques marginales ajoutées par Stendhal à son exemplaire entre 1823 et 1830 nous apprennent que non seulement le livre est dédié à Bélisle, mais encore que celui-ci y collabora si l'on peut dire ou, plus modestement, qu'il conseilla l'auteur sur quelques points ; il aurait ainsi fait enlever des pages un peu osées : on lui devrait encore le compliment aux Français et celui à M.M.G. G.

1. Louis ROYER : *En marge de deux ouvrages de Stendhal*. Paris, Giraud-Badin, 1925.

G. G. de Rome qu'on trouvera dans la présente édition (pp. 382-383), ainsi que les suppressions indiquées par la note de la page 402.

* *

Le livre de Stendhal parut chez Didot dans les tout derniers jours de 1814 ou plus vraisemblablement au début de 1815. Il avait alors pour titre : « Lettres écrites de Vienne en Autriche, sur le célèbre compositeur Haydn, suivies d'une vie de Mozart, et de considérations sur Métastase et l'état présent de la musique en France et en Italie, par Louis-Alexandre-César Bombet. » *Stendhal, qui avait quitté Paris depuis près de six mois, n'avait pas dû corriger ses épreuves et cette édition était criblée de fautes. Elle avait été tirée à mille exemplaires. L'insuccès en fut complet.*

Aussi trois cents des exemplaires invendus de la première édition, brochés sous une nouvelle couverture et comprenant de nouveaux et très importants errata, furent-ils remis en vente, toujours sous la firme Didot, imprimeur du roi, vers la fin de 1817. L'ouvrage s'intitule alors plus simplement que la première fois : « Vies de Haydn, de Mozart et de Métastase. » *Il ne porte plus d'indication de nom d'auteur, sa pré-*

face est augmentée et il arbore en épigraphe sur la page du titre quatre lignes en anglais extraites de la préface de la traduction anglaise. Nous ne savons à peu près rien sur les conditions où fut entreprise cette traduction. Sans doute occasionna-t-elle le voyage que Stendhal fit en Angleterre cette année-là. Comment en effet prendre au pied de la lettre la déclaration qu'il place à la fin de la feuille des errata de 1817 : « L'auteur se promenant par hasard dans Almarle-Street, a vu chez Murray la traduction de son livre. Il doit des remerciements au traducteur dont il ignore jusqu'au nom. Le style anglais paraît simple et clair : malheureusement il y a une trentaine de contresens, et ils se rencontrent dans les points les plus délicats de l'analyse. C'est avec le plus vif plaisir que l'auteur a lu les excellentes notes signées de la lettre G. Il eut cédé à la tentation de les traduire, s'il n'eût craint de donner un aspect trop savant à son ouvrage. Il est parfaitement d'accord avec G. sur Beethoven. En 1818, il n'avait pas entendu un assez grand nombre d'ouvrages de ce grand compositeur. En revanche, l'on n'estime pas assez en Angleterre le charmant Rossini. On n'y sent pas que le beau idéal varie avec le climat. »

Ce qui est indéniable, c'est que le livre de Stendhal avait été traduit en anglais et avait paru à Londres en 1817 chez John Murray, (imprimé by W. Lewis), sous ce titre : « The life of Haydn, in a series of Letters written at Vienna followed by the life of Mozart with observations on Metastasio, and on the present state of Music in France and Italy. Translated from the french of L. A. C. Bombet. With notes, by the author of the sacred melodies. » La traduction était d'une fidélité approximative et présentait d'assez nombreux contresens, plusieurs passages aussi avaient été abrégés ou supprimés. La caractéristique de cette édition était les notes critiques placées en bas de page et dues à l'auteur des mélodies sacrées (Gardiner). Une deuxième édition anglaise parut en 1818, semblable à la première, mais sortant cette fois des presses de M. Cloves et portant le titre plus court et plus simple définitivement adopté par Stendhal : « The lifes of Haydn and Mozart with observations on Metastasio and on the present state of music in France and Italy. »

C'est le lieu de signaler ici deux autres traductions imprimées en Amérique, la première à Providence, Rhode-Island, en 1820 et qui n'est guère qu'une copie de l'édition anglaise ; la seconde, plus correcte, toujours cependant d'après l'édition anglaise, parut en 1839 à Boston et Philadelphie.

En France le premier tirage ne se vendait toujours pas. Dix ans après la mise en vente de 1814, les comptes de librairie accusaient seulement 127 exemplaires vendus sur les mille exemplaires tirés. C'était la ruine des espérances de Stendhal qui, lorsqu'il avait payé 1.790 francs les frais d'édition et avait signé le traité qui lui promettait cinq francs par exemplaire vendu, calculait déjà que la vente de 600 exemplaires lui permettrait d'aller passer trois mois à Philadelphie. Or en 1824 Stendhal n'a récupéré, comme nous venons de le dire, que 585 francs, dont il faut déduire encore une commission de 10 %.

Ce n'est pourtant pas qu'il s'en soit désintéressé. Étant en Italie, il harcelait de ses lettres son chargé d'affaires, le baron de Mareste, pour tâcher d'avoir des articles sur ce livre, ou tout au moins, si on ne parvient à le faire louer, afin d'obtenir de nouvelles annonces, tous les trois mois, dans les journaux. Le même mandataire, tandis que Beyle est à Milan ou à Grenoble, s'occupe encore du relancement de 1817, chez Didot, avec la nouvelle couverture et les quatre pages d'errata. Il n'en faudrait cependant pas conclure comme on l'a fait que ces errata ont été rédigés par lui : Beyle les lui avait envoyés et son brouillon est conservé dans les manuscrits de Grenoble.

L'indispensable de Mareste est enfin chargé par l'auteur de faire hommage de cette première œuvre à la Chambre des Députés.

Plus tard, Romain Colomb ayant succédé à Mareste dans le rôle de factotum de Beyle, par ses soins, on reprend, en 1831, les exemplaires qui restent du premier tirage et on leur fait encore un peu de toilette en changeant les pages de titre. L'ouvrage est relancé, cette fois sous la firme de Levavasseur, éditeur au Palais-Royal, avec la mention deuxième édition *inscrite sur le faux-titre et sur le titre, et, pour la première fois, sous le nom de Stendhal. Les acheteurs continuent à bouder et c'est Colomb qui est chargé en 1834 de faire annoncer dans les journaux tous les ouvrages de son cousin, afin de hâter la vente des derniers exemplaires.* Les Vies de Haydn, Mozart et Métastase *ne sont bien entendu pas oubliées dans cette liste.*

Colomb fit aussi paraître en 1854 cet ouvrage dans les Œuvres complètes de Stendhal chez Michel-Lévy frères. Il s'est contenté de reprendre le texte de 1814, sans tenir compte malheureusement des errata de 1817 qu'il ignorait sans doute. Et cette édition a seule été réimprimée sans changements, de cette date à 1914. Alors pour son centenaire, ce livre eut, chez Champion, les honneurs d'une excellente édition due aux soins de M. Daniel Muller, qui nous offrait enfin un texte correct et des commentaires autorisés.

Le volume que je donne ici, à mon tour, suit, bien entendu, l'édition originale, en tenant le plus grand compte des errata de 1817, et en lui faisant subir quelques corrections nécessaires exigées par le sens et dont la plupart ont été judicieusement indiquées par M. Muller. J'ai, en outre, utilisé les annotations inscrites par Stendhal sur l'exemplaire Mirbeau.

Je n'ai pas manqué de collationner les cahiers que possède la bibliothèque de Grenoble et qui appartiennent aux manuscrits des Vies de Haydn, Mozart et Métastase ou s'y rattachent étroitement. Ainsi à partir de « Le théâtre de sa gloire... » (p. 274 de la présente édition), le texte imprimé présente une évidente ressemblance et suit parfois même d'assez près une notice sur Mozart de l'écriture de Beyle qui se trouve dans les manuscrits de Grenoble, R. 5896, t. VII, 114-125, et qui semble avoir été écrite pour un journal de Milan. Parues ou non, ces pages sont ou bien une première étude qui, considérablement augmentée, a été le point de départ de la Vie éditée en 1814, ou bien un résumé postérieur de cette même Vie. Ce manuscrit en effet n'est pas daté. En revanche, on retrouve le manuscrit de la

Lettre sur Mozart *dans le dossier R. 5896, tome XI, pp. 68-75. Les feuillets, de l'écriture d'un copiste, sont corrigés de la main de Stendhal. A très peu de chose près, le texte de l'édition de 1814 respecté par moi (p. 322) est le même que celui de ce manuscrit. A signaler seulement que, sur le manuscrit, la lettre porte la date du 19 mars 1814. Enfin, le brouillon de la dédicace à Mme Doligny se trouve également à Grenoble, R. 5896, tome VII, p. 80. Il présente surtout cette particularité d'être daté du 15 juillet 1814, époque où Beyle n'avait pas encore quitté Paris.*

Ces manuscrits n'ont du reste qu'un intérêt documentaire, car, plutôt que leurs leçons, j'ai dans cette édition toujours préféré le texte imprimé par Stendhal, comme étant le dernier revu et corrigé par lui.

Tel quel, ce livre que, quelques années après l'avoir fait imprimer, Beyle qualifiait dédaigneusement de robinet d'eau tiède, *semblera certainement encore d'une lecture fort agréable. Si l'on prend la peine de les y chercher, on rencontrera même, presque au tournant de chaque page, quelques-unes des idées maîtresses qui ont fait le plus et le plus justement pour la gloire de Stendhal, et qui, parmi les renseignements empruntés, éclatent comme la floraison d'une roseraie au milieu d'un potager.*

* *

Mais si d'excellents esprits ont pu soutenir que Beyle pillant de droite et de gauche a cependant fait œuvre originale, il eût été, je crois, assez malaisé de faire admettre la même opinion à l'auteur qu'il avait le plus utilisé, à Joseph Carpani. Celui-ci dut avoir connaissance du livre signé Bombet, vers le milieu de l'année 1815. Car les 18 et 20 août, il mettait à la poste pour Paris deux lettres adressées au Constitutionnel (1), *qui ne les reproduisit point mais en prit prétexte pour insérer le 13 décembre suivant un article humoristique qui ne ménageait pas plus Carpani lui-même que Bombet et qui se terminait ainsi :*
« *Il est difficile de répondre à des faits aussi positifs. Après une lecture attentive des raisons alléguées par M. Carpani, nous n'hésitons pas à reconnaître sa paternité et nous croyons servir utilement M. Louis-Alexandre-César Bombet en lui conseillant de restituer amicalement à M. Carpani son livre, sa conversation et sa fièvre.* »
Ce qui indignait en effet particulièrement le bon Carpani, ce n'était pas tant le démar-

---

1. Ces lettres n'ont été imprimées intégralement qu'en 1816 dans *Giornale dell' Italiana Letteratura* de Padoue. On trouvera in-extenso les documents de cette plaisante querelle en appendice à l'édition des *Vies de Haydn, Mozart et Métastase*, chez Champion, 1914.

quage de son livre que de l'avoir vu mutilé et défiguré, d'avoir constaté la désinvolture avec laquelle Bombet, s'appropriant ses anecdotes et ses propres aventures, n'avait pas dédaigné de lui voler même une fièvre qu'il avait eue à Vienne et qui aurait été guérie par l'audition d'une messe de Haydn.

À l'appui de ses lettres, Carpani, fort de son droit et de sa bonne foi, produisait un certificat où cinq viennois et viennoises, amis de Haydn, affirmaient que, contrairement aux dires mensongers de Bombet, ils n'avaient jamais vu le dit Bombet et ne lui avaient jamais donné le moindre renseignement sur Haydn. En revanche, ils se portaient garant de l'honorabilité de Carpani, à qui seul ils avaient fourni les détails et documents contenus dans son ouvrage.

Après un silence de quelques mois, le Constitutionnel publiait, le 26 mai 1816, un entrefilet évidemment inspiré par Stendhal ou par quelqu'un de ses amis : « Les Lettres sur Haydn, que tous les amateurs de la symphonie ont lues et goûtées, furent, il y a six mois, l'objet d'une réclamation assez plaisante de la part de M. Carpani, de Milan; il prétend que M. César Bombet n'en est point l'auteur, mais le simple traducteur. M. Bombet nous écrit à son tour *pour réclamer, et renvoyer à son adversaire l'accusation de plagiat. Nous sommes fort embarrassés de cette grave contestation : les pièces probantes manquent absolument. Du reste, l'ouvrage méritait d'être traduit en français, s'il est italien; en italien, s'il est français. Le livre de M. Bombet, original ou copié, se vend à Paris, chez P. Didot, rue du Pont-de-Lodi.* »

Ces lignes valaient pour Beyle un excellent placard de publicité, mais on comprend qu'elles n'aient pas satisfait Carpani. De Vienne, le 20 juin 1816, il adressa une nouvelle lettre au journal. Elle parut dans le numéro du 20 août, précédée d'un chapeau où le Constitutionnel *affirmait qu'il n'était mû que par le souci de l'impartialité et que si cette réponse* respire un peu la franchise et la brusquerie allemandes, *il n'en doit que plus* respecter le texte et le donner dans toute sa pureté.

Carpani, en effet, commence à se fâcher; il trouve que la plaisanterie de Bombet est de fort mauvais goût, et qu'elle passe même les bornes quand elle insinue que ce serait lui le plagiaire.

La riposte de Beyle, datée de Rouen, parut dans le Constitutionel *du 1er octobre 1816, sous la signature de H. C. G. Bombet, frère cadet de Louis-Alexandre-César Bombet. Elle est très amusante et d'une insolence assez réussie. Elle figure au reste dans la* Correspondance *de Stendhal, à sa date du 26 septembre. M. Muller pense, mais sans apporter de preuves bien convaincantes, que cette lettre émane de Crozet. Toujours est-il que le supposé Bombet junior y prend hardiment l'offensive et répand à profusion le ridicule sur Carpani. Après avoir rappelé avec bon sens que Hume n'était point le plagiaire de Rapin-Thoiras pour avoir dit, après lui, qu'Elisabeth était fille de Henri VIII; que M. Lacretelle n'était point le plagiaire de M. Anquetil pour avoir traité, après lui, le sujet de la guerre de la Ligue. Il propose fort paisiblement de faire traduire au choix de M. Carpani trente pages de ses* Haydine *et l'on mettra en regard trente pages du livre de M. Bombet. Le public appréciera.*

Carpani, il est inutile de le dire, ne releva pas le défi. Fou de rage, il chercha à percer le pseudonyme de ce Bombet si cruellement railleur. Le Constitutionnel, *jugeant l'incident clos, ne publia pas sa réponse à la lettre de Bombet jeune. Carpani n'eut plus à son service que les journaux italiens. Aussi Beyle, surtout depuis qu'il n'habitait plus l'Italie, ne se cachait qu'assez peu. Au moment où il fit faire des affiches pour la deuxième édition de* Rome, Naples *et*

Florence *en 1824, il ne craignit pas d'y faire figurer cette indication* : « *Par le même auteur* : Hist. de la Peinture en Italie, *2 vol. in-8º, prix, 12 fr.* ; Vies de Haydn, Mozart et Métastase, *1 vol. in-8º, prix* : *5 fr.* » *Et c'est cette année même que, dans une déclaration accompagnant la publication de ses* Megeriane, *Carpani déclara que le larron de ses* Haydine *ne s'appelait pas Bombet, ni même Aubertin, nom sous lequel il avait encore publié une* Histoire de la peinture en Italie, *dont cette fois il était véritablement l'auteur. L'affirmation est savoureuse pour qui connaît aujourd'hui les beaux travaux de M. Arbelet et sait que pour ce second livre Stendhal a plagié autant et plus que pour le premier: l'homme, Carpani nous en donne une preuve nouvelle, ne s'inquiète guère de ce qui déborde son horizon familier.*

Carpani menace ensuite son voleur de lui arracher tout à fait le masque du visage pour que l'Italie tout entière sache que ce « figlio dell'Isera spumante » *s'appelle en réalité* E. B. (1) *de Grenoble.*

Mais Carpani mourut en 1825 et la querelle après lui perdit toute son acrimonie. Il fallut Quérard et ses Supercheries littéraires dévoilées *pour rappeler, en*

1. Enrico Beyle.

1841, *l'attention du public sur cette pauvre histoire. Beyle dans sa réponse à Quérard disait avoir indiqué primitivement sur son manuscrit que son ouvrage était imité de l'italien, et qu'il avait supprimé cette mention à la prière de Didot, qui lui affirmait qu'une traduction ne se vendrait pas. Du reste, ajoutait-il, « un anonyme peut-il être un plagiaire ? »*

*
* *

Il n'est point nié que Beyle ait beaucoup puisé dans les Haydine. *M. Romain Rolland qui, après M. Arthur Chuquet, a fait le relevé minutieux de ces emprunts, s'en montre indigné. Environ les trois quarts du livre de Beyle sont déjà dans Carpani à qui l'auteur français a pris non seulement ses faits, ses références, ses exposés, mais encore ses analyses, ses anecdotes, jusqu'à ses comparaisons et parfois même ses rares idées. N'exagérons rien cependant, car Beyle a beaucoup remanié le livre de son devancier. Il l'a même contredit assez souvent, en particulier sur Mozart à propos duquel l'écrivain italien accumulait les réserves et que le français exaltait avec une admirable clairvoyance. Il est vrai qu'on a été jusqu'à reprocher à Stendhal d'avoir intercalé dans les parties qu'il* copiait des développements et des réflexions personnels. C'est là justement ce qui légitime son dessein : il a adapté au goût français un ouvrage étranger sans avoir cherché le moins du monde à le dissimuler. Il dit notamment au cours de la lettre XXII : « Il n'y a peut-être pas une seule phrase dans cette brochure qui ne soit traduite de quelque ouvrage étranger. » Plus loin, il reconnaît dans une note que son livre n'est « presque qu'un centon. » Tout au moins exagérait-il dans la modestie.

Dans les manuscrits qui nous ont été conservés, en particulier dans ceux de l'Histoire de la Peinture en Italie, on trouve partout en marge des indications qui montrent d'où Stendhal tirait sa pâture. Fréquemment, il notait en toute tranquillité : « Tout cet ouvrage est traduit ou extrait. » Souvent également il piquait, dans ses livres, un renvoi pour nommer les auteurs mis à contribution. Il trouvait d'ordinaire inutile de se malagraboliser la tête pour dire d'une autre façon ce qui avait été bien dit avant lui. Et de même qu'il ne se serait point offusqué si l'on avait pris une semblable liberté vis-à-vis de lui-même, il trouvait tout naturel d'emprunter ce dont il avait besoin. A ce sujet, il a écrit de bien curieuses lettres au baron de Mareste. Dans l'une (21 mars 1820), il *plaisante tout le premier sur le terme de plagiaire qu'on lui applique. Dans l'autre (19 avril 1820), il explique qu'il a toujours envie de voler ce qui est exprimé dans sa propre façon de penser : « Molière disait, en copiant Cyrano de Bergerac: « Je « prends mon bien où je le trouve. » Si mes* books *arrivent en 1890, qui songera au grain d'or trouvé dans la boue ? »*

Sainte-Beuve ne pensait pas différemment quand il reconnaissait en Beyle, dès son premier livre, un merveilleux « excitateur d'idées ». Il savait très bien cependant tout ce que ce livre devait à des sources antérieures, mais ayant perçu son accent profond et personnel, il en parlait comme d'une œuvre foncièrement originale. Pour le surplus il se contentait de lever les épaules devant les roueries de Beyle qui ne nomme pas son devancier. La question est entendue, le seul tort de Beyle est de n'avoir pas indiqué au grand jour ce qu'il devait à Carpani. Nous avons vu sa défense; elle est conforme aux idées de son époque. Il eut été contraire aux usages du temps d'alourdir de considérations livresques ce qui dans la pensée de l'auteur ne devait être qu'une spéculation de librairie. Comme l'a fort bien souligné M. Paul Souday: certaines choses sont dans le domaine public, et l'on ne saurait reprocher à Beyle de s'être documenté pour des ouvrages qui devaient à peu près uniquement rivaliser avec le Baedecker.

D'autant plus qu'ayant autrefois assisté en grande pompe aux cérémonies données à Vienne en l'honneur de Haydn après sa mort, Beyle devait tout naturellement quelques années plus tard se figurer l'avoir personnellement connu et qu'il ne faisait que reprendre dans le livre d'un autre des détails seulement un peu oubliés par sa propre mémoire.

En fait, la spéculation de librairie de Stendhal fut assez malheureuse, mais non point sa réussite artistique. Il a pu commettre en traduisant deux ou trois contresens : cela ne saurait empêcher de le louer d'avoir allégé et rendu lisible un ouvrage fort pesant. Dans un style simple, alerte, et qui n'appartient qu'à lui, il a saupoudré de remarques personnelles et du sel de son génie propre quelques auteurs coriaces: Carpani, Winckler, Cramer, Baretti et tutti quanti, dont personne ne parlerait aujourd'hui s'il ne les avait incorporés à son œuvre. Avec des textes qui seraient morts sans son intervention, il a fait un livre toujours vivant.

Faut-il pour les incrédules et les esprits chagrins instituer une expérience proche parente de celle que Beyle déjà proposait à Carpani? Qu'on prenne au hasard une page de ce livre, une de celles précisément que les experts auront déclarées copiées pour les deux tiers, et l'on verra qu'elle demeure néanmoins immédiatement reconnaissable pour tous les familiers de la pensée du maître.

M. Léon Bélugou qui, au sujet même de Stendhal[1], a envisagé mieux qu'aucun autre le passionnant et complexe problème de la propriété littéraire, s'est fort à-propos demandé : « A qui appartient une idée? A qui l'énonce en premier lieu, ou à qui lui donne la vie en la mettant en circulation? La réponse n'est pas douteuse. Les questions de priorité littéraire n'ont guère qu'une importance industrielle, et sont à débattre entre les ayant-droit : la postérité a d'autres soins que de les départager. » Il n'est pas douteux en effet qu'il faille placer au premier plan, non les lourdes compilations originales, mais l'ouvrage de l'écrivain qui sut vivifier les documents inertes en leur insufflant l'ordre, en les clarifiant, en les rendant lisibles et profitables, bref, en leur donnant une âme.

Henri MARTINEAU.

---

[1]. Avant-propos aux *Soirées du Stendhal-Club*, I, par C. Strylenski.

PRÉFACE
DE L'ÉDITION DE 1814

J'étais à Vienne en 1808. J'écrivis à un ami quelques lettres sur le célèbre compositeur Haydn, dont un hasard heureux m'avait procuré la connaissance quelques années auparavant. De retour à Paris, je trouve que mes lettres ont eu un petit succès ; qu'on a pris la peine d'en faire des copies. Je suis tenté de devenir aussi un auteur, et de me voir imprimer tout vif. J'ajoute donc quelques éclaircissements, j'efface quelques répétitions, et je me présente aux amis de la musique, sous la forme d'un petit in-8º.

NOTE AJOUTÉE EN 1817.

Lorsque l'auteur se détermina, en 1814, à relire sa correspondance, et à en faire une brochure, il cherchait quelques distractions à des chagrins très graves, et ne prit pas la précaution d'écrire à Paris pour avoir du succès. Ainsi aucun journal n'annonça ce petit ouvrage; mais en Angleterre il a eu les honneurs d'une traduction [1], et les revues les plus estimées ont bien voulu discuter les idées de l'auteur. Voici sa réponse.

J'ai cherché à analyser le sentiment que nous avons en France pour la musique. Une première difficulté, c'est que les sensations que nous devons à cet art enchanteur sont extrêmement difficiles à rappeler par des paroles. Je me suis aperçu que, pour donner quelque agrément à l'analyse philosophique que j'avais entreprise, il fallait écrire les vies de Haydn, de Mozart et de Métastase. Haydn m'offrait tous les genres de musique instrumentale; Mozart, sans cesse comparé à son illustre rival Cimarosa, donnait les deux genres de musique dramatique ; celle où la voix est tout, et celle où la voix ne fait presque que nommer les sentiments que les instruments réveillent avec une si étonnante puissance. La vie de Métastase amenait naturellement l'examen de ce que doivent être les poëmes destinés à conduire l'imagination, cette folle de la maison, dans les contrées romantiques que la musique rend visibles aux âmes qu'elle entraîne.

---

[1]. Chez Murray, 1817 ; 496 pages, avec des notes savantes.

PRÉFACE

Il me semble que la première loi que le dix-neuvième siècle impose à ceux qui se mêlent d'écrire, c'est la clarté. Une autre considération m'en faisait un devoir.

Nous parlons beaucoup musique en France, et rien dans notre éducation ne nous prépare à en juger. Car c'est une chose reconnue que, plus un homme est *fort* sur un instrument, moins il sent les effets du charme qu'il fait naître. Son âme est ailleurs, et il n'admire que le difficile. J'ai pensé que les jeunes femmes qui entrent dans le monde trouveraient avec plaisir, en un seul volume, tout ce qu'il faut savoir sur cet objet.

Dans l'analyse de sentiments aussi délicats, l'essentiel est de ne rien outrer. Ceci me convenait parfaitement ; le talent de l'éloquence, que je n'avais point, eût été déplacé dans un tel ouvrage.

Ile de Wight, le 16 septembre 1817.

LETTRES
SUR LE
CÉLÈBRE COMPOSITEUR
HAYDN

LETTRES
SUR
LE CÉLÈBRE COMPOSITEUR
HAYDN

LETTRE PREMIÈRE

A M. LOUIS DE LECH**

Vienne, le 5 avril 1808

Mon ami,

Ce Haydn que vous aimez tant, cet homme rare dont le nom jette un si grand éclat dans le temple de l'harmonie, vit encore, mais l'artiste n'est plus.

A l'extrémité d'un des faubourgs de Vienne, du côté du parc impérial de Schœnbrunn, on trouve, près de la barrière de Maria-Hilff, une petite rue non pavée, et où l'on passe si peu qu'elle est couverte d'herbe. Vers le milieu de cette rue, s'élève une humble petite maison, toujours environnée par le silence : c'est là, et non pas dans le palais Esterhazy, comme vous le croyez, et en effet comme il le pourrait s'il le voulait, qu'habite le père de la musique instrumentale, un des hommes de génie de ce dix-huitième siècle, qui fut l'âge d'or de la musique.

Cimarosa, Haydn et Mozart viennent seulement de quitter la scène du monde. On joue encore leurs ouvrages immortels ; mais bientôt on les écartera : d'autres musiciens seront à la mode, et nous tomberons tout à fait dans les ténèbres de la médiocrité. Ces idées remplissent toujours mon âme quand j'approche de la demeure tranquille où Haydn repose. On frappe, une bonne petite vieille, son ancienne gouvernante, vous ouvre d'un air riant ; vous montez un petit escalier de bois, et vous trouvez, au milieu de la seconde chambre d'un appartement très simple, un vieillard tranquille, assis devant un bureau, absorbé dans la triste pensée que la vie lui échappe, et tellement nul dans tout le reste, qu'il a besoin de visites pour se rappeler ce qu'il a été autrefois. Lorsqu'il voit entrer quelqu'un, un doux sourire paraît sur ses lèvres, une larme mouille ses yeux, son visage se ranime, sa voix s'éclaircit, il reconnaît son hôte, et lui parle de ses premières années, dont il se souvient bien mieux que des dernières : vous croyez que l'artiste existe encore ; mais bientôt il retombe à vos yeux dans son état habituel de léthargie et de tristesse.

Ce Haydn tout de feu, plein de fécondité, si original, qui, assis à son piano, créait des merveilles musicales, et, en peu de moments, enflammait tous les cœurs, transportait toutes les âmes au milieu de sensations délicieuses ; ce Haydn a disparu du monde. Le papillon dont Platon nous parle a déployé vers le ciel ses ailes brillantes, et n'a laissé ici-bas que la larve grossière sous laquelle il paraissait à nos yeux.

Je vais de temps en temps visiter ces restes chéris d'un grand homme, remuer ces cendres encore chaudes du feu d'Apollon ; et si je parviens à y découvrir quelque étincelle qui ne soit pas tout à fait éteinte, je sors l'âme pleine d'émotion et de tristesse. Voilà donc ce qui reste d'un des plus grands génies qui aient existé !

Cadono le città, cadono i regni
E l'uom d'esser mortale, par che si sdegni.
TASSO, c. II.

Voilà, mon cher Louis, tout ce que je puis vous dire avec vérité de l'homme célèbre dont vous me demandez des nouvelles avec tant d'instances. Mais à vous qui aimez la musique de Haydn, et qui désirez la connaître, je puis donner bien d'autres détails que ceux qui sont relatifs à sa personne. Mon séjour ici et la société que j'y vois me mettent à même de vous parler au long de ce Haydn dont la musique s'exécute aujourd'hui du Mexique à Calcutta, de Naples à Londres, et du faubourg de Péra jusque dans les salons de Paris.

Vienne est une ville charmante. Figurez-vous une réunion de palais et de maisons très-propres, habités par les plus riches propriétaires d'une des grandes monarchies de l'Europe, par les seuls *grands seigneurs* auxquels on puisse encore appliquer ce nom avec quelque justesse. Cette ville de Vienne, proprement dite, a soixante-douze mille habitants, et des fortifications qui ne sont plus que des promenades agréables : mais heureusement, pour laisser leur effet aux canons, qui n'y sont point, on a réservé tout autour de la ville un espace de six cents toises de large, dans lequel il a été défendu de bâtir. Cet espace, comme vous le pensez bien, est couvert de gazon et d'allées d'arbres qui se croisent en tous sens. Au-delà de cette couronne de verdure sont les trente-deux faubourgs de Vienne, où vivent cent soixante-dix mille habitants, de toutes les classes. Le superbe Danube touche, d'un côté, à la ville du centre, la sépare du faubourg de Léopoldstadt, et, dans une de ses îles, se trouve ce fameux Prater, la première promenade du monde, et qui est aux Tuileries, à l'Hyde-Park de Londres, au Prado de Madrid, ce que la vue de la baie de Naples, prise de la maison de l'ermite du mont Vésuve, est à toutes les vues qu'on nous vante ailleurs. L'île du Prater, fertile comme toutes les îles des grands fleuves, est couverte d'arbres superbes, et qui semblent plus grands là qu'ailleurs. Cette île, qui présente de toutes parts la nature dans toute sa majesté, réunit les allées de marronniers alignées par la magnificence, aux aspects sauvages des forêts les plus solitaires. Cent chemins tortueux la traversent; et quand on arrive aux bords de ce superbe Danube, qu'on trouve tout à coup sous ses pas, la vue est encore charmée par le Léopoldsberg, le Kalemberg, et d'autres coteaux pittoresques qu'on aperçoit au delà. Ce jardin de Vienne, qui n'est gâté par l'aspect des travaux d'aucune industrie cherchant péniblement à gagner de l'argent, et où quelques prairies seulement interrompent de temps en temps la forêt, a deux lieues de long sur une et demie de large. Je ne sais si c'est une idée singulière, mais pour moi ce superbe Prater a toujours été une image sensible du génie de Haydn.

Dans cette Vienne du centre, séjour d'hiver des Esterhazy, des Palfy, des Trautmansdorff, et de tant de grands seigneurs environnés d'une pompe presque royale, l'esprit n'a point le développement brillant que l'on trouvait dans les salons de Paris avant notre maussade révolution. La raison n'y a point élevé ses autels comme à Londres ; une certaine réserve, qui fait partie de la politique savante de la maison d'Autriche, a porté les peuples vers des plaisirs plus physiques, et moins embarrassants pour ceux qui gouvernent.

Cette maison a eu des rapports fréquents avec l'Italie, dont elle possède une partie ; plusieurs de ses princes y sont nés. Toute la noblesse de Lombardie se rend à Vienne pour solliciter de l'emploi, et la douce musique est devenue la passion dominante des Viennois. Métastase a vécu cinquante ans parmi eux [1] ; c'est pour eux qu'il

---

1. Né en 1698, appelé à Vienne en 1730, il y vécut jusqu'en 1782,

composa ces opéras charmants que nos petits littérateurs à la Laharpe prennent pour des tragédies imparfaites. Les femmes ici ont de l'attrait ; un teint superbe sert de parure à des formes élégantes : l'air plein de naturel et quelquefois un peu languissant et un peu ennuyeux des Allemandes du Nord est mélangé ici d'un peu de coquetterie et d'un peu d'adresse ; effet de la présence d'une cour nombreuse. En un mot, à Vienne, comme dans l'ancienne Venise, la politique et les raisonnements à perte de vue sur les améliorations possibles étant défendus aux esprits, la douce volupté s'est emparée de tous les cœurs. Je ne sais si cet *intérêt des mœurs*, dont on nous ennuie si souvent, y trouve son compte ; mais ce dont vous et moi sommes sûrs, c'est que rien ne pouvait être plus favorable à la musique. Cette enchanteresse l'a emporté ici même sur la hauteur allemande ; les plus grands seigneurs de la monarchie se sont faits directeurs des trois théâtres où l'on chante ; ce sont eux encore qui sont à la tête de la Société de musique, et tel d'entre eux dépense fort bien huit ou dix mille francs par an pour les intérêts de cet art. On est peut-être plus sensible en Italie ; mais il faut convenir que les beaux-arts sont loin d'y recevoir de tels encouragements. Aussi Haydn est né à quelques lieues de Vienne, Mozart un peu plus loin, vers les montagnes du Tyrol, et c'est à Prague que Cimarosa a composé son *Matrimonio segreto*.

LETTRE II

Vienne, 15 avril 1808.

Graces au ciel, mon cher Louis, je vis beaucoup dans ces sociétés de musique, qui sont si fréquentes ici. C'est la réunion des choses aimables dont je vous parle dans ma dernière lettre, qui a enfin fixé à Vienne mon sort errant, et conduit au port,

>Me peregrino errante, e fra gli scogli,
>E fra l'onde agitato, e quasi assorto.
>
>Tasso, c. i.

J'ai de bonnes autorités pour tout ce que je puis vous dire sur Haydn : je tiens son histoire d'abord de lui-même, et ensuite des personnes qui ont le plus vécu avec lui aux diverses époques de sa vie. Je vous citerai M. le baron Van Swieten, le maestro Frieberth, le maestro Pichl, le violoncelle Bertoja, le conseiller Griesinger, le maestro Weigl, M. Martinez, mademoiselle de Kurzbeck, élève d'un rare talent et amie de Haydn, et enfin le copiste fidèle de sa musique. Vous me pardonnerez les détails, il s'agit d'un de ces génies qui, par le développement de leurs facultés, n'ont fait autre chose au monde qu'augmenter ses plaisirs, et fournir de nouvelles distractions à ses misères ; génies vraiment sublimes, et auxquels le vulgaire stupide préfère les hommes qui se font un nom en faisant entre-battre quelques milliers de ces tristes badauds.

Le parnasse musical comptait déjà un grand nombre de compositeurs célèbres, quand, dans un village de l'Autriche, vint au monde le créateur de la symphonie. Les études et le génie des prédécesseurs de Haydn avaient été dirigés vers la partie vocale, qui, dans le fait, forme la base des plaisirs que peut nous donner la musique ; ils n'employaient les instruments que comme un accessoire agréable : tels sont les paysages dans les tableaux d'histoire, ou les ornements en architecture.

La musique était une monarchie : le chant régnait en maître ; les accompagnements n'étaient que des sujets. Ce genre, où l'on ne fait pas entrer la voix humaine, cette république de sons divers et cependant réunis, dans laquelle tour à tour chaque instrument peut attirer l'attention, avait à peine commencé à se montrer vers la fin du dix-septième siècle.

Ce fut, je crois, Lulli qui inventa ces symphonies que nous appelons *ouvertures* ; mais même dans les symphonies, dès que le morceau *fugué*[1] cessait, on sentait la monarchie.

La partie du violon contenait tout le chant, et les autres instruments servaient d'accompagnement, comme dans la musique vocale ils en servent encore au *soprano*, au *ténor*, au *contralto*, auxquels seuls on confie la pensée musicale ou la mélodie.

---

1. La *fugue* est une espèce de musique où l'on traite, suivant certaines règles, un chant appelé *sujet*, en le faisant passer successivement et alternativement d'une partie à l'autre. Tout le monde connaît le canon de

    Frère Jacques, dormez-vous ?
    Sonnez les matines.

C'est une espèce de *fugue*. Les *fugues*, en général, rendent la musique plus bruyante qu'agréable ; c'est pourquoi elles conviennent mieux dans les chœurs que partout ailleurs ; or, comme leur principal mérite est de fixer toujours l'oreille sur le chant principal, ou sujet, qu'on fait pour cela passer incessamment de partie en partie, le compositeur doit mettre tous ses soins à rendre toujours ce chant bien distinct, et à empêcher qu'il ne soit étouffé ou confondu parmi les autres parties.

Le plaisir que donne cette espèce de composition étant toujours médiocre, on peut dire qu'une belle *fugue* est l'ingrat chef-d'œuvre d'un bon harmoniste. (Rousseau, I, 407.)

Tout le monde a entendu Dusseck jouer sur le piano les variations de *Marlbrough*, ou de l'air *Charmante Gabrielle*. Dans ce pauvre genre de musique, l'air primitif, que l'on gâte avec tant de prétention, est ce qu'on appelle le *thème*, le *sujet*, le *motif*. C'est le sens dans lequel ces mots sont employés ici.

Les symphonies n'étaient donc qu'un air joué par le violon, au lieu d'être chanté par un acteur. Les savants vous diront que les Grecs, et ensuite les Romains, n'eurent pas d'autre musique instrumentale : ce qu'il y a de sûr, c'est qu'on n'en connaissait pas d'autre en Europe, avant les symphonies de Lulli, que celle qui est nécessaire à la danse ; encore cette musique imparfaite, dans laquelle une seule partie chantait, n'était-elle exécutée en Italie que par un petit nombre d'instruments. Paul Véronèse nous a conservé la figure de ceux qui étaient en usage de son temps, dans cette fameuse *Cène de Saint-Georges*, qui est à la fois le plus grand tableau du Musée de Paris et un des plus agréables. Au devant du tableau, dans le vide du fer à cheval formé par la table où les convives de la noce de Cana sont assis, le Titien joue de la contre-basse, Paul Véronèse et le Tintoret du violoncelle, un homme qui a une croix sur la poitrine joue du violon, le Bassan joue de la flûte, et un esclave turc de la trompette.

Quand le compositeur voulait une musique plus bruyante, il ajoutait à ces instruments les trompettes droites. L'orgue, en général, se faisait entendre seul. La plupart des instruments employés par les troubadours de Provence ne furent jamais connus hors de France, et ne survécurent pas au quinzième siècle. Enfin, Viadana [1] ayant inventé la basse continue, et la musique faisant tous les jours des progrès en Italie, les violons, nommés alors *violes*, chassèrent peu à peu tous les autres instruments ; et vers le milieu du dix-septième siècle les orchestres prirent la composition que nous leur voyons aujourd'hui.

Sans doute à cette époque les âmes les plus faites pour la musique n'imaginaient même pas, dans leurs rêveries les plus douces, une réunion telle que l'admirable orchestre de l'Odéon, formé d'un si grand nombre d'instruments, tous donnant des sons gradués d'une manière si flatteuse pour l'oreille, et joués avec un ensemble si parfait. La plus belle ouverture de Lulli, telle que l'entendait Louis XIV au milieu de sa cour, vous ferait fuir à l'autre bout de Paris. Ceci me rappelle quelques compositeurs allemands et français qui ont voulu, de nos jours, nous donner le même genre de plaisir à coups de timbales ; mais ce n'est plus la faute de l'orchestre. Chacun des musiciens qui composent celui de l'Opéra, pris à part, joue fort bien :

[1]. Né à Lodi, dans le Milanais ; il était maître de chapelle à Mantoue en 1644.

ils ne sont que trop habiles ; c'est ce qui donne à ces cruels compositeurs le moyen de mettre nos oreilles au supplice.

Ils oublient, ces compositeurs, que dans les arts rien ne vit que ce qui donne continuellement du plaisir. Ils ont pu séduire facilement la partie nombreuse du public qui ne trouve aucune jouissance directe à la musique, et qui n'y cherche, comme dans les autres beaux-arts, qu'une occasion de bien parler et de s'extasier. Ces beaux diseurs insensibles ont égaré quelques véritables amateurs ; mais tout cet épisode de l'histoire de la musique retombera bientôt dans le profond oubli qu'il mérite, et les ouvrages de nos grands maîtres actuels tiendront, dans cinquante ans, fidèle compagnie à ceux de ce Rameau que nous admirions tant il y a cinquante ans : encore Rameau avait-il pillé en Italie un bon nombre d'airs charmants qui ne furent pas tout à fait étouffés par son art barbare.

Au reste, la secte de musiciens qui vous excède à Paris, et dont vous vous plaignez si fort dans votre lettre, existe depuis longues années : elle est le produit naturel de beaucoup de patience réunie à un cœur froid, et à la malheureuse idée de s'appliquer aux arts. La même espèce de gens nuit à la peinture : ce furent eux qui, après Vasari, inondèrent Florence de froids dessinateurs, et ils sont déjà le fléau de votre école de peinture. Dès le temps de Métastase, les musiciens allemands cherchaient à écraser les chanteurs avec leurs instruments ; et ceux-ci, désirant reconquérir l'empire, se mettaient à faire des *concertos de voix*, comme disait ce grand poëte. C'est ainsi que, par un renversement total du goût, les voix imitant les instruments qui cherchaient à les étouffer, on entendit l'Agujari, Marchesi[1], la Marra, la Gabrielli[2], la Danzi, la Billington, et autres grands talents, faire de leurs voix un flageolet, défier tous les instruments, et les surpasser par la difficulté et la bizarrerie des passages. Les pauvres amateurs étaient obligés d'attendre, pour avoir du plaisir, que ces talents divins ne voulussent plus briller. Poursuivi par les instruments, leur chant, dans les airs de *bravura*, ne présenta plus qu'une seule des deux choses qui constituent les beaux-arts, dans lesquels, pour plaire, l'imitation de la nature passionnée doit

---

1. Le divin Marchesi, né à Milan vers 1755. Jamais on ne chantera comme lui le rondeau *Mia speranza*, de Sarti.
2. La Gabrielli, née à Rome en 1730, élève de Porpora et de Métastase, si connue par ses caprices incroyables. Les vieillards citaient encore dans ma jeunesse la manière dont elle chanta à Lucques, en 1745, avec Guadagni, qui était alors son amant.

se joindre, pour le spectateur, au sentiment de la difficulté vaincue. Quand cette dernière partie se montre seule, l'âme des auditeurs reste froide ; et quoique soutenus un instant par la vanité de paraître connaisseurs en musique, ils sont comme ces gens aimables dont parle Montesquieu, qui, en bâillant à se démettre la mâchoire, se tiraient par la manche pour se dire : « Mon Dieu ! comme nous nous amusons ! comme cela est beau [1] ! » C'est à force de beautés de ce genre que notre musique s'en va grand train.

En France, dans la musique comme dans les livres, on est tout fier quand on a étonné par une phrase bizarre : le bon public ne s'aperçoit pas que l'auteur n'a rien dit, trouve quelque chose de singulier dans son fait, et applaudit ; mais au bout de deux ou trois singularités dûment applaudies, il bâille, et cette triste manière d'être termine tous nos concerts.

De là cette opinion si générale dans le pays à mauvaise musique, qu'il est impossible d'en entendre plus de deux heures de suite sans périr d'ennui. A Naples, à Rome, chez les véritables amateurs où la musique est bien choisie, elle charme sans peine toute une soirée. Je n'ai qu'à rappe-

---

1. *Lettres persanes.*

ler les aimables concerts de madame la duchesse L..., et je suis sûr de gagner ma cause auprès de tous ceux qui ont eu le bonheur d'y être admis.

Pour revenir à l'histoire un peu sèche de la musique instrumentale, je vous rappellerai que l'invention de Lulli, quoique très propre à l'objet qu'il se proposait, et qui était d'ouvrir avec pompe une représentation théâtrale, trouva si peu d'imitateurs, que pendant longtemps on joua en Italie ses symphonies devant les opéras des plus grands maîtres, ceux-ci ne voulant pas se donner la peine de faire des ouvertures ; et ces maîtres étaient Vinci, Leo, le divin Pergolèse. Le vieux Scarlatti fut le premier qui fit paraître des ouvertures de sa façon : elles eurent un grand succès, et il fut imité par Corelli, Perez, Porpora, Carcano, le Bononcini, etc. Toutes ces symphonies, écrites comme celles de Lulli, étaient composées d'une partie chantante, d'une basse et rien de plus. Les premiers qui y introduisirent trois parties furent Sammartini, Palladini, le vieux Bach, Gasparini, Tartini et Jomelli.

Quelquefois seulement ils essayaient de ne pas donner le même mouvement à toutes les parties. Telles furent les faibles lueurs qui annoncèrent au monde le soleil de la musique instrumentale. Corelli avait donné des *duos*, Gasmann des quatuors ; mais il suffit de parcourir ces compositions austères, savantes et d'un froid glacial, pour sentir que Haydn est le véritable inventeur de la *symphonie* : et non-seulement il inventa ce genre, mais il le porta à un tel degré de perfection, que ses successeurs devront ou profiter de ses travaux, ou retomber dans la barbarie.

L'expérience prouve déjà la vérité de cette assertion hardie.

Pleyel a diminué le nombre des accords et économisé les transitions : ses ouvrages ont moins de dignité et d'énergie.

Quand Beethoven et Mozart lui-même ont accumulé les notes et les idées ; quand ils ont cherché la quantité et la bizarrerie des modulations, leurs symphonies savantes et pleines de recherche n'ont produit aucun effet, tandis que lorsqu'ils ont suivi les traces de Haydn, ils ont touché tous les cœurs.

LETTRE III

Vienne, 24 mai 1808.

Natura il fece e poi ruppe la stampa.
ARIOSTO.

FRANÇOIS-JOSEPH Haydn naquit le dernier jour de mars 1732, à Rohrau, bourg situé à quinze lieues de Vienne. Son père était charron, et sa mère, avant de se marier, avait été cuisinière au château du comte de Harrach, seigneur du village.

Le père de Haydn réunissait à son métier de charron la charge de sacristain de la paroisse. Il avait une belle voix de *ténor*, aimait son orgue et la musique quelle qu'elle fût. Dans un de ces voyages que les artisans d'Allemagne entreprennent souvent, étant à Francfort-sur-le-Mein, il avait appris à jouer un peu de la harpe : les jours de fête, après l'office, il prenait sa harpe, et sa femme chantait. La naissance de Joseph ne changea point les habitudes de ce ménage paisible. Le petit concert de famille revenait tous les huit jours, et l'enfant, debout devant ses parents, avec deux petits morceaux de bois dans les mains, dont l'un lui servait de violon et l'autre d'archet, accompagnait constamment la voix de sa mère. J'ai vu Haydn, chargé d'ans et de gloire, se rappeler encore les airs simples qu'elle chantait, tant ces premières mélodies avaient fait d'impression sur cette âme toute musicale ! Un cousin du charron, nommé Frank, maître d'école à Haimbourg, vint à Rohrau un dimanche, et assista à ce *trio.* Il remarqua que l'enfant, à peine âgé de six ans, battait la mesure avec une exactitude et une sûreté étonnantes. Ce Frank savait fort bien la musique : il offrit à ses parents de prendre le petit Joseph chez lui, et de la lui enseigner. Ceux-ci reçurent la proposition avec joie, dans l'espérance de réussir plus facilement à faire entrer Joseph dans les ordres sacrés, s'il savait la musique.

Il partit donc pour Haimbourg. Il y avait à peine séjourné quelques semaines, qu'il découvrit chez son cousin deux tympanons [1], sortes de tambours. A force d'essais et de patience, il réussit à former sur cet instrument, qui n'a que deux tons, une espèce de chant qui attirait l'attention de

---

1. M. D. Muller dans une note de l'édition Champion fait remarquer que Stendhal ici traduit mal Carpani qui parlait de timbales (timpani). N. D. L. E.

tous ceux qui venaient chez le maître d'école.

Il faut avouer, mon ami, qu'en France, dans une classe du peuple aussi pauvre que la famille de Haydn, il n'est guère question de musique.

La nature avait donné à Haydn une voix sonore et délicate. En Italie, à cette époque, un tel avantage eût pu devenir funeste au petit paysan : peut-être Marchesi eût eu un émule digne de lui, mais l'Europe attendrait encore son symphoniste. Frank, donnant à son jeune cousin, pour me servir des propres expressions de Haydn, plus de taloches que de bons morceaux, mit bientôt le jeune tympaniste en état non seulement de jouer du violon et d'autres instruments, mais encore de comprendre le latin, et de chanter au lutrin de la paroisse, de manière à se faire une réputation dans tout le canton.

Le hasard conduisit chez Frank, Reüter, maître de chapelle de Saint-Etienne, cathédrale de Vienne. Il cherchait des voix pour recruter ses enfants de chœur. Le maître d'école lui proposa bien vite son petit parent : il vient ; Reüter lui donne un *canon* à chanter à première vue.

La précision, la pureté des sons, le *brio* [1]

1. Je demande pardon de me servir de ce mot italien, ou plutôt espagnol, que je ne sais comment traduire : chan-

avec lequel l'enfant exécute, le frappent ; mais il est surtout charmé de la beauté de la voix. Il remarqua seulement qu'il ne *trillait* pas, et lui en demanda la cause en riant. Celui-ci répondit avec vivacité : « Comment voulez-vous que je sache triller, si mon cousin lui-même l'ignore ? — Viens ici, je vais te l'apprendre », lui dit Reüter. Il le prend entre ses jambes, lui montre comment il fallait rapprocher avec rapidité deux sons, retenir son souffle, et battre la luette. L'enfant trilla sur-le-champ et bien. Reüter, enchanté du succès de son écolier, prend une assiette de belles cerises que Frank avait fait apporter pour son illustre confrère, et les verse toutes dans la poche de l'enfant. On conçoit la joie de celui-ci. Haydn m'a souvent rappelé ce trait, et il ajoutait, en riant, que toutes les fois qu'il lui arrivait de triller, il croyait voir encore ces superbes cerises.

On sent bien que Reüter ne retourna pas seul à Vienne ; il emmena le nouveau *trilleur*. Haydn avait huit ans environ. Dans sa petite fortune, on ne trouve aucun avancement non mérité, aucun effet de la

---

ter avec une *chaleur pleine de gaieté*, ne rendrait qu'imparfaitement ce qu'on entend en Italie par *cantar con brio*. Au delà des Alpes, *portar si con brio* est un éloge ; en France ce serait un ridicule énorme. *Brio è quella vaghezza spiritosa che risulta dal galante portamento, o dall' allegra aria della persona.*

protection de quelque homme riche. C'est parce que le peuple en Allemagne aime la musique, que le père de Haydn l'apprend un peu à son fils, que son cousin Frank la lui enseigne un peu mieux, et qu'enfin il est choisi par le maître de chapelle de la première église de l'empire. C'est une suite toute simple de la manière d'être du pays, relativement à l'art que nous aimons.

Haydn m'a dit qu'à partir de cette époque, il ne se souvenait pas d'avoir passé un seul jour sans travailler seize heures, et quelquefois dix-huit. Il faut remarquer qu'il fut toujours son maître, et qu'à Saint-Etienne le travail obligé des enfants de chœur n'était que de deux heures. Nous cherchions ensemble la cause de cette étonnante application. Il me contait que, dès l'âge le plus tendre, la musique lui avait fait un plaisir étonnant. Entendre jouer d'un instrument quelconque était plus agréable pour lui que courir avec ses petits camarades. Quand, badinant avec eux dans la place voisine de Saint-Étienne, il entendait l'orgue, il les quittait bien vite, et entrait dans l'église.

Arrivé à l'âge de composer, l'habitude du travail était prise : d'ailleurs, le compositeur de musique a des avantages sur les autres artistes ; ses productions sont finies quand elles sont imaginées.

Haydn, qui trouvait des idées si belles et en si grand nombre, sentait sans cesse le plaisir de la création, qui est sans doute une des meilleures jouissances que l'homme puisse avoir. Le poëte et le compositeur partagent cet avantage ; mais le musicien peut travailler plus vite. Une belle ode, une belle symphonie, n'ont besoin que d'être imaginées pour répandre dans l'âme de leur auteur cette secrète admiration qui fait la vie des artistes.

Le guerrier, au contraire, l'architecte, le sculpteur, le peintre, n'ont pas assez de l'invention pour être pleinement satisfaits d'eux-mêmes ; il faut encore d'autres fatigues. L'entreprise la mieux conçue peut manquer dans l'exécution ; le tableau le mieux inventé peut être mal peint : tout cela laisse dans l'âme de l'inventeur un nuage, une sorte d'incertitude du succès, qui rend le plaisir de la création moins pur. Haydn, au contraire, en imaginant une symphonie, était parfaitement heureux ; il ne lui restait plus que le plaisir physique de l'entendre exécuter, et le plaisir tout moral de la voir applaudie. Je l'ai vu souvent, quand il battait la mesure de sa propre musique, ne pouvoir s'empêcher de sourire à l'approche des morceaux qu'il trouvait bien. J'ai vu aussi, dans les grands concerts qui se donnent à

Vienne à certaines époques, quelques-uns de ces amateurs des arts à qui il ne manque que d'y être sensibles, se placer adroitement de manière à apercevoir la figure de Haydn, et régler sur son sourire les applaudissements d'inspirés par lesquels ils témoignaient à leurs voisins toute l'étendue de leur ravissement. Démonstrations ridicules ! Ces gens sont si loin de sentir le beau dans les arts, qu'ils ne se doutent pas même que la sensibilité a sa pudeur. C'est une petite vérité de sentiment, que la secte de nos femmes sentimentales me saura quelque gré sans doute de lui avoir enseignée. J'y joindrai une anecdote qui peut servir à la fois de modèle dans l'art de s'extasier, et d'excuse si quelque âme froide cherche à employer l'ironie, et à faire de mauvaises plaisanteries.

On représentait, sur un des premiers théâtres de Rome, l'*Artaserce* de Métastase, musique de Bertoni ; l'inimitable Pacchiarotti[1], si je ne me trompe, chantait le rôle d'Arbace : à la troisième représentation, arrivé à la fameuse scène du jugement, où le compositeur avait placé quelques mesures instrumentales après les paroles :

Eppur sono innocente,

1. Pacchiarotti, né près de Rome en 1750, excellait dans le pathétique. Il vit encore, je crois, retiré à Padoue.

la beauté de la situation, la musique, l'expression du chanteur, avaient tellement ravi les musiciens, que Pacchiarotti s'aperçoit qu'après qu'il a prononcé ces paroles, l'orchestre ne fait pas son trait. Impatienté, il baisse les yeux vers le chef d'orchestre. « Eh bien ! que faites-vous donc ? » Celui-ci, réveillé comme d'une extase, lui répond en sanglotant et tout naïvement : « Nous pleurons. » En effet, aucun des musiciens n'avait songé au passage, et tous avaient leurs yeux pleins de larmes fixés sur le chanteur.

Je vis à Brescia, en 1790, l'homme d'Italie qui était peut-être le plus sensible à la musique. Il passait sa vie à en entendre : quand elle lui plaisait, il ôtait ses souliers sans s'en apercevoir ; et si le pathétique allait à son comble, il était dans l'usage de les lancer derrière lui sur les spectateurs.

Adieu. La longueur de mon épître me fait peur ; la matière s'étend sous ma plume : je croyais vous écrire trois ou quatre lettres tout au plus, et je deviens infini. Je profite de l'offre obligeante de M. de C.., qui vous fera parvenir mes lettres franches de port jusqu'à Paris, à commencer par celle-ci : j'en suis bien aise. Si l'on vous voyait recevoir par la poste ces paquets énormes arrivant de l'étranger, on pourrait nous croire occupés de bien plus grandes affaires ; et pour être heureux, quand on a un cœur, il faut cacher sa vie.

Vale et me ama.

LETTRE IV

Bade, 20 juin 1808.

Ma foi, mon aimable Louis, il me semble que je n'aime plus la musique. Je sors d'un concert que l'on a donné pour l'inauguration de la jolie salle de Bade. Vous savez que j'ai fait mes preuves en fait de patience : je me suis fait à l'ennui d'assister régulièrement aux séances d'une assemblée délibérante ; j'ai supporté, au milieu des sociétés les plus aimables, l'amitié dont m'honorait, pour mes péchés, un homme puissant et sans esprit, un peu de votre connaissance ; mais j'avoue que depuis que j'entends de la musique, je n'ai pu encore me faire à l'ennui des concertos : c'est pour moi le dernier des supplices, comme il me semble que la première des niaiseries est de venir montrer au public les exercices auxquels on doit se livrer pour lui plaire, dont on doit lui offrir les résultats, mais qu'il est cruel de lui faire essuyer en nature. Cela me semble aussi spirituel que si votre fils, au lieu de vous écrire du collège une lettre disant quelque chose, vous envoyait une collection de grands O ou des F qu'on fait faire aux enfants pour leur montrer à écrire.

Les joueurs d'instruments sont des gens qui apprennent à bien prononcer les mots d'une langue, à en bien faire sentir les longues et les brèves, mais qui, chemin faisant, oublient le sens de ces mots : sans cela un joueur de flûte, au lieu d'enfiler des difficultés insignifiantes, et de faire des points d'orgue d'un quart d'heure, prendrait un air vif et chantant, tel que

Quattro baj e sei morelli,

de Cimarosa, le gâterait, et le varierait avec autant de difficultés qu'il voudrait ; et au moins il ne nous ennuierait qu'à moitié. Si jamais il revenait au bon sens, il nous ferait pleurer en jouant, sans y rien changer, quelque bel air triste et tendre, ou nous électriserait avec la belle valse de la reine de Prusse.

Quant à moi, je suis réellement assommé de trois concertos entendus dans la même soirée. J'ai besoin d'une forte distraction, et je m'impose la loi de ne pas me coucher avant de vous avoir achevé l'histoire de la jeunesse de Haydn.

Moins précoce que Mozart, qui, à treize

ans, composa un opéra applaudi, Haydn, à cet âge, fit une messe dont le bon Reüter se moqua avec raison. Cet arrêt étonna le jeune homme ; mais déjà plein de raison, il comprit sa justice : il sentit qu'il fallait apprendre le contre-point et les règles de la mélodie ; mais de qui les apprendre ? Reüter n'enseignait pas le contre-point[1] aux enfants de chœur, et n'en a jamais donné que deux leçons à Haydn. Mozart trouva un excellent maître dans son père, violon estimé. Il en était autrement du pauvre Joseph, enfant de chœur abandonné dans Vienne, qui ne pouvait avoir de leçons qu'en les payant, et qui n'avait pas un sou. Son père, malgré ses deux métiers, était si pauvre, que, Joseph ayant été volé de ses habits, et ayant mandé ce malheur à sa famille, son père, faisant un effort, lui envoya six florins pour remonter sa garde-robe.

Aucun des maîtres de Vienne ne voulut donner de leçons *gratis* à un petit enfant de chœur sans protection : c'est peut-être à ce malheur que Haydn doit son originalité. Tous les poëtes ont imité Homère, qui n'imita personne : en cela seulement il n'a pas été suivi, et c'est peut-être à cela surtout qu'il doit d'être le grand poëte que

---

1. C'est l'art de la composition.

tout le monde admire. Pour moi, je voudrais, mon cher ami, que tous les cours de littérature fussent au fond de l'Océan : ils apprennent aux gens médiocres à faire des ouvrages sans fautes, et leur naturel les leur fait produire sans beautés. Il nous faut ensuite essuyer tous ces malheureux essais : notre amour pour les arts en est diminué ; tandis que le manque de leçons n'arrêtera certainement pas un homme fait pour aller au grand : voyez Shakspeare, voyez Cervantes ; c'est aussi l'histoire de notre Haydn. Un maître lui eût fait éviter quelques-unes des fautes dans lesquelles il tomba dans la suite en écrivant pour l'église et pour le théâtre ; mais certainement il eût été moins original. L'homme de génie est celui-là seulement qui trouve une si douce jouissance à exercer son art, qu'il travaille malgré tous les obstacles. Mettez des digues à ces torrents, celui qui doit devenir un fleuve fameux saura bien les renverser.

Comme Jean-Jacques, il acheta chez un bouquiniste des livres de théorie, entre autres le Traité de Fux, et se mit à l'étudier avec une opiniâtreté que l'effroyable obscurité de ces règles ne put rebuter. Travaillant seul et sans maître, il fit une infinité de petites découvertes dont il se servit par la suite. Pauvre, grelottant de froid dans son grenier, sans feu, étudiant fort avant dans la nuit, accablé de sommeil, à côté d'un clavecin détraqué, tombant en ruines de toutes parts, il se trouvait heureux. Les jours et les années volaient pour lui, et il dit souvent n'avoir pas rencontré en sa vie de pareille félicité. La passion de Haydn était plutôt l'amour de la musique que l'amour de la gloire ; et encore, dans ce désir de gloire, n'y avait-il pas l'ombre d'ambition. Il songeait plus à se faire plaisir, en faisant de la musique, qu'à se donner un moyen d'acquérir un rang parmi les hommes.

Haydn n'apprit pas le récitatif de Porpora, comme on vous l'a dit ; ses récitatifs, tellement inférieurs à ceux de l'inventeur de ce genre, le prouveraient de reste : il apprit de Porpora la vraie manière de chanter à l'italienne, et l'art d'accompagner au *piano*, qui n'est pas si facile qu'on le pense. Voici comment il vint à bout d'attraper ces leçons.

Un noble vénitien, nommé Corner, était alors à Vienne, ambassadeur de sa république. Il avait une maîtresse folle de musique, qui avait hébergé le vieux Porpora [1]

---

1. Né à Naples en 1685. Voici les époques de quelques grands artistes dont je parlerai souvent :
Pergolèse, né en 1704, mort en 1733.
Cimarosa, 1754 1801.
Mozart, 1756 1792.

dans l'hôtel de l'ambassade. Haydn, uniquement en sa qualité de mélomane, trouva moyen de s'insinuer dans cette maison. Il y plut ; et Son Excellence le mena, avec sa maîtresse et Porpora, aux bains de Manensdorf, qui alors étaient à la mode.

Notre jeune homme, qui n'avait d'amour que pour le vieux Napolitain, se mit à employer toutes sortes de ruses pour entrer dans ses bonnes grâces, et obtenir ses faveurs harmoniques. Tous les jours il se levait de bonne heure, battait l'habit, nettoyait les souliers, arrangeait de son mieux la perruque antique du vieillard, grondeur au delà de tout ce qu'on peut l'être. Il n'en obtint d'abord que quelques épithètes de *sot*, quand il entrait le matin dans sa chambre. Mais l'ours, se voyant servi gratis, et distinguant cependant des dispositions rares dans son jockey volontaire, se laissait attendrir de temps en temps, et lui donnait quelques bons avis. Haydn en obtenait surtout quand il devait accompagner la belle Wilhelmine, chantant quelques-uns des airs de Porpora, tous remplis de *basses* difficiles à deviner. Joseph apprit dans cette maison à chanter dans le grand goût italien. L'ambassadeur, étonné des progrès de ce pauvre jeune homme, lui fit, à son retour en ville, une pension de six sequins par mois (soixante-douze francs), et l'admit à la table de ses secrétaires.

Cette générosité mit Haydn au-dessus de ses affaires. Il put acheter un habit noir. Ainsi vêtu, il sortait avec le jour, et allait faire la partie de premier violon à l'église des Pères-de-la-Miséricorde ; de là il se rendait à la chapelle du comte Haugwitz, où il touchait l'orgue ; plus tard, il chantait la partie de ténor à Saint-Étienne. Enfin, après avoir couru toute la journée, il passait une partie des nuits au clavecin. Se formant ainsi d'après les préceptes de tous les musiciens qu'il pouvait accrocher, saisissant toutes les occasions d'entendre de la musique réputée bonne ; et, n'ayant aucun maître fixe, il commençait à concevoir le beau musical à sa manière, et se préparait, sans s'en douter, à se faire un jour un style tout à lui.

LETTRE V

Bade, 28 août 1808.

Mon ami,

Les ravages du temps vinrent déranger la petite fortune de Haydn. Sa voix changea, et il sortit à dix-neuf ans de la classe des *soprani* de Saint-Étienne, ou pour mieux dire, et ne pas tomber sitôt dans le style du panégyrique, il en fut chassé. Un peu impertinent, comme tous les jeunes gens vifs, un jour il s'avisa de couper la queue de la robe d'un de ses camarades, crime qui fut jugé impardonnable. Il avait chanté onze ans à Saint-Étienne : le jour qu'il en fut chassé, il ne se trouva, pour toute fortune, que son talent naissant, pauvre ressource quand elle est inconnue. Il avait cependant un admirateur. Forcé de chercher un logement, le hasard lui fit rencontrer un perruquier nommé Keller, qui avait souvent admiré, à la cathédrale, la beauté de sa voix, et qui, en conséquence, lui offrit un asile. Keller le reçut comme un fils, partageant avec lui son petit ordinaire, et chargeant sa femme du soin de le vêtir.

Haydn, délivré de tous soins temporels, établi dans la maison obscure du perruquier, put se livrer, sans distraction, à ses études, et faire des progrès rapides. Ce séjour eut cependant une influence fatale sur sa vie : les Allemands ont la manie du mariage. Chez un peuple doux, aimant et timide, les jouissances domestiques sont de première nécessité. Keller avait deux filles ; sa femme et lui songèrent bientôt à en faire épouser une au jeune musicien ; ils lui en parlèrent : lui, tout absorbé dans ses méditations, et ne pensant point à l'amour, ne se montra pas éloigné de ce mariage. Il tint parole dans la suite avec cette loyauté qui était la base de son caractère, et cette union ne fut rien moins qu'heureuse.

Ses premières productions furent quelques petites sonates de piano, qu'il vendait à vil prix à ses écolières, car il en avait trouvé quelques-unes : il faisait aussi des *menuets*, des *allemandes* et des *valses* pour le *Ridotto*. Il écrivit, pour se divertir, une sérénade à trois instruments, qu'il allait, dans les belles nuits d'été, exécuter en divers endroits de Vienne, accompagné de deux de ses amis. Le théâtre de

Carinthie[1] avait alors pour directeur Bernardone Curtz, célèbre Arlequin, en possession de charmer le public par ses calembours. Bernardone attirait la foule à son théâtre par son originalité et par de bons opéras bouffons. Il avait de plus une jolie femme ; ce fut une raison pour nos aventuriers nocturnes d'aller exécuter leur sérénade sous les fenêtres de l'arlequin. Curtz fut si frappé de l'originalité de cette musique, qu'il descendit dans la rue pour demander qui l'avait composée. « C'est moi, répond hardiment Haydn. — Comment, toi ? à ton âge ? — Il faut bien commencer une fois. — Pardieu ! c'est plaisant ; monte. » Haydn suit l'arlequin, est présenté à la jolie femme, et redescend avec le poëme d'un opéra intitulé, le *Diable Boiteux*. La musique, composée en quelques jours, eut le plus heureux succès, et fut payée vingt-quatre sequins. Mais un seigneur, qui apparemment n'était pas beau, s'aperçut qu'on le mystifiait sous le nom de *Diable Boiteux*, et fit défendre la pièce.

Haydn raconte souvent qu'il eut plus de peine pour trouver le moyen de peindre le mouvement des vagues dans une tempête de cet opéra, que, dans la suite, pour faire

---

[1]. Le plus fréquenté des trois théâtres de Vienne.

des fugues à double sujet. Curtz, qui avait de l'esprit et du goût, était difficile à contenter ; mais il y avait bien une autre difficulté. Ni l'un ni l'autre des deux auteurs n'avait jamais vu ni mer ni tempête. Comment peindre ce qu'on ne connaît pas ? Si l'on trouvait cet art heureux, beaucoup de nos grands politiques parleraient mieux de la vertu. Curtz, tout agité, se démenait dans la chambre autour du compositeur assis au piano. « Figure-toi, lui disait-il, une montagne qui s'élève, et puis une vallée qui s'enfonce, puis encore une montagne, et encore une vallée ; les montagnes et les vallées se courent rapidement après, et, à chaque instant, les alpes et les abîmes se succèdent. »

Cette belle description n'y faisait rien. L'arlequin avait beau ajouter les éclairs et le tonnerre. « Allons, peins-moi toutes ces horreurs, mais bien distinctement ces montagnes et ces vallées, » répétait-il sans cesse.

Haydn promenait rapidement ses doigts sur le clavier, parcourait les semi-tons, prodiguait les *septièmes*, sautait des sons les plus bas aux plus aigus. Curtz n'était pas content. A la fin, le jeune homme, impatienté, étend les mains aux deux bouts du clavecin, et, les rapprochant rapidement, s'écrie : « Que le diable emporte la tempête ! — La voilà ! la voilà ! » s'écrie l'arlequin en lui sautant au cou et l'étouffant. Haydn ajoutait qu'ayant passé, bien des années après, le détroit de Calais, et y ayant eu mauvais temps, il avait ri toute la traversée, en songeant à la tempête du *Diable Boiteux.*

« Mais comment, lui disais-je, avec des sons peindre une tempête ? et *bien distinctement encore !* » Comme ce grand homme est l'indulgence même, j'ajoutais qu'en imitant les intonations particulières de l'homme effrayé ou au désespoir on peut, si l'on a du talent, donner au spectateur les sentiments que lui inspirerait la vue d'une tempête; « mais, disais-je, la musique ne peut pas plus peindre distinctement une tempête que dire : M. Haydn demeure près de la barrière de Schœnbrunn. — Vous pourriez bien avoir raison, me répondait-il, songez néanmoins que les paroles, et les décorations surtout, guident l'imagination du spectateur. »

Haydn avait dix-neuf ans quand il fit cette tempête. Vous savez que le prodige de la musique, Mozart, écrivit son premier opéra à Milan à l'âge de treize ans, en concurrence avec Hasse, qui, après avoir entendu les répétitions, disait à tout le monde : « Cet enfant nous fera tous oublier. » Haydn n'eut pas le même succès ; son talent n'était pas pour le théâtre ; et quoiqu'il ait donné des opéras qu'aucun maître ne désavouerait, cependant il est resté bien au-dessous de la *Clémence de Titus* et de *Don Juan*.

Un an après le *Diable Boiteux*, Haydn entra dans sa véritable carrière ; il se présenta dans la lice avec six *trios*. La singularité du style et l'attrait de cette manière nouvelle leur donnèrent sur-le-champ la plus grande vogue ; mais les graves musiciens allemands attaquèrent vivement les innovations dangereuses dont ils étaient remplis. Cette nation, qui a toujours eu un faible pour la science, composait encore la musique de chambre dans toute la rigueur du contre-point *fugué*[1].

L'Académie musicale établie à Vienne par le grand contre-pointiste qui siégeait sur

---

1. Il faut savoir que rien n'est plus ridicule et plus pédantesque que les règles du plus séduisant des arts. La musique attend son Lavoisier. Je supplie qu'on ne me permette de ne pas expliquer les mots baroques dont je suis quelquefois obligé de me servir ; on a le *Dictionnaire de musique* de Rousseau. Après beaucoup de peine pour comprendre ce que c'est que le *contre-point*, par exemple, on trouve que si l'on traitait la musique avec un peu d'ordre, vingt lignes suffiraient pour donner une idée de ce mot. Tous les corps de la nature, depuis la pierre qui pave les rues de Paris, jusqu'à l'eau de Cologne, sont en plus grand nombre certainement que les diverses circonstances que l'on peut remarquer dans deux ou trois sons chantés l'un après l'autre, ou ensemble ; cependant le moindre élève de l'Ecole polytechnique, après vingt leçons de Fourcroy, avait tous les corps de la nature classés dans sa tête : c'est que dans cette

le trône, je veux dire par l'empereur Charles VI, se maintenait dans toute sa vigueur. Ce grave monarque, qui, dit-on, n'avait jamais ri, était un des amateurs les plus forts de son temps ; et les compositeurs en *us* qu'il avait auprès de lui étaient indignés de tout ce qui avait plutôt l'air de l'amabilité que du savoir. Les charmantes petites idées du jeune musicien, la chaleur de son style, les licences qu'il prenait quelquefois, excitèrent contre lui tous les *Pacômes* du monastère de l'harmonie. Ils lui reprochaient des erreurs de contre-point, des modulations hérétiques, des mouvements trop hardis. Heureusement tout ce bruit ne fait aucun mal au génie naissant : une seule chose pourrait lui nuire, le silence du mépris ; et le début de Haydn fut accompagné de circonstances absolument opposées.

Il faut que vous sachiez, mon ami, qu'avant Haydn on n'avait pas d'idée d'un orchestre composé de dix-huit sortes d'instruments. Il est l'inventeur du *prestissimo*, dont la seule idée faisait frémir les antiques croque-sol de Vienne. En musique, comme en toute autre chose, nous avons peu d'idées de ce qu'était le monde il y a

école, avant 1804, tout était éminemment raisonnable ; l'atmosphère de raison qu'on y respirait alors repoussait tout ce qui eût été obscur ou faux.

cent ans : l'*allegro*, par exemple, n'était qu'un *andantino*.

Dans la musique instrumentale, Haydn a révolutionné les détails comme les masses: c'est lui qui a forcé les instruments à vent à exécuter le *pianissimo*.

C'est à vingt ans qu'il donna son premier quatuor en B *fa* à sextuple, que tous les amateurs de musique apprirent sur-le-champ par cœur. Je n'ai pas su pourquoi Haydn quitta vers ce temps-là la maison de son ami Keller : ce qu'il y a de sûr, c'est que sa réputation, naissant sous les plus brillants auspices, n'avait point chassé la pauvreté. Il alla loger chez un M. Martinez, qui lui offrit la table et le logement, à condition qu'il donnerait des leçons de piano et de chant à ses deux filles. Ce fut alors qu'une même maison, située près de l'église de Saint-Michel, posséda, dans deux chambres situées l'une au-dessus de l'autre, aux troisième et quatrième étages, le premier poëte du siècle et le premier symphoniste du monde.

Métastase logeait aussi chez M. Martinez : mais, poëte de l'empereur Charles VI, il vivait dans l'aisance, tandis que le pauvre Haydn passait les journées d'hiver au lit, faute de bois. La société du poëte romain lui fut cependant d'un grand avantage. Une sensibilité douce et profonde avait donné à Métastase un goût sûr dans tous les arts : il aimait la musique avec passion, la savait très-bien ; et cette âme, souverainement harmonique, goûta les talents du jeune Allemand. Métastase, en dînant tous les jours avec Haydn, lui donnait les règles générales des beaux-arts, et, chemin faisant, lui apprenait l'italien.

Cette lutte contre la misère, première compagne de presque tous les artistes qui se sont fait un nom, dura pour Haydn six longues années. Qu'un grand seigneur riche l'eût déterré alors, et l'eût fait voyager deux ans en Italie, avec une pension de cent louis, rien n'eût peut-être manqué à son talent : mais, moins heureux que Métastase, il n'eut pas son Gravina. Enfin il trouva à se caser, et quitta, en 1758, la maison Martinez, pour entrer au service du comte de Mortzin.

Ce comte donnait des soirées de musique, et avait un orchestre à lui. Le hasard amena le vieux prince Antoine Esterhazy, amateur passionné, à un de ces concerts, qui commençait justement par une symphonie de Haydn (c'était celle en D *la sol ré*, temps 3/4). Le prince fut tellement charmé de ce morceau, qu'il pria sur-le-champ le comte de Mortzin de lui céder Haydn, dont il voulait faire le directeur en second de son propre orchestre. Mortzin y consentit. Malheureusement l'auteur, qui était indisposé, ne se trouvait pas ce jour-là au concert ; et comme les volontés des princes, quand elles ne sont pas exécutées sur-le-champ, sont sujettes à bien des retards, plusieurs mois se passèrent sans que Haydn, qui désirait beaucoup passer au service du plus grand seigneur de l'Europe, entendît parler de rien.

Friedberg, compositeur attaché au prince Antoine, et qui goûtait les talents naissants de notre jeune homme, cherchait un moyen de le rappeler à Son Altesse. Il eut l'idée de lui faire composer une symphonie qu'on exécuterait à Eisenstadt, résidence du prince, le jour anniversaire de sa naissance. Haydn la fit, et elle est digne de lui. Le jour de la céromonie arrivé, le prince, entouré de sa cour et assis sur son trône, assistait au concert accoutumé. On commence la symphonie de Haydn : à peine était-on au milieu du premier *allegro*, que le prince interrompt ses musiciens, et demande de qui est une si belle chose ? « De Haydn », répond Friedberg ; et il fait avancer le pauvre jeune homme tout tremblant. Le prince, en le voyant : « Quoi ! dit-il, la musique est de ce Maure (il faut avouer que le teint de Haydn méritait un peu cette injure) ? Eh bien ! Maure, dorénavant tu seras à mon service. Comment t'appelles-tu ? — Joseph Haydn. — Mais je me rappelle ce nom ; tu es déjà à mon service : pourquoi ne t'ai-je pas encore vu ? » Haydn, troublé par la majesté qui environnait le prince, ne répond pas ; celui-ci ajoute : « Va, et habille-toi en maître de chapelle, je ne veux plus te voir ainsi, tu es trop petit, tu as une figure mesquine : prends un habit neuf, une perruque à boucles, le collet et les talons rouges ; mais je veux qu'ils soient hauts, afin que ta stature réponde à ton savoir, tu entends, va, et tout te sera donné. »

Haydn baisa la main du prince, et alla se remettre dans un coin de l'orchestre, un peu dolent, ajoutait-il, d'être obligé de renoncer à ses cheveux et à son élégance de jeune homme. Le lendemain matin, il parut au lever de Son Altesse, emprisonné dans le costume grave qu'elle lui avait indiqué. Il avait le titre de second maître de musique, mais ses nouveaux camarades l'appelèrent tout simplement le Maure.

Un an après, le prince Antoine étant mort, son titre passa au prince Nicolas, encore plus passionné, s'il est possible, pour l'art musical. Haydn fut obligé de composer un grand nombre de morceaux pour le *baryton*, instrument très-compliqué, hors d'usage aujourd'hui, et dont la voix, entre le *ténor* et la basse, est fort agréable. C'était l'instrument favori du prince, qui en jouait tous les jours, et tous les jours voulait avoir, sur son pupitre, une pièce nouvelle. La plus grande partie de ce que Haydn avait fait pour le *baryton* a péri dans un incendie ; le reste n'est d'aucun usage. Il disait souvent que la nécessité de composer pour cet instrument singulier avait beaucoup ajouté à son instruction.

Avant de détailler les autres ouvrages de Haydn, je vous dois quelques mots sur un événement qui troubla pendant longtemps la tranquilité de sa vie. Il n'oublia point, dès qu'il eut de quoi vivre, la promesse qu'il avait faite autrefois à son ami Keller le perruquier ; il épousa Anne Keller, sa fille. Il se trouva que c'était une *honesta*, qui, outre sa vertu incommode, avait encore la manie des prêtres et des moines. La maison de notre pauvre compositeur en était toujours remplie. L'éclat d'une conversation bruyante l'empêchait de travailler ; et, en outre, sous peine d'avoir des scènes avec sa femme, il fallait fournir, gratis, de messes et de motets, les couvents de chacun de ces bons pères.

Des corvées imposées par des scènes continuelles sont le contraire de ce qu'il faut aux hommes qui ne travaillent qu'en écoutant leur âme. Le pauvre Haydn chercha des consolations auprès de mademoiselle Boselli, aimable cantatrice attachée au service de son prince. La paix du ménage n'en fut pas augmentée. Enfin il se sépara de sa femme, qu'il traita, sous les rapports d'intérêt, avec une loyauté parfaite.

Vous voyez ici, mon ami, une jeunesse tranquille, point de grands écarts, de la raison partout, un homme qui marche constamment à son but. Adieu.

LETTRE VI

Vallée de Sainte-Hélène, 2 octobre 1808.

Mon cher ami,

JE finis mon histoire. Haydn, une fois entré dans la maison Esterhazy, mis à la tête d'un grand orchestre, attaché au service d'un patron immensément riche, et passionné pour la musique, se trouvait dans cette réunion de circonstances, trop rares pour nos plaisirs, qui permettent à un grand génie de prendre tout son essor. De ce moment, sa vie fut uniforme et remplie par le travail. Il se levait le matin de bonne heure, s'habillait très proprement, se mettait à une petite table à côté de son piano, et ordinairement l'heure du dîner l'y retrouvait encore. Le soir, il allait aux répétitions, ou à l'opéra, qui avait lieu au palais du prince quatre fois par semaine. Quelquefois, mais rarement, il donnait une matinée à la chasse. Le peu de temps qui lui restait les jours ordinaires était partagé entre ses amis et mademoiselle Boselli. Telle fut sa vie pendant plus de trente ans. Ce détail explique le nombre étonnant de ses ouvrages. Ils se divisent en trois classes. La musique instrumentale, la musique d'église et les opéras.

Dans la symphonie, il est le premier des premiers ; dans la musique sacrée, il ouvrit une route nouvelle, qu'on peut critiquer, il est vrai, mais par laquelle il se place à côté des premiers génies. Dans le troisième genre, celui de la musique de théâtre, il ne fut qu'estimable, et cela par plusieurs raisons : une des meilleures, c'est qu'il n'y fut qu'imitateur.

Puisque vous m'assurez que la longueur de mon bavardage ne vous déplaît pas, je vous parlerai successivement de ces trois genres.

La musique instrumentale de Haydn est composée de symphonies de chambre à plus ou moins d'instruments, et de symphonies à grand orchestre, qu'à cause du grand nombre d'instruments nécessaires on ne peut guère jouer que dans un théâtre.

La première classe comprend les duos, trios, quatuors, sextuors, octavettis et divertissements, les sonates de piano-forte, les fantaisies, les variations, les caprices. On met dans la seconde classe les symphonies à grand orchestre, les concertos pour divers instruments, les sérénades et les marches.

Ce qu'on préfère dans toute cette musique, ce sont les quatuors et les symphonies à grand orchestre. Haydn a fait quatre-vingt-deux quatuors et cent quatre-vingts symphonies. Les dix-neuf premiers quatuors passent auprès des amateurs pour de simples divertissements. L'originalité et le grandiose du style ne s'y déploient encore que faiblement. Mais, en revanche, chacun des quatuors, depuis celui qui porte le n° 20 jusqu'au n° 82, aurait suffi pour faire la réputation de son auteur.

On sait que les quatuors sont joués par quatre instruments, un premier violon, un deuxième violon, un alto et un violoncelle. Une femme d'esprit disait qu'en entendant les quatuors de Haydn elle croyait assister à la conversation de quatre personnes aimables. Elle trouvait que le premier violon avait l'air d'un homme de beaucoup d'esprit, de moyen âge, beau parleur, qui soutenait la conversation dont il donnait le sujet. Dans le second violon, elle reconnaissait un ami du premier, qui cherchait par tous les moyens possibles à le faire briller, s'occupait très-rarement de soi, et soutenait la conversation plutôt en approuvant ce que disaient les autres qu'en avançant des idées particulières. Le violoncelle était un homme solide, savant et sentencieux. Il appuyait les discours du premier violon par des maximes laconiques, mais frappantes de vérité. Quant à l'alto, c'était une bonne femme un peu bavarde, qui ne disait pas grand'chose, et cependant voulait toujours se mêler à la conversation. Mais elle y portait de la grâce, et pendant qu'elle parlait, les autres interlocuteurs avaient le temps de respirer. On voyait cependant qu'elle avait un penchant secret pour le violoncelle, qu'elle préférait aux autres instruments.

Haydn, en cinquante années de travaux, a donné cinq cent vingt-sept compositions instrumentales, et il ne s'est jamais copié que quand il l'a bien voulu. Par exemple, l'air de l'agriculteur, dans l'*oratorio* des *Quatre-Saisons*, est un *andante* d'une de ses symphonies, dont il a fait un bel air de basse-taille, qui, il est vrai, languit un peu vers la fin.

Vous sentez, mon ami, que la plupart des observations que j'aurais à vous faire ici exigent un piano-forte, et non pas une plume. A quatre cents lieues de vous et de notre aimable France, ce n'est que de la partie poétique du style de Haydn que je puis vous parler.

Les *allegro* de ses symphonies, pour la plupart très-vifs et pleins de force, vous enlèvent à vous-même : ils commencent ordinairement par un *thème* court, facile et très-clair ; peu à peu, et par un travail plein de génie, ce thème, répété par les divers instruments, acquiert un caractère mélangé d'héroïsme et de gaieté. Ces teintes de sérieux sont les grandes ombres de Rembrandt et du Guerchin, qui donnent tant d'effets aux parties éclairées de leurs tableaux.

L'auteur semble vous conduire au milieu d'abîmes ; mais un plaisir continu fait que vous le suivez dans sa marche singulière. Le caractère que je viens de décrire me semble commun aux *presto* et aux *rondo*.

Il y a plus de variété dans les *andante* et les *adagio* : le style grandiose y brille dans toute sa majesté.

Les phrases ou idées musicales ont de beaux et grands développements ; chaque membre en est clair et distinct ; le tout a de la saillie. C'est le style de Buffon quand il a beaucoup d'idées. Il faut, pour bien jouer les *adagio* de Haydn, plus d'énergie que de douceur. Ils ont plutôt les proportions d'une Junon que d'une Vénus. Plus graves que mignards, ils respirent la dignité tranquille, pleine de force et quelquefois un peu lourde des Allemands.

Dans les *andante*, cette dignité se laisse vaincre, de temps en temps, par une gaieté modérée, mais cependant elle domine toujours. Quelquefois, dans les *andante* et les *adagio*, l'auteur se laisse tout à coup emporter à la force et à l'abondance de ses idées. Cette folie, cet excès de vigueur anime, réjouit, entraîne toute la composition, mais n'en exclut pas la passion et le sentiment.

Quelques-uns des *andante* et des *allegro* de Haydn semblent ne pas avoir de thème. On serait tenté de croire que les musiciens ont commencé par le milieu de leur cahier ; mais peu à peu l'âme du véritable amateur s'aperçoit, à ses sensations, que le compositeur a eu un but et un plan.

Ses *menuets*, pures émanations du génie, si riches d'harmonie, d'idées, de beautés accumulées dans un petit espace, suffiraient à un homme ordinaire pour faire une sonate. C'est dans ce sens que Mozart disait de nos opéras-comiques, que tout homme qui se portait bien devait faire tous les jours un opéra comme cela avant déjeuner. Les secondes parties des *menuets* de Haydn, ordinairement comiques, sont ravissantes d'originalité.

En général, le caractère de la musique instrumentale de notre compositeur est d'être pleine d'une imagination romantique. C'est en vain qu'on y chercherait la mesure racinienne ; c'est plutôt l'Arioste ou Shakspeare, et c'est ce qui fait que je ne comprends pas encore le succès de Haydn en France.

Son génie parcourt toutes les routes avec la rapidité de l'aigle : le merveilleux et le séduisant se succèdent tour à tour et sont peints des couleurs les plus brillantes. C'est cette variété de coloris, c'est l'absence du genre ennuyeux qui lui a peut-être valu la rapidité et l'étendue de ses succès. Il n'y avait pas deux ans qu'il faisait des symphonies, qu'on les jouait déjà en Amérique et dans les Indes.

Il me semble que la magie de ce style consiste dans un caractère dominant de liberté et de joie. Cette joie de Haydn est une exaltation tout ingénue, toute nature, pure, indomptable, continue : elle règne dans les *allegro ;* on l'aperçoit encore dans les parties graves, et elle parcourt les *andante* d'une manière sensible.

Dans les compositions où l'on voit, par le rythme, par le ton, par le genre, que l'auteur a voulu inspirer la tristesse, cette joie obstinée, ne pouvant se montrer à visage découvert, se transforme en énergie et en force. Observez bien : ce n'est pas de la douleur que cette sombre gravité, c'est de la joie contrainte à se masquer : on dirait la joie concentrée d'un sauvage ; mais de la tristesse, de l'affliction d'âme, de la mélancolie, jamais. Haydn n'a pu être vraiment triste que deux ou trois fois en sa vie, dans un verset de son *Stabat Mater*, et dans deux *adagio* des *Sept paroles*.

Et voilà pourquoi il n'a pu exceller dans la musique dramatique. Sans mélancolie, point de musique passionnée : c'est ce qui fait que le peuple français, vif, vain, léger, exprimant bien vite tous ses sentiments, quelquefois ennuyé, mais jamais mélancolique, n'aura jamais de musique.

Puisque nous sommes sur cet article, et que je vous vois déjà faire la mine, voici ma pensée tout entière : je vais employer exprès les images les plus triviales et les plus claires ; j'invite tous mes confrères, les faiseurs de paradoxes, à se servir de la même méthode.

LETTRE VII

Vienne, 3 octobre 1808.

J'ENTRAIS une fois en Italie par le Simplon ; j'avais avec moi quelqu'un qui n'avait jamais fait ce voyage, et passant à un quart de lieue des îles Borromées, je fus bien aise de les lui faire voir. Nous prîmes une barque, nous courûmes les jardins de ce lieu magnifique et cependant touchant. Nous revînmes enfin à la petite auberge de l'*Isola Bella* : nous vîmes qu'on mettait trois couverts à une table, et un jeune Milanais, dont l'extérieur annonçait beaucoup d'aisance, vint s'asseoir à côté de nous, en nous faisant quelques politesses. Il répondait très-bien aux questions que je lui adressais. Comme il était occupé à découper une perdrix, mon ami tira une lettre de sa poche, et, faisant semblant de lire, il me dit en anglais : « Mais voyez donc ce jeune homme ! sans doute il a commis quelque crime dont l'idée le poursuit : voyez les regards qu'il lance sur nous ; il croit que nous tenons à la police, ou c'est un Werther, qui a choisi ce lieu célèbre pour finir son existence d'une manière piquante. — Pas du tout, lui répondis-je, c'est un jeune homme des plus communicatifs que nous ayons à rencontrer, et même très gai. »

Tous les Français arrivant en Italie tombent dans la même erreur. C'est que le caractère de ce peuple est souverainement mélancolique ; c'est le terrain dans lequel les passions germent le plus facilement : de tels hommes ne peuvent guère s'amuser que par les beaux-arts. C'est ainsi, je crois, que l'Italie a produit et ses grands artistes et leurs admirateurs, qui, en les aimant et payant leurs ouvrages, les font naître. Ce n'est pas que l'Italien ne soit susceptible de gaieté : mettez-le à la campagne, en partie de plaisir avec des femmes aimables, il aura une joie folle, son imagination sera d'une vivacité étonnante.

Je ne suis jamais tombé en Italie dans ces parties de plaisir, que le moindre désappointement de vanité nous fait trouver si tristes quelquefois dans les jolis parcs qui environnent Paris : un froid mortel vient tuer tous les amusements ; le maître de la maison est de mauvaise humeur parce que son cuisinier a manqué le dîner ; moi, je suis piqué de ce que M. le vicomte de V..., abusant de la rapidité de son cheval anglais, m'a coupé avec son carrick, dans la plaine de Saint-Gratien, et a couvert de poussière les dames que j'avais dans ma jolie calèche neuve ; mais je le lui rendrai bien, ou mon cocher aura son congé. Toutes ces idées-là sont à mille lieues d'un jeune Italien allant recevoir des dames à sa *villa*. Vous souvient-il d'avoir lu le *Marchand de Venise* de Shakespare ? Si vous vous rappelez Gratiano disant :

> Let me play the fool
> With mirth, etc.

voilà la gaieté italienne ; c'est de la gaieté annonçant le bonheur : parmi nous elle serait bien près du mauvais ton ; ce serait montrer *soi heureux*, et en quelque sorte occuper les autres de soi. La gaieté française doit montrer aux écoutants qu'on n'est gai que pour leur plaire ; il faut même, en jouant la joie extrême, cacher la joie véritable que donne le succès.

La gaieté française exige beaucoup d'esprit : c'est celle de Le Sage et de Gil-Blas ; la gaieté d'Italie est fondée sur la sensibilité, de manière que, quand rien ne l'égaye, l'Italien n'est point gai.

Notre jeune homme des îles Borromées ne voyait rien d'infiniment réjouissant à rencontrer à une table d'hôte deux Français bien élevés : il était poli ; nous, nous l'aurions voulu amusant.

De manière qu'en Italie, les actions dépendant davantage de ce qu'éprouve l'homme qui agit, quand cette âme est commune, l'Italien est le plus triste compagnon du monde. J'en portais un jour mes plaintes à l'aimable baron W... « Que voulez-vous, me dit-il, nous sommes, à votre égard, comme les melons d'Italie comparés à ceux de France : chez vous, achetez-les sans crainte sur la place, ils sont tous passables ; chez nous, vous en ouvrez vingt exécrables, mais le vingt et unième est divin. »

La conduite des Italiens, presque toujours fondée sur ce que sent leur âme, explique bien leur amour pour la musique, qui, en nous donnant des regrets, soulage la mélancolie, et qu'un homme vif et sanguin, comme sont les trois quarts des Français, ne peut aimer de passion, puisqu'elle ne le soulage de rien, et ne lui donne habituellement aucune jouissance vive.

Que dites-vous de ma philosophie ? Elle a le malheur d'être assez conforme à la théorie des philosophes français que vous vilipendez aujourd'hui ; théorie qui fait naître les beaux-arts de l'*ennui* [1] : je mettrais à la place de l'ennui la *mélancolie*, qui suppose tendresse dans l'âme.

L'ennui de nos Français, que les choses de sentiment n'ont jamais rendus ni très-heureux ni très-malheureux, et dont les plus grands chagrins sont des malheurs de vanité, se dissipe par la *conversation*, où la vanité, qui est leur passion dominante, trouve à chaque instant l'occasion de briller, soit par le fonds de ce qu'on dit, soit par la manière de le dire. La conversation est pour eux un jeu, une mine d'événements. Cette conversation française, telle qu'un étranger peut l'entendre tous les jours au café de Foy et dans les lieux publics, me paraît le commerce armé de deux vanités.

Toute la différence entre le café de Foy et le salon de madame la marquise du Deffand [2], c'est qu'au café de Foy, où se rendent de pauvres rentiers de la petite bourgeoisie, la vanité est basée sur le fonds de ce qu'on dit : chacun raconte à son tour des choses flatteuses qui lui sont arrivées ; celui qui est censé écouter attend avec une impatience assez mal

1. Ennui d'un homme tendre, toujours mêlé de regrets.
2. En 1779.

déguisée que son tour soit arrivé, et alors entame son histoire, sans répondre à l'autre en aucune manière.

Le bon ton, qui, là comme dans un salon, part du même principe[1], consiste, au café de Foy, à écouter l'*autre* avec une apparence d'intérêt, à sourire aux parties comiques de ses contes, et, en parlant de soi, à déguiser un peu l'air hagard et inquiet de l'intérêt personnel. Voulez-vous des portraits bien francs de cet intérêt personnel dans toute sa rudesse ? Entrez un instant à la Bourse d'une ville de commerce du Midi ; voyez un courtier proposer un marché à un négociant. Cet intérêt personnel trop mal couvert donne à certains couples de causeurs du café de Foy l'air de deux ennemis rapprochés par force pour discuter leurs intérêts.

Dans une société plus riche et plus civilisée, ce n'est pas du fonds de l'histoire, mais de la manière de la conter que celui qui parle attend une bonne récolte de jouissances de vanité : aussi choisit-on l'histoire aussi indifférente que possible à celui qui parle.

Volney raconte[2] que les Français cul-

---

1. (Dans une société composée d'indifférents) se donner réciproquement le plus grand plaisir qu'il est possible.
2. « *Voisiner* et *causer* sont, pour des Français, un besoin d'habitude si impérieux, que, sur toute la frontière de

tivateurs aux Etats-Unis sont peu satisfaits de leur position isolée, et disent sans cesse : « C'est un pays perdu, on ne sait avec qui faire la conversation » ; au contraire des colons d'origine allemande et anglaise, qui passent fort bien dans le silence des journées entières.

Je croirais que cette bienheureuse conversation, remède à l'ennui français, n'excite pas assez le sentiment pour soulager la mélancolie italienne.

C'est d'après des habitudes filles de cette manière de chercher le bonheur que le prince N..., qu'on me citait à Rome comme un des hommes les plus aimables d'Italie, les plus *roués*, nous faisait de la musique à tout bout de champ chez la comtesse S..., sa maîtresse[1]. Il était en train de manger une fortune de deux ou trois millions : son rang, sa fortune, ses habitudes, auraient dû en faire un *ci-devant jeune*

La Louisiane et du Canada, on ne saurait citer un colon de cette nation établi hors de la portée ou de la vue d'un autre. En plusieurs endroits, ayant demandé à quelle distance était le colon le plus écarté : « Il est dans le désert, « me répondait-on, avec les ours, à une lieue de toute habitation « sans *avoir persônne avec qui causer.* »
  VOLNEY, *Tabl. des Etats-Unis*, p. 415.

1. Sur l'exemplaire Mirbeau, Stendhal a noté en marge de prince N. : Vidman, et de comtesse S. : Gina. Il s'agit du baron Louis Widmann, capitaine de la compagnie des gardes d'honneur à Venise avec lequel il se lia en 1811, et de cette amie qu'il désigne sous le nom de comtesse Simonetta. N. D. L. E.

homme ; et quoique son habit d'uniforme fût couvert de *plaques*, ce n'était qu'un artiste.

Chez nous, l'homme qui va à un rendez-vous, ou qui va voir si le décret qui le nomme à une place importante est signé, a assez d'attention de reste pour être jaloux d'un cabriolet à la mode.

La nature a fait le Français vain et vif plutôt que gai. La France produit les meilleurs grenadiers du monde pour prendre des redoutes à la baïonnette, et les gens les plus amusants. L'Italie n'a point de Collé, et n'a rien qui approche de la délicieuse gaieté de la *vérité dans le vin.*

Son peuple est passionné, mélancolique, tendre : elle produit des Raphaël, des Pergolèse, et des comte Ugolin[1].

---

1. Le comte Ugolin, du Dante.
   La bocca solevó dal fiero pasto,
   Quel peccator, etc.

Voir l'abondance des caractères de cette espèce dans l'excellente *Histoire des républiques d'Italie*, par Sismondi *.

* L'excellente histoire de Toscane de L. Pignotti, bonhomme qui conte avec simplicité. *(Note manuscrite de l'exemplaire Mirbeau.)*

LETTRE VIII

Salzbourg, le 30 avril 1809

Enfin, mon cher ami, vous avez reçu mes lettres : la guerre qui m'environne ici de toutes parts me donnait quelque inquiétude sur leur sort. Mes promenades dans les bois sont troublées par le bruit des armes : dans ce moment j'entends bien distinctement le canon que l'on tire à une lieue et demie d'ici, sur la route de Munich ; cependant, après quelques réflexions assez tristes sur le sort qui m'a ôté ma compagnie de grenadiers, et qui, depuis vingt ans, m'éloigne de ma patrie, je m'assois sur le tronc d'un grand chêne couché par terre : je me trouve à l'ombre d'un beau tilleul, je ne vois autour de moi qu'une verdure charmante, et qui se dessine bien nettement sur un ciel d'un bleu foncé[1] ; je prends mon petit

---
1. Faux. Criminelle imitation de Corrège. Peinture belle en soi, mais fausse, en avril, en Bavière ; le ciel bleu surtout. (*Note manuscrite de l'ex. Mirbeau.*)

cahier, mon crayon, et je vais, après un long silence, vous parler de notre ami Haydn.

Savez-vous que je vais presque vous accuser de schisme ? Vous semblez le préférer aux chantres divins de l'Ausonie. Ah ! mon ami, les Pergolèse, les Cimarosa, ont excellé dans la partie la plus touchante et en même temps la plus noble du bel art qui nous console. Vous me dites qu'un des motifs de votre préférence pour Haydn, c'est qu'on peut l'entendre à Londres et à Paris comme à Vienne, tandis que, faute de voix, la France ne jouira jamais de l'*Olympiade* du divin Pergolèse. Sous ce rapport, je partage votre opinion. L'organisation dure des Anglais et de nos chers compatriotes peut laisser naître chez eux de bons joueurs d'instruments, mais leur défend à jamais de chanter. Ici, au contraire, en traversant le faubourg de Léopoldstadt, je viens d'entendre une voix très-douce chanter agréablement la chanson

Nach dem Todt bin ich dein.

Quant à ce qui me regarde, j'aperçois fort bien la malice de votre critique au milieu de vos compliments. Vous me reprochez encore cette légèreté qui, grâce au ciel, faisait autrefois le texte habituel de vos leçons. Vous dites que je vous écris sur Haydn, et que je n'oublie qu'une chose, qui est d'aborder franchement la manière de ce grand maître, et de vous expliquer, en ma qualité d'habitant de l'Allemagne, et en votre qualité d'ignorant, comment il plaît et pourquoi il plaît ? D'abord vous n'êtes point un ignorant ; vous aimez passionnément la musique, et l'amour suffit dans les beaux-arts. Vous dites qu'à peine déchiffrez-vous un air : n'avez-vous pas honte de cette mauvaise objection ? Prenez-vous pour un artiste l'ouvrier croque-sol qui depuis vingt ans donne des leçons de piano, comme son égal en génie fait des habits chez le tailleur voisin ? Faites-vous un art d'un simple *métier* où l'on réussit, comme dans les autres, avec un peu d'adresse et beaucoup de patience ?

Rendez-vous plus de justice. Si votre amour pour la musique continue, un voyage d'un an en Italie vous rendra plus savant que vos savants de Paris.

Une chose que je n'aurais pas crue, c'est qu'en étudiant les beaux-arts, on puisse apprendre à les sentir. Un de mes amis n'admirait, dans tout le Musée de Paris, que l'expression de la *Sainte Cécile* de Raphaël, et un peu le tableau de la *Transfiguration ;* tout le reste ne lui disait rien, et il aimait mieux les peintures d'éventails qu'on expose tous les deux ans que les chefs-d'œuvre enfumés des anciennes écoles ; en un mot, la peinture était une source de jouissances presque fermée pour lui. Il est arrivé que, par complaisance, il a lu une histoire de la peinture pour en corriger le style[1] : il est allé par hasard au Musée, et les tableaux lui ont rappelé ce qu'il venait de lire sur leur compte. Il s'est mis, sans s'en apercevoir, à ratifier ou à casser les jugements qu'il avait vus dans le manuscrit ; il a bientôt distingué le style des écoles différentes. Peu à peu, et sans dessein formé, il est allé trois ou quatre fois la semaine au Musée, qui est aujourd'hui un des lieux du monde où il se plaît le plus. Il trouve mille sujets de réflexions dans tel tableau qui ne lui disait rien, et la beauté du Guide, qui ne le frappait pas jadis, le ravit aujourd'hui.

Je suis convaincu qu'il en est de même de la musique, et qu'en commençant par apprendre par cœur cinq ou six airs du *Mariage secret*, l'on finit par sentir la beauté de tous les autres : seulement

[1]. J'avais l'idée de l'Histoire de la Peinture depuis le 28 octobre 1813, je crois, contrada del Rastrelli à Milan. (*Note manuscrite de l'ex. Mirbeau.*)

il faut avoir la précaution de se priver de toute autre musique que celle de Cimarosa, pendant un ou deux mois. Mon ami avait soin de ne voir chaque semaine au Musée que les tableaux d'un même maître ou d'une même école.

Mais, mon cher, que la tâche que vous m'imposez pour les symphonies de Haydn est difficile, non pas faute d'idées bonnes ou mauvaises, j'en ai : la difficulté est de les faire parvenir à quatre cents lieues, et de les peindre avec des paroles.

Puisque vous le voulez, mon ami, garantissez-vous de l'ennui comme vous pourrez ; moi, je vais vous transcrire ce qu'on pense ici du style de Haydn.

Dans les premiers temps de notre connaissance, je l'interrogeais souvent à ce sujet ; il est bien naturel de demander à quelqu'un qui fait des miracles : Comment vous y prenez-vous ? mais je voyais que mon homme évitait toujours d'entrer en matière. Je pensai qu'il fallait le tourner, et je me mis à prononcer, avec une effronterie de journaliste et une force de poumons intarissable, des jugements ténébreux sur Haendel, Mozart, et autres grands maîtres, auxquels j'en demande pardon. Haydn, qui était très bon et très doux, me laissait dire et souriait ;

mais quelquefois aussi, après m'avoir fait boire de son vin de Tokay, il me corrigeait par cinq ou six phrases pleines de sens et de chaleur, partant de l'âme et montrant sa théorie : je me hâtais de les noter en sortant de chez lui. C'est ainsi qu'en faisant à peu près le métier d'un agent de M. de Sartine, je suis parvenu à connaître les opinions du maître.

Qui le croirait ? Ce grand homme, dont nos pauvres diables de musiciens savants et sans génie veulent se faire un bouclier, répétait sans cesse : « Ayez un beau chant, et votre composition, quelle qu'elle soit, sera belle, et plaira certainement. »

« C'est l'âme de la musique, continuait-il, c'est la vie, l'esprit, l'essence d'une composition : sans elle Tartini peut trouver les accords les plus rares et les plus savants, mais vous n'entendez qu'un bruit bien travaillé, lequel, s'il ne déplaît pas à l'oreille, laisse du moins la tête vide et le cœur froid. »

Un jour que je combattais, avec plus de déraison qu'à l'ordinaire, ces oracles de l'art, le bon Haydn alla me chercher un petit journal barbouillé qu'il avait fait pendant son séjour à Londres. Il m'y fit voir qu'étant allé un jour à Saint-Paul, il y entendit chanter à l'unisson une hymne par quatre mille enfants : « Ce chant simple et naturel, ajouta-t-il, me donna le plus grand plaisir que la musique exécutée m'ait jamais procuré. »

Or ce chant, qui produisit un tel effet sur l'homme du monde qui avait entendu la plus belle musique instrumentale, n'est autre chose que [1]

Chercherai-je, pour que vous ne m'accusiez pas de sauter les difficultés, à vous définir le chant ? Ecoutez madame Barilli, chantant, dans les *Nemici generosi*, que je vois annoncé dans le *Journal des Débats* :

Piaceri dell' anima
Contenti soavi.

Ecoutez-la dire, dans le *Mariage secret*, en se moquant de sa sœur, toute fière d'épouser un comte :

Signora Contessina [2].

[1]. La mémoire de Haydn a un peu embelli ce chant. (*Note d'après les errata de* 1817.)

[2]. M. Daniel Muller fait remarquer dans l'édition Champion qu'il s'agit plutôt du trio qui suit cet air quand Caroline appelle Lisette : *Contessa Garbata*. N. D. L. E.

Ecoutez Paolino-Crivelli chanter à ce comte, qui devient amoureux de sa maîtresse :

Deh ! Signor !

Voilà ce que c'est que le chant. Voulez-vous, par une méthode aussi facile, connaître ce qui n'est pas du chant ? allez à Feydeau ; prenez garde qu'on ne joue ni du Grétry, ni du Della-Maria, ni la *Mélomanie*. Ecoutez la première ariette venue, et vous saurez mieux que par mille définitions ce que c'est que de la musique sans mélodie.

Il y a peut-être plus d'amour pour la musique dans vingt de ces gueux insouciants de Naples, appelés *lazzaroni*, qui chantent le soir le long de la rive de Chiaja, que dans tout le public élégant qui se réunit le dimanche au Conservatoire de la rue Bergère. Pourquoi s'en fâcher ? Depuis quand est-on si orgueilleux des qualités purement physiques ? La Normandie n'a point de bois d'orangers, et cependant c'est un beau et bon pays : heureux qui a des terres en Normandie, et qui a la permission de les habiter ! Mais revenons au chant.

Comment définir, d'une manière raisonnable, quelque chose qu'aucune règle ne peut apprendre à produire ? J'ai sous les yeux cinq ou six définitions que j'ai notées dans mon carnet : en vérité, si quelque chose était capable de me faire perdre l'idée bien nette que j'ai de ce que c'est que le chant, ce serait la lecture de ces définitions. Ce sont des mots assez bien arrangés, mais qui, au fond, ne présentent qu'un sens vague. Par exemple, qu'est-ce que la douleur ? Nous avons tous, hélas ! assez d'expérience pour sentir la réponse à cette question ; et cependant, quoi que nous puissions dire, nous aurons obscurci le sujet. Je croirai donc, monsieur, être à l'abri de vos reproches, en me dispensant de vous définir le chant : c'est, par exemple, ce qu'un amateur sensible et peu instruit a retenu en sortant d'un opéra. Qui est-ce qui a entendu le *Figaro* de Mozart, et qui ne chante pas en sortant, souvent avec la voix la plus fausse du monde :

Non più andrai, farfallone amoroso,
Delle donne turbando il riposo, etc. ?

Les maîtres vous disent : Trouvez des chants qui soient à la fois clairs, faciles, significatifs, élégants, et qui, sans être recherchés, ne tombent pas dans le trivial. Vous éviterez ce dernier défaut et la triste monotonie en introduisant des dissonances : elles produisent d'abord un sentiment un peu désagréable ; l'oreille a soif de les voir résolues, et éprouve une jouissance bien distincte quand enfin le compositeur les résout.

Les dissonances réveillent l'attention ; ce sont des stimulants administrés à un léthargique : ce moment d'inquiétude qu'elles produisent en nous se transforme en plaisir très vif, lorsque nous arrivons enfin à l'accord que notre oreille ne cessait de prévoir et de désirer. Nous devons des louanges à Monteverde, qui découvrit cette mine de beautés, et à Scarlatti, qui l'exploita.

Mozart, ce génie de la douce mélancolie, cet homme plein de tant d'idées et d'un goût si grandiose, cet auteur de l'air

> Non so più cosa son cosa faccio,

a quelquefois un peu abusé des modulations.

Il lui est arrivé de gâter ces beaux chants dont les premières mesures sont exactement les soupirs d'une âme tendre. En les tourmentant un peu vers la fin, souvent il les rend obscurs pour l'oreille, quoique dans la partition ils soient clairs pour le lecteur ; quelquefois, dans ses accompagnements, il met des chants trop différents de celui de l'acteur en scène ; mais que ne pardonnerait-on pas en faveur du chant de l'orchestre, vers le milieu de l'air

> Vedrò mentr'io sospiro
> Felice un servo mio !
> *Figaro.*

chant divin, et que tout homme qui souffre d'amour se rappelle involontairement[1].

Les dissonances sont, en musique, comme le clair-obscur en peinture : il ne faut pas en abuser. Voyez la *Transfiguration* et la *Communion de saint Jérôme*, placées vis-à-vis l'une de l'autre à votre Musée de Paris ; il manque un peu de clair-obscur à la *Transfiguration ;* le Dominiquin, au contraire, en a fait le meilleur usage : c'est là qu'il faut s'arrêter, ou vous tombez dans la secte des *tenebrosi*, qui, au sei-

---

1. Je ne me fais pas un scrupule de prendre mes exemples dans la musique que j'ai entendue à Paris depuis ma rentrée en France, et postérieurement à la date de ces lettres. Il n'est pas permis à tout le monde d'imiter un grand écrivain, qui, cherchant à donner à son ami une idée exacte du pays désert qu'il faut traverser pour arriver à Rome, lui dit :

« Vous avez lu, mon cher ami, tout ce qu'on a écrit sur ce pays, mais je ne sais si les voyageurs vous en ont donné une idée bien juste... Figurez-vous quelque chose de la désolation de Tyr et de Babylone, dont parle l'Ecriture. » *Génie du Christianisme*, tom. III, p. 367.

Citer à Paris la plupart des chefs-d'œuvre de Pergolèse, de Galuppi, de Sacchini, etc., ce serait un peu parler des plaines de Babylone.

zième siècle, firent périr la peinture en Italie. Les gens du métier vous diront que Mozart abuse surtout des intervalles de *diminuée* et de *superflue*.

Quelques années après que Haydn se fut établi à Eisenstadt, et aussitôt qu'il se fut formé un style, il songea à nourrir son imagination en recueillant soigneusement ces chants antiques et originaux qui courent dans le peuple de chaque nation.

L'Ukraine, la Hongrie, l'Ecosse, l'Allemagne, la Sicile, l'Espagne, la Russie, furent mises par lui à contribution.

On peut se former une idée de l'originalité de ces mélodies par le chant tyrolien que les officiers qui ont fait la campagne d'Autriche en 1809 ont rapporté en France :

Wenn ich war in mein...

Tous les ans, un peu avant Noël, on voit arriver, de Calabre à Naples, des musiciens ambulants qui, armés d'une guitare et d'un violon, dont ils jouent, non pas en l'appuyant sur l'épaule, mais comme nous de la basse, accompagnent des chants sauvages, et aussi différents de la musique de tout le reste de l'Europe qu'il soit possible de l'imaginer. Ces chants si baroques ont cependant leur agrément, et n'offensent point l'oreille.

On peut en juger, en quelque façon, à Paris, par la romance que Crivelli chante d'une manière si délicieuse dans la *Nina* de Paisiello. Ce maître s'est occupé à rassembler d'anciens airs qu'on croit grecs d'origine, et qui sont encore chantés aujourd'hui par les paysans demi-sauvages de l'extrémité de l'Italie ; et c'est d'un de ces airs arrangés qu'il a fait cette romance si simple et si belle.

Quoi de plus différent que le *bolero* espagnol et l'air *Charmante Gabrielle* de Henri IV ? Ajoutez-y un air écossais et une romance persane tels qu'on les chante à Constantinople, et vous verrez jusqu'où la variété peut aller en musique. Haydn se nourrissait de tout cela, et savait par cœur tous ces chants singuliers.

Comme Léonard de Vinci dessinait, sur un petit livret qu'il portait toujours sur lui, les physionomies singulières qu'il rencontrait, Haydn notait soigneusement tous les passages et toutes les idées qui lui passaient par la tête.

Quand il était heureux et gai, il courait à sa petite table, et écrivait des motifs de menuets et de chansons : se sentait-il tendre et porté à la tristesse, il notait des thèmes d'*andante* ou d'*adagio*. Lorsque ensuite, en composant, il avait besoin d'un passage de tel caractère, il recourait à à son magasin.

Cependant d'ordinaire Haydn n'entreprenait une symphonie qu'autant qu'il se sentait bien disposé. On a dit que les belles pensées viennent du cœur ; cela est d'autant plus vrai que le genre dans lequel on travaille s'éloigne davantage de l'exactitude des sciences mathématiques. Tartini, avant de se mettre à composer, lisait un de ces sonnets si doux de Pétrarque. Le bilieux Alfieri, qui, pour peindre les tyrans, leur a dérobé la farouche amertume qui les dévore, aimait à entendre de la musique avant de se mettre au travail. Haydn, ainsi que Buffon, avait besoin de se faire coiffer avec le même soin que s'il eût dû sortir, et de s'habiller avec une sorte de magnificence. Frédéric II lui avait envoyé un anneau de diamants : Haydn avoua plusieurs fois que si, en se mettant à son piano, il oubliait de prendre cette bague, il ne lui venait pas une idée. Le papier sur lequel il composait devait être le plus fin possible et le plus blanc. Il écrivait ensuite avec tant de propreté et d'attention, que le meilleur copiste ne l'aurait pas surpassé pour la netteté et l'égalité des caractères. Il est vrai que ses notes avaient la tête si petite et la queue si fine, qu'il les appelait, avec assez de justice, ses pieds de mouches.

Après toutes ces précautions mécaniques, Haydn commençait son travail par écrire son idée principale, *son thème*, et par choisir les tons dans lesquels il voulait le faire passer. Son âme sensible lui avait donné une connaissance profonde du plus ou moins d'effet que produit un ton en succédant à un autre [1]. Haydn imaginait ensuite une espèce de petit roman qui pût lui fournir des sentiments et des couleurs musicales.

Quelquefois il se figurait qu'un de ses amis, père d'une nombreuse famille et mal partagé des biens de la fortune, s'embarquait pour l'Amérique, espérant y changer son sort.

Les principaux événements du voyage formaient la symphonie. Elle commençait par le départ. Un vent favorable agitait doucement les flots, le navire sortait heureusement du port, pendant que, sur le rivage, la famille du voyageur le suivait des yeux en pleurant, et que ses amis lui

---

[1]. Exemple trivial. Touchez le piano en c *sol fa ut,* mineur, faites la cadence; sautez ensuite au G *sol re ut,* vous trouverez que ce saut ne déplait pas. Mais si, au lieu de sauter au G *sol re ut,* vous passez du c *sol fa ut* mineur à l'E *la fa,* vous verrez combien cette succession de sons est plus sonore, plus majestueuse et plus agréable que la première. On trouverait facilement mille exemples plus compliqués : Mozart et Haydn en sont remplis.

faisaient des signaux d'adieu. Le vaisseau naviguait heureusement, et on abordait enfin à des terres inconnues. Une musique sauvage, des danses, des cris barbares, s'entendaient vers le milieu de la symphonie. Le navigateur fortuné faisait d'heureux échanges avec les naturels du pays, chargeait son vaisseau de riches marchandises, et, enfin, se remettait en route pour l'Europe, poussé par un vent propice. Voilà le premier motif de la symphonie qui revient. Mais bientôt la mer commence à s'agiter, le ciel s'obscurcit et une tempête horrible vient mêler tous les tons et presser la mesure. Tout est en désordre sur le vaisseau. Les cris des matelots, le mugissement des vagues, les sifflements des vents portent la mélodie du genre chromatique au pathétique. Les accords de superflue et de diminuée, les modulations se succédant par semi-tons, peignent l'effroi des navigateurs.

Mais peu à peu la mer se calme, les vents favorables reviennent enfler les voiles. On arrive au port. L'heureux père de famille jette l'ancre au milieu des bénédictions de ses amis et des cris de joie de ses enfants et de leur mère, qu'il embrasse enfin en mettant pied à terre. Tout, sur la fin de la symphonie, était allégresse et bonheur.

Je ne puis me rappeler à laquelle des symphonies de Haydn ce petit roman a servi de fil. Je sais qu'il me l'indiqua ainsi qu'au musicien Pichl, mais je l'ai entièrement oubliée.

Pour une autre symphonie, le bon Haydn s'était figuré une espèce de dialogue entre Jésus et le pécheur obstiné ; il suivait ensuite la parabole de l'Enfant prodigue.

C'est de ces petits romans que proviennent les noms par lesquels notre compositeur désignait quelquefois ses symphonies. Sans cette indication, il est impossible de comprendre les noms de la *Belle Circassienne*, de *Roxelane*, du *Solitaire*, du *Maître d'école amoureux*, de la *Persane*, du *Poltron*, de la *Reine*, de *Laudon*, titres qui indiquent tous le petit roman qui guidait l'âme du compositeur. Je voudrais que les symphonies de Haydn eussent gardé des noms au lieu d'avoir des numéros. Un numéro ne dit rien ; un titre, tel que le *Naufrage*, la *Noce*, etc., guide un peu l'imagination de l'auditeur, qu'on ne saurait trop tôt chercher à ébranler.

On dit que jamais homme ne connut les divers effets des couleurs, leurs rapports, les contrastes qu'elles peuvent former, etc., comme le Titien. Haydn, aussi, avait une connaissance incroyable de chacun des instruments qui composaient son orchestre. Dès que son imagination lui fournissait un passage, un accord, un simple trait, il voyait sur-le-champ par quel instrument il devait le faire exécuter pour qu'il produisît l'effet le plus sonore et le plus agréable. Avait-il quelque doute en composant une symphonie ? la place qu'il occupait à Eisenstadt lui donnait un moyen [facile de l'éclaircir. Il sonnait de la manière convenue pour annoncer une répétition ; les musiciens se rendaient au foyer. Il leur faisait exécuter de deux ou trois manières différentes le passage qu'il avait dans la tête, choisissait, les congédiait, et rentrait pour continuer son travail.

Rappelez-vous, mon cher Louis, la scène d'Oreste dans l'*Iphigénie en Tauride*, de Gluck. L'effet étonnant des passages exécutés par les violes agitées eût disparu si l'on eût donné ces passages à un autre instrument.

On trouve souvent chez Haydn de singulières modulations ; mais il sentait que l'extravagant éloigne de l'âme de l'auditeur la sensation du *beau*, et il ne hasarde jamais un changement un peu singulier sans l'avoir préparé imperceptiblement par les accords précédents. Ainsi, au moment où ce changement arrive, vous ne lui trouvez ni crudité ni invraisemblance. Il disait avoir trouvé l'idée de plusieurs de ces transitions dans les ouvrages de Bach l'ancien. Vous savez que Bach lui même les avait rapportées de Rome.

En général Haydn parlait volontiers des obligations qu'il avait à Emmanuel Bach, qui, avant la naissance de Mozart, passait pour le premier pianiste du monde ; mais il assurait aussi ne rien devoir au Milanais Sammartini, qui, ajoutait-il, n'était qu'un brouillon.

Je me rappelle fort bien cependant que, me trouvant à Milan, il y a une trentaine d'années, à une soirée de musique qu'on donnait au célèbre Mislivicek, on vint à jouer quelques vieilles symphonies de Sammartini, et le musicien bohême s'écria tout à coup : « J'ai trouvé le père du style de Haydn. »

C'était trop dire, sans doute ; mais ces deux artistes avaient reçu de la nature une âme à peu près semblable, et il est prouvé que Haydn eut de grandes facilités pour étudier les ouvrages du Milanais. Quant à la ressemblance, remarquez dans le premier quatuor de Haydn en B*fa*, au commencement de la seconde partie du premier temps, le mouvement du deuxième violon et de la viole : c'est le genre de Sammartini tout pur.

Ce Sammartini, homme tout de feu et extrêmement original, était aussi, quoique de loin, au service du prince Nicolas Esterhazy. Un banquier de Milan, nommé Castelli, était chargé par le prince de compter à Sammartini huit sequins (quatre-vingt-seize francs) pour chaque pièce de musique qu'il lui remettrait : le compositeur devait en fournir au moins deux par mois, et il lui était libre d'en remettre au banquier autant qu'il le voudrait ; mais sur la fin de ses jours, la vieillesse le rendant paresseux, je me souviens fort bien d'avoir entendu le banquier se plaindre à lui des reproches qu'il recevait de Vienne au sujet de la rareté de ses envois. Sammartini répondait en grondant : « Je ferai, je ferai ; mais le clavecin me tue. »

Malgré sa paresse, la seule bibliothèque de la maison Palfy compte plus de mille morceaux de ce compositeur. Haydn eut donc toutes sortes de facilités pour le connaître et l'étudier, si jamais il eut ce dessein.

Haydn, en observant les sons, avait trouvé de bonne heure, pour me servir de ses propres termes, « ce qui fait bien, ce qui fait mieux, ce qui fait mal. »

Voilà, mon ami, un exemple de cette manière simple de répondre qui embarrasse beaucoup. On lui demande la raison d'un accord, d'un passage assigné plutôt à un instrument qu'à un autre, il ne répond guère autre chose que : « Je l'ai fait parce que cela va bien. »

Cet homme rare, repoussé dans sa jeunesse par l'avarice des maîtres, avait pris sa science dans son cœur : il avait soumis son âme à l'effet de la musique ; il avait remarqué ce qui se passait en lui, et cherchait à reproduire ce qu'il avait éprouvé. Un artiste médiocre cite tout simplement la règle ou l'exemple auquel il s'est conformé ; il tient cela bien clairement dans sa petite tête.

Haydn s'était fait une règle singulière dont je ne puis rien vous apprendre, sinon qu'il n'a jamais voulu dire en quoi elle consistait. Vous connaissez trop les arts pour que j'aie besoin de vous rappeler au long que les anciens sculpteurs grecs avaient certaines règles de beauté invariables, nommées *canons* [1]. Ces règles sont perdues, et leur existence recouverte d'une profonde obscurité. Il paraît que Haydn avait trouvé en musique quelque chose de semblable. Le compositeur Weigl, le priant un jour de lui donner ces règles,

---

1. Voir Winkelmann, Visconti, ou plutôt Visconti et Winkelmann.

n'en put obtenir que cette réponse :
« Essayez et trouvez. »

On vous dira que le charmant Sarti composait quelquefois ainsi par des bases numériques ; il se vantait même de montrer cette science en peu de leçons : mais tout l'arcane de sa méthode consistait à accrocher de l'argent aux riches amateurs, assez bons pour espérer pouvoir parler une langue sans la savoir. Comment se servir à l'aveugle du langage des sons, sans avoir étudié le sens de chacun d'eux ?

Quant à Haydn, dont le cœur était le temple de la loyauté, tous ceux qui l'ont connu savent qu'il avait un secret et qu'il ne l'a jamais voulu dire. Il n'a donné autre chose au public, dans ce genre, qu'un jeu philharmonique, pour lequel on se procure, au hasard, des nombres en jetant des dés : les passages auxquels ces nombres correspondent, étant réunis, même par quelqu'un qui ne se doute pas du contre-point, forment des menuets réguliers.

Haydn avait un autre principe bien original. Quand son objet n'était pas d'exprimer une affection quelconque, ou de peindre telle image, tous les motifs lui étaient bons : « Tout l'art consiste, disait-il, dans la manière de traiter un thème et de le conduire. » Souvent un de ses amis entrant chez lui comme il allait commencer une pièce : « Donnez-moi un motif, » disait-il en riant. Donner un motif à Haydn ! qui l'aurait osé ? — « Allons ! bon ! courage ! donnez-moi un motif pris au hasard, quel qu'il soit. » Et il fallait obéir.

Plusieurs de ses étonnants quatuors rappellent ce tour de force : ils commencent par l'idée la plus insignifiante, mais peu à peu cette idée prend une physionomie, se renforce, croît, s'étend, et le nain devient géant à nos yeux étonnés.

LETTRE IX

Salzbourg, le 4 mai 1809.

Mon ami,

EN 1741, Jomelli, un des génies de la musique, fut appelé à Bologne pour y composer un opéra. Le lendemain de son arrivée, il alla voir le célèbre père Martini, sans se faire connaître, et le pria de l'admettre au nombre de ses élèves. Le père Martini lui donne un sujet de *fugue*; et voyant qu'il le remplissait d'une manière supérieure : « Qui êtes-vous ? lui dit-il ; vous moquez-vous de moi ? c'est moi qui veux apprendre de vous. — Je suis Jomelli, je suis le maître qui doit écrire l'opéra qu'on jouera ici l'automne prochain, et je viens vous prier de m'apprendre le grand art de n'être jamais embarrassé par mes idées. »

Nous autres, qui ne faisons que jouir de la musique, nous ne nous doutons pas de la difficulté qu'on trouve à arranger de beaux chants de manière qu'ils plaisent à l'auditeur, sans choquer certaines règles, dont à la vérité un bon quart au moins sont de pure convention. Tous les jours il nous arrive, en écrivant, d'avoir des idées qui paraissent bonnes, et de trouver une difficulté extrême à les tourner d'une manière agréable et à les écrire. Cet art difficile, que Jomelli priait le père Martini de lui enseigner, Haydn l'avait trouvé tout seul. Dans sa jeunesse, il jetait souvent sur le papier un certain nombre de notes au hasard, en marquait les mesures et s'obligeait à faire quelque chose de ces notes, en les prenant pour fondamentales. On rapporte le même exercice de Sarti. A Naples, l'abbé Speranza obligeait ses élèves à prendre une *aria* de Métastase, et à faire de suite, sur les mêmes paroles, trente airs différents : c'est par ces moyens qu'il forma le célèbre Zingarelli, qui jouit encore de sa gloire à Rome, et qui a pu écrire ses meilleurs ouvrages en huit jours et quelquefois en moins de temps. Moi, indigne, je suis témoin qu'en quarante heures, distribuées en dix jours de travail, il a produit son inimitable *Roméo et Juliette*. A Milan, il avait écrit son opéra d'*Alcinda*, le premier de ses ouvrages célèbres, en sept jours. Il est supérieur à toutes les difficultés matérielles de son art.

Une qualité remarquable chez Haydn, la première parmi celles qui ne sont pas données par la nature, c'est l'art d'avoir un *style*. Une composition musicale est un discours qui se fait avec des sons au lieu d'employer la parole. Dans ses discours, Haydn a, au suprême degré, non-seulement l'art d'augmenter l'effet de l'idée principale par les idées accessoires, mais encore de rendre les unes et les autres de la manière qui convient le mieux à la physionomie du sujet : c'est un peu ce qu'en littérature on nomme convenances de style. Ainsi le style soutenu de Buffon n'admet pas ces tournures vives, originales et un peu familières qui font tant de plaisir dans Montesquieu.

Le motif d'une symphonie est la proposition que l'auteur entreprend de prouver, ou, pour mieux dire, de faire sentir. De même que l'orateur, après avoir proposé son sujet, le développe, présente ses preuves, répète ce qu'il veut démontrer, apporte de nouvelles preuves, et enfin conclut, de même Haydn cherche à faire sentir le *motif* de sa symphonie.

Il faut rappeler ce *motif* pour qu'on ne l'oublie pas : les compositeurs vulgaires se contentent, en le répétant servilement, de le faire passer d'un ton à un autre; Haydn, au contraire, toutes les fois qu'il le reprend, lui donne un air de nouveauté, tantôt lui fait revêtir une certaine âpreté, tantôt l'embellit d'une manière délicate, et toujours donne à l'auditeur surpris le plaisir de le reconnaître sous un déguisement agréable. Vous que les symphonies de Haydn ont frappé, je suis sûr que si vous avez suivi ce *pathos*, vous avez actuellement présents à la pensée ses admirables *andante*.

Au milieu de ce torrent d'idées, Haydn sait ne jamais sortir de ce qui semble naturel ; il n'est jamais baroque : tout est chez lui à la place la plus convenable.

Les symphonies de Haydn, comme les harangues de Cicéron, forment un vaste arsenal où se trouvent rassemblées toutes les ressources de l'art. Je pourrais, avec un piano, vous faire distinguer bien ou mal douze ou quinze figures musicales, aussi différentes entre elles que l'antithèse et la métonymie [1] de la rhétorique ; mais je ne vous ferai remarquer que les suspensions.

Je parle de ces silences imprévus de tout l'orchestre, quand Haydn, parvenu, dans la cadence du période musical, à la dernière note qui résout et ferme la phrase,

---

1. Grands mots que Pradon prend pour termes de chimie.

BOILEAU.

s'arrête tout à coup au moment où les instruments semblaient le plus animés, et les fait taire tous.

Aussitôt qu'ils recommenceront, le premier son que vous entendrez, pensez-vous, sera cette dernière note, celle qui conclut la phrase, et que vous avez pour ainsi dire déjà entendue en esprit. Pas du tout. Haydn s'échappe alors, pour l'ordinaire, à la *quinte*, par un petit passage plein de grâce qu'il avait déjà indiqué auparavant. Après vous avoir détourné un instant par ce trait léger, il revient au ton principal, et vous donne alors, tout entière, et à votre pleine satisfaction, cette cadence qu'il n'avait d'abord semblé vous refuser que pour vous la rendre ensuite plus agréable.

Il profite très-bien d'un des grands avantages que la musique instrumentale ait sur la musique chantée. Les instruments peuvent peindre les mouvements les plus rapides et les plus énergiques, tandis que le chant ne peut atteindre à l'expression des passions dès que celles-ci exigent un mouvement un peu rapide dans les paroles. Il faut du temps au compositeur, comme de la place sur sa toile au peintre. Ce sont là les *infirmités* de ces beaux arts. Voyez le duo

Sortite, sortite,

entre Suzanne et Chérubin, au moment où il va sauter par la fenêtre ; on jouit de l'accompagnement ; mais, pour les paroles, elles marchent trop vite pour faire plaisir ; dans le duo

Svenami

du troisième acte des *Horaces*, n'est-il pas d'une invraisemblance choquante que Camille, furieuse, se disputant avec le farouche Horace, parle aussi lentement ? Je trouve le duo très bien ; mais ces paroles si lentes, dans une situation si vive, tuent le plaisir. Je me chargerais même de faire des paroles italiennes dans lesquelles Camille et Horace seraient deux amants déplorant ensemble le chagrin de ne pas se voir de quelques jours ; je les adapterais à l'air du duo *Svenami*, et je prétends que la musique peindrait aussi bien la douleur modérée de mes amants, que le patriotisme furieux et le désespoir de madame Grassini et de Crivelli. Si Cimarosa n'a pas réussi à exprimer ces paroles, qui se vantera de le faire ? Pour moi, il me semble que nous sommes arrivés là à une des bornes de l'art musical.

Un habitué de l'Opéra disait à un de mes amis. « Le grand homme que ce Gluck ! ses chants ne sont pas très agréables, il est vrai ; mais quelle expression ! Voyez Orphée chantant :

> J'ai perdu mon Euridice,
> Rien n'égale mon malheur.

Mon ami, qui a une belle voix, lui répondit, en chantant sur le même air :

> J'ai trouvé mon Euridice,
> Rien n'égale mon bonheur.

Je vous engage à faire cette petite expérience, la partition sous les yeux[1].

Si vous voulez de la douleur, rappelez-vous

> Ah ! rimembranza amara !

du commencement de *Don Juan*. Remarquez que le mouvement est nécessairement lent, et que, peut-être, Mozart lui-même n'eût pu réussir à peindre un désespoir impétueux ; le désespoir de l'amant bourru, par exemple, quand il reçoit la lettre terrible qui consiste en ces mots : *Eh bien, non !* Cette situation est très-bien exprimée dans l'air de Cimarosa :

> Senti, indegna ! io ti volea sposar,
> E ti trovo innamorata.

---

1. Tel est l'effet de la mode sur le cœur d'une femme impressionnable. Mlle de Lespinasse était touchée profondément par cette maladie commune. Voir ses Lettres. (*Note manuscrite de l'ex. Mirbeau.*)

Ici encore, le pauvre amant malheureux est sur le point de pleurer, sa raison s'égare, mais il n'est pas furieux. La musique ne peut pas plus représenter la fureur, qu'un peintre nous montrer deux instants différents de la même action. Le vrai mouvement de la musique vocale est celui des nocturnes. Rappelez-vous le nocturne de *Ser Marc Antonio*. C'est ce que savaient bien les Hasse, les Vinci, les Faustina et les Mingoti, et c'est ce qu'on ignore aujourd'hui.

Encore moins la musique peut-elle peindre tous les objets de la nature : les instruments ont la rapidité du mouvement ; mais aussi, n'ayant point de paroles, ils ne peuvent rien préciser. Sur cinquante personnes sensibles qui écoutent avec plaisir la même symphonie, il y a à parier que pas deux d'entre elles ne sont émues par la même image.

J'ai souvent pensé que l'effet des symphonies de Haydn et de Mozart s'augmenterait beaucoup si on les jouait dans l'orchestre d'un théâtre, et si, pendant leur durée, des décorations excellentes et analogues à la pensée principale des différents morceaux se succédaient sur le théâtre. Une belle décoration, représentant une mer calme et un ciel immense et pur, augmenterait, ce me semble, l'effet de tel *andante* de Haydn qui peint une heureuse tranquillité.

En Allemagne, on est dans l'usage de figurer des tableaux connus. Toute une société, par exemple, prend des costumes hollandais, se divise en groupes, et figure, dans la plus parfaite immobilité et avec une rare perfection, un tableau de Téniers ou de Van Ostade.

De tels tableaux sur le théâtre seraient un excellent commentaire aux symphonies de Haydn, et les fixeraient à jamais dans la mémoire. Je ne puis oublier la symphonie du Chaos qui commence la *Création*, depuis que j'ai vu, dans le ballet de *Prométhée*, les charmantes danseuses de Vigano peindre, en suivant les mouvements de la symphonie, l'étonnement des filles de la terre sensibles pour la première fois aux charmes des beaux-arts. On a beau faire ; la musique, qui est le plus vague des beaux-arts, n'est point descriptive à elle seule.

Quand elle atteint une des conditions qu'il faut remplir pour décrire, la rapidité du mouvement, par exemple, elle perd la parole et les intonations si touchantes de la voix humaine : a-t-elle la voix, elle perd la rapidité nécessaire.

Comment peindre une prairie émaillée de fleurs par des traits différents de ceux qui exprimeraient le bonheur d'un vent propice qui vient enfler les voiles de Pâris enlevant la belle Hélène ?

Paisiello et Sarti partagent avec Haydn le grand mérite de savoir bien distribuer les diverses parties d'un ouvrage : c'est au moyen de cette sage économie intérieure que Paisiello compose, non pas un air, mais un opéra tout entier, avec deux ou trois passages délicieux. Il les déguise, les rappelle à la mémoire, les réunit, leur donne un air plus imposant ; peu à peu il les fait pénétrer dans l'âme de ses auditeurs, leur fait sentir la douceur des moindres notes, et produit enfin cette musique si pleine de grâces, et qui donne si peu de peine à comprendre. Voyez la *Molinara*, que vous aimez tant. Voyez les accompagnements de *Pirro* comparés à ceux de la *Ginevra* de Mayer, par exemple ; ou, si vous voulez mettre du noir à côté d'une rose, songez aux accompagnements de l'*Alceste* de Gluck.

Notre âme a besoin d'un certain temps pour comprendre un passage musical, pour le sentir, pour s'en pénétrer. La plus belle idée du monde ne produit qu'une sensation passagère, si le compositeur n'insiste pas. S'il passe trop vite à une autre pensée, la grâce s'évanouit. Haydn est encore admirable en cette partie, si essentielle dans des symphonies qui n'ont point de paroles pour les expliquer, et qui ne sont interrompues par aucun récitatif, par aucun moment de silence. Voyez l'*adagio* du quatuor n° 45 ; mais tous ses ouvrages fourmillent de tels exemples. Dès que son sujet commence à s'épuiser, il présente une agréable digression, et, sous des formes diverses et piquantes, le plaisir se reproduit. Il sait que, dans une symphonie comme dans un poëme, les épisodes doivent orner le sujet et non le faire oublier. Dans ce genre, Haydn est unique.

Voyez, dans les *Quatre Saisons*, le ballet des paysans, qui, peu à peu, devient une fugue pleine de feu, et forme une digression charmante.

La bonne économie des parties diverses d'une symphonie produit dans l'âme de l'auditeur une certaine satisfaction mêlée d'une douce tranquillité, sensation semblable, ce me semble, à celle que donne à l'œil l'harmonie des couleurs dans un tableau bien peint. Voyez le *Saint Jérôme* du Corrége [1] : le spectateur ne se rend point raison de ce qu'il éprouve, mais ses pas se tournent, sans qu'il s'en aperçoive, vers ce *Saint Jérôme*, tandis qu'il ne revient

---

1. N° 897.

qu'en vertu d'une résolution formée au *Saint Sépulcre* du Carravage [1]. En musique, combien de Carravages pour un Corrége ! Mais un tableau peut avoir un grand mérite, et ne pas donner à l'œil un plaisir sensible : tels sont plusieurs ouvrages des Carraches, qui ont poussé au noir, tandis que toute musique qui ne plaît pas d'abord à l'oreille n'est pas de la musique. La science des sons est si vague, qu'on n'est sûr de rien avec eux, sinon du plaisir qu'ils donnent actuellement.

C'est en vertu de combinaisons très profondes que Haydn divise la pensée musicale ou le chant entre les divers instruments de l'orchestre; chacun a sa part, et la part qui lui convient. Je voudrais, mon ami, que dans l'intervalle de cette lettre à la suivante vous pussiez aller à votre Conservatoire de Paris, où, dites-vous, l'on exécute si bien les symphonies de notre compositeur. Voyez, en les écoutant, si vous reconnaissez la vérité de mes rêveries; sinon, faites-moi une guerre impitoyable ; car, ou je me serai mal exprimé, ou mes idées seront aussi réelles

---

1. N° 838. Cette différence serait encore plus sensible, si je pouvais citer le *Saint Georges* de la galerie de Dresde. La beauté de Marie, l'expression divine de la Madeleine dans le *Saint Jérôme* de Paris, ne laissent pas le temps de sentir combien ce tableau est bien peint.

que celles de cette bonne dame qui croyait voir, dans les taches de la lune, des amants heureux se penchant l'un vers l'autre.

Quelques faiseurs d'opéras ont voulu, de même, partager l'exposition de leurs idées entre l'orchestre et la voix de l'acteur. Ils ont oublié que la voix humaine a cela de particulier, que, dès qu'elle se fait entendre, elle attire à soi toute l'attention. Nous éprouvons tous, malheureusement, en avançant en âge, qu'à mesure qu'on est moins sensible et plus savant, on devient plus attentif aux instruments de l'orchestre. Mais chez la plupart des hommes sensibles et faits pour la musique, plus le chant est clair et donné avec netteté, plus le plaisir est grand. Je ne vois d'exception à cela que dans certains morceaux de Mozart. Mais il est le la Fontaine de la musique ; et comme ceux qui ont voulu imiter le naturel du premier poëte de la langue française n'ont attrapé que le niais, de même les compositeurs qui veulent suivre Mozart tombent dans le baroque le plus abominable. La douceur des mélodies de ce grand homme assaisonne tous ses accords, fait tout passer. Les compositeurs allemands, que j'entends tous les jours, renoncent à la grâce et pour cause, dans un genre qui la demande impérieusement : ils veulent toujours donner du terrible.

L'ouverture du moindre opéra-comique ressemble à un enterrement ou à une bataille. Ils vous disent que l'ouverture de la *Frascatana* n'est pas forte d'harmonie.

C'est un peintre qui ne sait pas nuancer ses couleurs, qui ne connaît rien au *doux* et au *tendre*, et qui veut à toute force faire des portraits de femme. Il dit ensuite à ses élèves, d'un ton d'oracle : « Gardez-vous d'imiter ce malheureux Corrége, cet ennuyeux Paul Véronèse, soyez dur et heurté comme moi. »

> Un jour les grenouilles se levèrent,
> Et dirent aux coucous : Illustres compagnons.
> VOLTAIRE [1].

---

[1]. L'auteur était trop loin de son imprimeur pour corriger les épreuves, la copie était peu lisible, et l'on a réduit à deux misérables lignes ces vers charmants de Voltaire :

> *Jadis en sa volière un riche curieux*
> *Rassembla des oiseaux le peuple harmonieux;*
> *Le chantre de la nuit, le serin, la fauvette*
> *De leurs sons enchanteurs égayaient sa retraite;*
> *Il eut soin d'écarter les lézards et les rats.*
> *Ils n'osaient approcher : ce temps ne dura pas.*
> *Un nouveau maître vint; ses gens se négligèrent,*
> *Ils dirent aux lézards :* « *Illustres compagnons,*
> *Les oiseaux ne sont plus et c'est nous qui régnons.* »

Ed. Desver. 3.397. (*Note de l'erratum de 1817.*)

LETTRE X

Salzbourg, le 6 mai 1809.

J'AI souvent vu demander à Haydn quel était celui de ses ouvrages qu'il préférait, il répondait : « Les *Sept Paroles.* » Voici d'abord l'explication du titre. Il y a cinquante ans, je crois, que l'on célébrait, le jeudi saint, à Madrid et à Cadix, une prière appelée de l'*entierro* : ce sont les funérailles du Rédempteur. La religion et la gravité du peuple espagnol environnaient cette cérémonie d'une pompe extraordinaire : un prédicateur expliquait successivement chacune des sept paroles prononcées par Jésus du haut de sa croix ; une musique digne de ce grand sujet devait remplir les intervalles laissés à la componction des fidèles entre l'explication de chacune des sept paroles. Les directeurs de ce spectacle sacré firent courir une annonce dans toute l'Europe, par laquelle ils promettaient un prix considérable à l'auteur qui enverrait sept grandes symphonies exprimant les sentiments que devaient donner chacune des sept paroles du Sauveur. Haydn seul concourut ; il envoya ces symphonies où

> Spiega con tal pietate il suo concetto,
> E il suon con tal dolcezza v'accompagna,
> Che al crudo inferno intenerisce il petto [1].
>
> DANTE.

A quoi bon les louer? Il faut les entendre, être chrétien, pleurer, croire et frémir. Dans la suite, Michel Haydn, frère de notre compositeur, ajouta des paroles et un chant à cette sublime musique instrumentale : sans y rien changer, il la fit devenir accompagnement : travail énorme, qui aurait effrayé un Monteverde ou un Palestrina. Ce chant ajouté est à quatre voix.

Quelques-unes des symphonies de Haydn ont été écrites pour les jours saints [2]. Au milieu de la douleur qu'elles expriment, il me semble entrevoir la vivacité caractéristique de Haydn, et çà et là des mouvements de colère par lesquels l'auteur désigne peut-être les Hébreux crucifiant leur Sauveur.

Voilà, mon cher Louis, le résumé de ce

---

1. Il exprime sa prière avec un accent si tendre, les sons qui l'accompagnent sont si doux, que le dur enfer en est touché.
2. Elles sont en G *sol re ut*, D *la sol re*, C *sol fa ut* mineur.

que j'ai senti bien souvent en écoutant les plus belles symphonies d'Haydn, et cherchant à lire dans mon âme la manière dont elles parvenaient à me plaire. Je distinguais d'abord ce qui est commun entre elles, ou le style général qui y règne.

Je cherchais ensuite les ressemblances que ce style pouvait avoir avec celui de maîtres connus. On y trouve quelquefois mis en pratique les préceptes donnés par Bach ; on voit que, pour la conduite et le développement du chant des divers instruments, l'auteur a pris quelque chose dans Fux et dans Porpora ; que, pour la partie idéale, il a développé de très-beaux germes d'idées contenus dans les ouvrages du Milanais Sammartini et de Jomelli.

Mais ces légères traces d'imitation sont loin de lui ôter le mérite incontestable d'avoir un style original, et digne de produire, ainsi qu'il est arrivé, une révolution totale dans la musique instrumentale. C'est ainsi qu'il n'est pas impossible que l'aimable Corrége ait pris quelques idées du clair-obscur[1] sublime qui fait le charme de la *Léda*, du *Saint Jérôme*, de la *Madonna alla scodella*, dans les tableaux

---

1. Les Français sont absolument insensibles au clair-obscur. Ils comprennent fort bien le dessin et la composition. Toujours âme glacée et esprit vif. (*Note manuscrite de l'ex. Mirbeau.*)

de Fra Bartolomeo et de Léonard de Vinci. Il n'en est pas moins réputé, et à juste titre, l'inventeur de ce clair-obscur qui a fait connaître aux modernes une seconde source de beauté idéale. Comme l'*Apollon* offre la beauté des formes et des contours, de même la *Nuit de Dresde*, par ses ombres et ses demi-teintes, donne à l'âme plongée dans une douce rêverie cette sensation de bonheur qui l'élève et la transporte hors d'elle-même, et que l'on a appelée le sublime.

LETTRE XI

Salzbourg, le 11 mai 1809.

Mon ami,

Avec une physionomie un peu bourrue, et une espèce de laconisme dans le discours, qui semblait indiquer un homme brusque, Haydn était gai, d'une humeur ouverte, et plaisant par caractère. Cette vivacité était, il est vrai, facilement comprimée par la présence d'étrangers ou de gens d'un rang supérieur. Rien ne rapproche les rangs en Allemagne ; c'est le pays du respect. A Paris, les cordons-bleus allaient voir d'Alembert dans son grenier ; en Autriche, Haydn ne vécut jamais qu'avec les musiciens ses collègues : il y perdit sans doute, et la société aussi. Sa gaieté et l'abondance de ses idées le rendaient très propre à porter l'expression du comique dans la musique instrumentale, genre à peu près neuf, et où il fût allé loin, mais pour lequel il est indispensable, comme pour tout ce qui tient à la comédie, que l'auteur vive au milieu de la société la plus élégante. Haydn ne vit le grand monde que dans sa vieillesse, pendant ses voyages à Londres.

Son génie le portait naturellement à employer ses instruments à faire naître le rire. Souvent aux répétitions il donnait aux musiciens ses camarades de petites pièces de ce genre, qui jusqu'ici est bien borné. Vous me pardonnerez donc de vous faire part de ma petite érudition comique.

La plus ancienne des plaisanteries musicales que je connaisse est celle de Mérula [1], un des plus profonds contre-pointistes d'une époque où le chant n'avait pas encore pénétré dans la musique. Il imagina une fugue représentant des écoliers qui récitent devant leur pédagogue le pronom latin *qui, quæ, quod*, qu'ils ne savent pas bien. La confusion, les *embrouillamini*, les barbarismes des écoliers mêlés aux cris du pédagogue qui entre en fureur et leur distribue des férules, eurent les plus grands succès.

Benedetto Marcello, ce Vénitien si grave et si sublime dans son style sacré, le Pindare de la musique, est l'auteur de ce morceau connu intitulé le *Capricio*, où il se moque des castrats, qu'il détestait cordialement.

Deux basses-tailles et deux ténors com-

---

1. Il florissait vers 1630.

mencent par chanter ensemble ces trois vers :

> No, che lassù nei cori almi e beati,
> Non intrano castrati,
> Perche scritto è in quel loco.....

Le *soprano* alors part tout seul, et demande,

> Dite : che è scritto mai ?

Les ténors et les basses-tailles répondent sur un ton extrêmement bas :

> Arbor che non fa frutto
> Arda nel fuoco.

Sur quoi le *soprano* s'écrie, à l'autre bout de l'échelle :

> Ahi ! Ahi !

L'effet de ce morceau plein d'expression est incroyable. La distance extrême que l'auteur a mise entre les sons très-aigus du malheureux *soprano* et les voix sombres des basses-tailles produit la mélodie la plus ridicule du monde.

Le nazillement uniforme des capucins, auxquels même il est expressément défendu de chanter et de sortir du ton, a fourni un morceau plaisant à Jomelli.

L'élégant Galuppi, si connu par ses *opera buffa* et par sa musique d'église, n'a pas dédaigné de mettre en musique le chant d'une synagogue, et une dispute de vendeuses de fruits rassemblées dans un marché de Venise.

A Vienne, l'esprit méthodique du pays fixa un jour pour les plaisanteries de ce genre ; la soirée de la fête de Sainte-Cécile était consacrée, vers le milieu du dix-huitième siècle, à faire de la musique dans toutes les maisons, et l'usage voulait que les musiciens les plus graves présentassent ce jour-là à leurs amis des compositions comiques. Un père augustin, du beau couvent de Saint-Florian, en Autriche, prit un singulier texte pour ses plaisanteries : il composa une messe qui, sans scandale, a eu longtemps le privilège de faire pouffer de rire chanteurs et auditeurs.

Vous connaissez les canons bernesques du père Martini de Bologne, celui des Ivrognes, celui des Cloches, celui des Vieilles Religieuses.

Le célèbre Clementi, l'émule de Mozart, dans ses compositions pour le piano, a publié à Londres, cette patrie des caricatures, un recueil de caricatures harmoniques, dans lesquelles il contrefait les plus célèbres compositeurs de piano : quiconque a la connaissance la plus légère des manières de Mozart, Haydn, Koseluck, Sterkel, etc., et entend ces petites sonates, composées d'un prélude et d'une cadence, devine sur-le-champ le maître duquel on se moque ; on y reconnaît son style, et surtout les petites affectations et les petites erreurs dans lesquelles il est sujet à tomber.

Du temps de Charles VI, le célèbre Porpora vivait à Vienne, pauvre et sans travail : sa musique ne plaisait pas à ce monarque connaisseur, comme trop pleine de *trilles* et de *mordenti*. Hasse fit un *oratario* pour l'empereur, qui lui en demanda un second. Il supplia Sa Majesté de permettre que Porpora exécutât ce travail : l'empereur refusa d'abord, disant qu'il n'aimait point ce style chevrotant ; mais touché de la générosité de Hasse, il finit par consentir à sa demande. Porpora, prévenu par son ami, ne mit pas un trille dans tout l'oratorio. L'empereur étonné répétait pendant la répétition générale : « C'est un autre homme : plus de trilles ! » Mais, arrivé à la fugue qui terminait la composition sacrée, il vit que le thème commençait par quatre notes *trillées*. Or vous savez que dans les fugues le sujet passe d'une partie à une autre, mais ne change pas : quand l'empereur, qui avait le privilège de ne rire jamais, entendit, dans le grand *plein* de la *fugue*, ce déluge de trilles, qui semblait faire une musique de paralytiques enragés, il n'y put tenir, et rit peut-être pour la première fois de sa vie. En France, pays de la plaisanterie, celle-ci eût peut-être paru déplacée ; à Vienne, elle commença la fortune de Porpora.

De tous les morceaux comiques de Haydn il ne nous en reste qu'un : c'est cette symphonie connue, pendant laquelle tous les instruments disparaissent successivement, de façon qu'à la fin le premier violon se trouve jouer tout seul. Cette pièce singulière a fourni trois anecdotes, qui toutes sont attestées à Vienne par des témoins oculaires ; jugez de mon embarras. Les uns disent que Haydn, s'apercevant que ses innovations le faisaient voir de mauvais œil par les musiciens du prince, voulut se moquer d'eux.

Il fit jouer sa symphonie, sans répétition préliminaire, devant Son Altesse, qui avait le mot de l'énigme : l'embarras des musiciens qui croyaient tous s'être trompés, et surtout la confusion du premier violon, quand à la fin il s'entendait jouer seul, divertit la cour d'Eisenstadt.

D'autres assurent que, le prince voulant congédier tout son orchestre, à l'exception de Haydn, celui-ci trouva ce moyen ingénieux de figurer le départ général, et la tristesse qui s'ensuivrait : chaque musicien sortait de la salle à mesure que sa partie avait fini. Je vous fais grâce de la troisième version.

Une autre fois Haydn, cherchant à amuser la société du prince, alla acheter, dans une foire d'un bourg de Hongrie, voisin d'Eisenstadt, un plein panier de sifflets, de petits violons, de coucous, de trompettes de bois, et de tous les instruments qui font le bonheur des enfants. Il prit la peine d'étudier leur portée et leur caractère, et composa la symphonie la plus plaisante avec ces seuls instruments, dont quelques-uns même exécutent des solo : le coucou est la basse générale de cette pièce.

Beaucoup d'années après, Haydn, étant en Angleterre, s'aperçut que les Anglais, qui aimaient beaucoup ses compositions instrumentales quand le mouvement en était vif et *allegro*, s'endormaient ordinairement à l'*andante* ou à l'*adagio*, quelques beautés qu'il cherchât à y accumuler : il fit un *andante* plein de douceur, de suavité, et du chant le plus tranquille ; tous les instruments semblèrent s'éteindre peu à peu ; et au milieu du plus grand *pianissimo*, partant tous à la fois, et renforcés par un coup de timbale, ils firent ressauter[1] l'auditoire endormi.

1. Réveiller. Façon de parler du Midi. (*Note ms. de l'ex. Mirbeau.*)

LETTRE XII

Salzbourg, le 17 mai 1809.

Mon cher ami,

Assez longtemps nous avons suivi Haydn dans la carrière où il fut supérieur ; voyons maintenant ce qu'il a été dans la musique vocale. Nous avons de lui des messes, des opéras et des oratorios : ce sont trois genres.

Ce n'est guère que par conjectures que nous pouvons savoir ce que Haydn fut dans la musique théâtrale.

Les opéras qu'il composait pour le prince Esterhazy ne sortaient point des archives d'Eisenstadt, qui un jour brûlèrent entièrement, ainsi que la maison de Haydn. Il perdit la plus grande partie de ce qu'il avait composé dans ce genre. On n'a conservé que l'*Armide*, l'*Orlando paladino*, la *Vera Costanza* et *lo Speziale*, qui sont peut-être ce qu'il avait fait de moins bon.

Jomelli, arrivant à Padoue pour y écrire

un opéra, s'aperçut que les chanteurs et cantatrices ne valaient rien, et de plus, n'avaient nulle envie de bien faire : « Ah ! canailles, leur dit-il, je ferai chanter l'orchestre ; l'opéra ira aux nues, et vous à tous les diables. »

La troupe du prince Esterhazy, sans être précisément comme celle de Padoue, n'était pas excellente ; d'ailleurs Haydn, retenu dans sa patrie par mille liens, n'en sortit que déjà vieux, et n'écrivit jamais pour des théâtres publics.

Ces considérations vous préparent, mon cher Louis, à l'aveu que j'ai à vous faire relativement à la musique dramatique de notre compositeur.

Il avait trouvé la musique instrumentale dans l'enfance ; la musique chantée était au contraire, quand il parut, dans toute sa gloire : Pergolèse, Leo, Scarlatti, Guglielmi, Piccini et vingt autres l'avaient portée à un point de perfection qui depuis n'a été atteint et quelquefois surpassé que par Cimarosa et Mozart. Haydn ne s'éleva point à la beauté des mélodies de ces hommes célèbres : il faut avouer que, dans ce genre, il a été surpassé et par ses contemporains Sacchini, Cimarosa, Zingarelli, Mozart, etc., et même par ses successeurs, Tarchi, Nazolini, Fioravanti, Farinelli, etc.

Vous qui aimez à chercher dans l'âme des artistes les causes des qualités de leurs ouvrages, vous partagerez peut-être mon idée sur Haydn. On ne peut lui refuser sans doute une imagination vaste, pleine de vigueur, créatrice au suprême degré : mais peut-être ne fut-il pas aussi bien partagé du côté de la sensibilité ; et sans ce malheur-là plus de chant, plus d'amour, plus de musique théâtrale. Cette hilarité naturelle, cette joie caractéristique dont je vous ai parlé, ne permirent jamais à une certaine tristesse tendre d'approcher de cette âme heureuse et calme. Or, pour faire comme pour entendre de la musique dramatique, il faut pouvoir dire, avec la belle Jessica :

> I am never merry when I hear sweet music.
> *The Merchant of Venice*, acte V, sc. i.

Il faut être tendre et un peu triste pour trouver du plaisir même aux *Cantatrice villane* [1], ou aux *Nemici generosi* [2] ; c'est tout simple : si vous êtes gai, votre imagination n'a que faire d'être distraite des images qui l'occupent.

Autre raison. Pour dominer l'âme des spectateurs, l'imagination de Haydn a besoin d'agir en souveraine ; dès qu'elle

---

1. Chef-d'œuvre de Fioravanti, très goûté à Paris.
2. Opéra très comique de l'excellent Cimarosa.

est enchaînée à des paroles on ne la reconnaît plus : il semble que des scènes écrites la ramènent trop souvent aux choses de sentiment. Haydn aura donc toujours la première place parmi les peintres de paysages ; il sera le Claude Lorrain de la musique, mais il n'aura jamais au théâtre, c'est-à-dire dans la musique tout à fait de sentiment, la place de Raphaël.

Vous me direz que celui qui occupe cette place fut le plus gai des hommes. Sans doute Cimarosa était gai dans le monde : n'est-ce pas ce qu'on a de mieux à y faire ? Mais je serais bien fâché pour ma théorie, que l'amour ou la vengeance ne lui eussent jamais fait faire quelque bonne folie, ne l'eussent jamais mis dans quelque position bien ridicule. Un des plus aimables de ses successeurs ne vient-il pas de passer, au mois de janvier, une nuit tout entière dans le plus triste lieu du monde, attendant sans cesse que la plus gaie des cantatrices tînt la promesse qu'elle lui avait faite ?

Je parierais bien que la gaieté de Cimarosa n'était pas une gaieté de traits et d'épigrammes comme celle de Gentil-Bernard.

Vous voyez, mon ami, que la dévotion à mon saint ne m'entraîne pas trop loin : je mets les faiseurs de symphonies dans la classe des paysagistes, et les compositeurs d'opéras dans celle des peintres d'histoire. Deux ou trois fois seulement Haydn s'éleva à ce grand genre, et alors il fut Michel-Ange et Léonard de Vinci.

Consolons-nous, nous verrons son talent reparaître quand nous parlerons de sa musique d'église et de ses *oratorios* : dans ces derniers surtout, où le génie de Pindare trouve plus d'occasions de paraître que le génie dramatique,. il fut de nouveau sublime, et étendit encore la gloire qu'il s'était acquise comme symphoniste.

Je m'aperçois qu'à force d'impartialité, je dis peut-être trop de mal de notre ami. Avez-vous entendu son Ariane abandonnée dans l'île de Naxos ? Toutes mes calomnies seront mises à leur place.

Il me semble que la musique diffère en cela de la peinture et des autres beaux-arts, que chez elle le plaisir physique, senti par le sens de l'ouïe, est plus dominant et plus de son essence que les jouissances intellectuelles. La base de la musique est ce plaisir physique ; et je croirais que notre oreille jouit encore plus que notre cœur en entendant madame Barilli chanter :

> Voi che sapete
> Che cosa è amor.
>
> Mozart, *Figaro*.

Un bel accord enchante l'oreille, un son faux la déchire ; cependant aucune de ces deux choses ne dit rien d'intellectuel à l'âme, rien que nous pussions écrire si nous en étions requis. Seulement cela lui fait peine ou plaisir. Il paraît que, de tous nos organes, l'oreille est celui qui est le plus sensible aux secousses agréables ou déplaisantes. L'odorat et le tact sont aussi très-susceptibles de plaisir ou de peine, l'œil est le plus endurci de tous ; aussi il sent très-peu le plaisir physique. Montrez un beau tableau [1] à un sot, il n'éprouvera rien de très-agréable, parce que la jouissance que donne la vue d'un beau tableau vient presque toute de l'esprit. Il ne manquera pas de préférer une enseigne bien enluminée au *Jésus-Christ appelant saint Mathieu*, de Louis Carrache[2]. Faites entendre, au contraire, à votre sot un bel air bien chanté, il donnera peut-être quelques signes de plaisir, tandis qu'un air mal chanté lui fera quelque peine. Allez au Musée un dimanche, vous trouverez, à un certain point de la galerie, le passage intercepté par la foule rassemblée devant un tableau, et tous les dimanches devant le même. Vous croyez que c'est un chef-

---

1. Le *Mariage de sainte Catherine*, du Corrége, n° 895.
2. Musée, n° 878.

d'œuvre, pas du tout ; c'est une croûte de l'école allemande, représentant le *Jugement dernier*. Le peuple aime à voir la grimace des damnés. Suivez le soir ce peuple au spectacle *gratis*, vous le verrez applaudir avec transport aux airs chantés par madame Branchu, tandis que le matin les tableaux de Paul Véronèse ne lui disaient rien.

Je conclurais de tout ceci que si en musique on sacrifie à quelque autre vue le plaisir physique qu'elle doit nous donner avant tout, ce qu'on entend n'est plus de la musique ; c'est un bruit qui vient offenser notre oreille sous prétexte d'émouvoir notre âme. C'est pour cela, je crois, que je n'assiste pas sans peine à tout un opéra de Gluck. Adieu.

LETTRE XIII

Salzbourg, 18 mai 1809.

La *mélodie*, c'est-à-dire cette succession agréable de tons analogues qui émeuvent doucement l'oreille, sans jamais lui déplaire ; la *mélodie*, par exemple l'air

Signora contessina [1].

chanté par madame Barilli dans le *Matrimonio segreto*, est le moyen principal de

---

[1]. Je parle si souvent du *Matrimonio segreto*, qui est le chef-d'œuvre de Cimarosa, et que je regarde comme très connu à Paris, que l'on me conseille de nicher dans quelque coin un petit extrait de la pièce pour les amateurs de musique qui n'habitent pas Paris.
Geronimo, un marchand de Venise très riche et un peu sourd, avait deux filles, Caroline et Elisette. L'aimable Caroline venait de consentir à épouser secrètement Paolino, le premier commis de son père (a) ; mais celui-ci avait la manie de la noblesse, et ils étaient fort embarrassés pour lui déclarer leur mariage. Paolino, qui cherchait toutes les occasions de lui faire sa cour, avait arrangé celui d'Elisette, sa fille aînée, avec le comte Robinson : Geronimo est charmé

(a) La pièce commence par deux duos pleins de tendresse, qui nous intéressent sur-le-champ aux amants, et qui font l'exposition. *Cara ! Cara !* est le commencement du premier duo. Le premières paroles du second sont : *Io ti lascio, perche uniti.*

produire ce plaisir physique. L'harmonie vient ensuite. C'est le chant qui est le charme de la musique, disait sans cesse Haydn. C'est aussi ce qu'il y a de plus difficile à faire. Il ne faut que de l'étude et de la patience pour produire des acccords agréables ; mais trouver un beau chant est l'œuvre du génie. J'ai souvent pensé

de s'allier à un homme titré, et de voir sa fille devenir comtesse (*b*). Le comte arrive, on le présente à la famille (*c*) : les grâces de Caroline lui font changer de dessein (*d*) ; il déclare à Paolino l'amant de Caroline qu'il va la demander pour épouse au lieu d'Elisette et que, pour faire consentir le vieux marchand à ce troc assez simple dans un mariage de convenance il se contentera d'une dot de cinquante mille écus au lieu de cent mille qui ont été promis (*e*). Elisette très piquée de la froideur du comte et qui le surprend baisant la main de Caroline, le dénonce à Fidalma, sœur du vieux marchand (*f*), qui, de son côté pense que sa grande fortune la rend un parti très sortable pour Paolino. Geronimo, qui est sourd n'entend pas bien la proposition du comte et les plaintes d'Elisette (*g*), et entre dans un accès de colère qui fait le finale du premier acte (*h*).

(*b*) Il chante ce bel air de basse-taille, *le Orecchie spalancate*, où se trouve la réunion singulière du ridicule le plus vrai et d'une onction touchante. On rit de Geronimo, mais on l'aime, et le sentiment de l'odieux est éloigné de l'âme du spectateur pour tout le reste de la pièce.
(*c*) Il chante, en entrant, l'air *Senza far cerimonie*.
(*d*) *Il cor m'a ingannato* ; et ensuite beau quatuor peignant les passions les plus profondes sans mélange de tristesse. C'est un des morceaux qui marquent le mieux la différence des routes suivies par Cimarosa et par Mozart. Qu'on se figure ce dernier traitant le sujet de ce quatuor.
(*e*) Duo touchant que Paolino commence par cette belle phrase : *Deh signor !*
(*f*) Air : *Io voglio susurrar la casa e la città.*
(*g*) Air : *Voi credete che gli sposi facciàn come i sigisbei.*
(*h*) On ne trouve jamais, dans Mozart, de ces sortes de morceaux, chefs-d'œuvre de verve et de gaieté ; mais aussi un air tel que *Dove sono i bei momenti*, dans la bouche de Caroline, peindrait sa situation d'une manière plus touchante.

que s'il y avait une académie de musiciens en France, il y aurait un moyen bien simple de leur faire faire leurs preuves ; ce serait de les prier d'envoyer à l'académie dix lignes de musique, sans plus.
Mozart écrirait :

Voi che sapete.

Au second, dispute entre le comte et Geronimo : c'est le fameux duo *Se fiato in corpo avete*. Désespoir de Caroline qu'on veut mettre au couvent ; proposition de Fidalma à Paolino (*i*) ; jalousie de Caroline, air superbe chanté par elle et supprimé à Paris : elle pardonne à Paolino, qui lui expose les mesures qu'il a prises pour leur secret départ ; c'est l'air à prétention de la pièce : *Pria che spunti in ciel l'aurora*.

Le comte et Elisette se rencontrent en venant prendre des flambeaux au salon pour rentrer se coucher dans leurs appartements. Le comte lui déclare qu'il ne peut l'épouser (*j*). Il est près de minuit, la tremblante Caroline paraît avec son amant ; comme ils traversent le salon pour prendre la fuite, ils entendent encore quelque bruit dans la maison, et Paolino rentre avec sa femme dans la chambre de celle-ci. Elisette, que la jalousie tient éveillée, entend parler distinctement dans cette chambre, croit que c'est le comte, appelle son père (*k*) et sa tante, qui s'étaient déjà retirés chez eux. On frappe à la porte de Caroline ; elle en sort avec son amant : tout se découvre, et sur les instances du comte, qui chante au père le bel air *Ascoltate un uom del mondo*, et qui, pour obtenir la grâce de Caroline, consent à épouser Elisette, celui-ci pardonne aux amants.

Cette pièce est originairement du fameux acteur Garrick. En anglais, le caractère de la sœur est atroce, et tout le drame est sombre et triste ; la pièce italienne est, au contraire, une jolie petite comédie, très bien coupée par la musique.

(*i*) Air : *Ma con un marito via meglio si stà*.
(*j*) Très-joli air de Farinelli : *Signorina, io non v' amo*.
(*k*) Air : *Il conte sta chiuso con mia sorellina*.

Cimarosa :

> Da che il caso è disperato.
> *Matrimonio.*

Paisiello

> Quelli là.
> *La Molinara.*

Mais qu'écriraient M..., et M..., et M... ?
En effet, un beau chant n'a pas besoin d'ornements ni d'accessoires pour donner du plaisir. Voulez-vous voir si un chant est beau, dépouillez-le de ses accompagnements. On peut dire d'une belle mélodie ce qu'Aristenette disait de son amie :

Induitur, formosa est; exuitur, ipsa forma est.
Vêtue, elle est belle ; nue, c'est la beauté elle-même.

Quant à la musique de Gluck, que vous me citez, César dit à un poëte qui lui récitait des vers : « Tu chantes trop pour un homme qui lit, et tu lis trop pour un homme qui chante. » Quelquefois cependant Gluck a su parler au cœur, ou avec des chants délicats et tendres, comme dans les gémissements des nymphes de Thessalie sur la tombe d'Admète[1], ou par des notes fortes

---

[1]. M. Daniel Muller signale dans l'édition Champion la légère erreur de Stendhal : Admète ne meurt pas, dans *Alceste.* N. D. L. E.

et vibrées, comme dans la scène d'Orphée avec les Furies.

Il en est de la musique dans une pièce comme de l'amour dans un cœur : s'il n'y règne pas en despote, si tout ne lui a pas été sacrifié, ce n'est pas de l'amour.

Cela posé, comment trouver un beau chant ? Justement par la méthode que Corneille employa pour trouver le *Qu'il mourût*. Deux cents la Harpe peuvent faire des tragédies raisonnables, ce sont les musiciens grands harmonistes qui remplissent l'Allemagne. Leur musique est correcte, elle est savante, elle est bien travaillée ; elle n'a qu'un seul défaut, c'est qu'on y bâille.

Je croirais que, pour faire un Corneille en musique, il faut que le hasard réunisse à une âme passionnée une oreille très sensible. Il faut que ces deux genres de sensations soient liés de manière que, dans ses moments les plus tristes, lorsqu'il croit sa maîtresse infidèle, le jeune Sacchini soit un peu consolé par quelques notes qu'il entend chanter à demi-voix par un passant. Or, jusqu'ici, de telles âmes ne sont guère nées que dans les environs du Vésuve. Pourquoi ? Je n'en sais rien ; mais voyez la liste des grands musiciens.

La musique des Allemands est trop altérée par la fréquence des modulations et la richesse des accords. Cette nation veut du savoir en tout, et aurait sans doute une meilleure musique, ou plutôt une musique plus italienne, si ses jeunes gens, un peu moins fidèles à la science aimaient un peu plus le plaisir. Promenez-vous dans Gœttingue, vous remarquerez de grands jeunes gens blonds un peu pédants, un peu mélancoliques, marchant par ressorts dans les rues, scrupuleusement exacts à leurs heures de travail, dominés par l'imagination, mais rarement très passionnés.

L'ancienne musique des Flamands n'était qu'un tissu d'accords dénué de pensées. Cette nation faisait sa musique comme ses tableaux : beaucoup de travail, beaucoup de patience, et rien de plus.

Les amateurs de toute l'Europe, à l'exception des Français, trouvent que la mélodie d'une nation voisine est irrégulière et sautillante, languissante à la fois et barbare, surtout très sujette à ennuyer. La mélodie des Anglais est trop uniforme, si toutefois ils en ont une. Il en est de même des Russes, et, chose étonnante, des Espagnols. Comment se figurer que ce pays favorisé du soleil, que la patrie du Cid et de ces guerriers troubadours qu'on trouvait encore dans les armées de Charles-Quint, n'ait pas produit des musiciens célèbres ? Cette brave nation, si capable de grandes choses, dont les romances respirent tant de sensibilité et de mélancolie, a deux ou trois chants différents, et puis c'est tout. On dirait que les Espagnols n'aiment pas la multiplicité des idées dans leurs affections ; une ou deux idées, mais profondes, mais constantes, mais indestructibles.

La musique des Orientaux n'est pas assez distincte, et ressemble plutôt à un gémissement continu qu'à un chant quelconque.

En Italie, un opéra est composé de chant et d'accompagnements ou de musique instrumentale : celle-ci doit être la très humble servante de l'autre, et servir seulement à en augmenter l'effet ; quelquefois cependant la peinture de quelque grande révolution de la nature, donne à la musique instrumentale une occasion raisonnable de briller. Les instruments, ayant une échelle plus étendue que la voix de l'homme et une grande variété de sons, peuvent figurer des choses auxquelles la voix ne saurait atteindre : ils feront, par exemple, la peinture d'une tempête, celle d'une forêt troublée la nuit par les hurlements des bêtes féroces.

Dans l'opéra, les instruments peuvent donner de temps en temps ces touches énergiques, claires et caractéristiques qui raniment toute la composition ; par exemple, dans le *Mariage secret*, le trait de l'orchestre, dans le quatuor du premier acte, après ces mots :

Cosi un poco il suo orgoglio.

Haydn, accoutumé à se livrer à la fougue de son imagination, à manier l'orchestre comme Hercule se servait de sa massue, obligé de suivre les idées du poëte, et de modérer son luxe instrumental, se trouve comme un géant enchaîné : c'est de la musique bien faite ; mais plus de chaleur, plus de génie, plus de naturel ; cette originalité brillante a disparu, et, chose étonnante ! cet homme qui vante le chant à tout propos, qui revient sans cesse à ce précepte, ne met pas assez de chant dans ses ouvrages. Je crois entendre vos auteurs à la mode nous vanter, en style d'amphigouri, la belle simplicité des écrivains du siècle de Louis XIV.

Haydn avoue en quelque sorte sa médiocrité en ce genre. Il dit que s'il avait pu passer quelques années en Italie, entendre les voix délicieuses et étudier les maîtres de l'école de Naples, il aurait aussi bien fait dans l'opéra que dans la musique instrumentale ; c'est ce dont je doute : imagination et sensibilité sont deux choses,

On peut faire le cinquième livre de l'*Énéide*, décrire des jeux funèbres avec une touche brillante et majestueuse, faire combattre Entelle et Darès, et ne savoir pas faire mourir Didon d'une manière vraisemblable et touchante. On ne voit pas les passions comme un coucher du soleil. Vingt fois par mois, à Naples, la nature présente de superbes couchers du soleil aux Claude Lorrain ; mais où Raphaël a-t-il pris l'expression de la *Madonna alla seggiola ?* Dans son cœur.

LETTRE XIV

Salzbourg, le 21 mai 1809.

Vous désirez, mon cher Louis, que j'écrive à Naples pour avoir une notice sur la musique de ce pays ; puisque je la cite si souvent, dites-vous, je dois vous la faire connaître. Vous avez ouï dire que la musique devenait plus originale à mesure qu'on avançait dans l'espèce de botte que forme l'Italie : vous aimez la douce Parthénope qui inspira Virgile ; vous enviez son sort : fatigué de tempêtes révolutionnaires, nous voudrions pouvoir dire :

..... Illo me tempore dulcis alebat
Parthenope, studiis florentem ignobilis oti.

Enfin, vous prétendez que la musique qu'on y faisait du temps de ce bienheureux *repos*, ayant été destinée à plaire à des Napolitains et ayant si bien rempli son objet, c'est par un homme du pays qu'elle doit être jugée.

Ce que vous désirez, je l'ai fait depuis longtemps. Voici une esquisse de la musique de l'école de Naples, qui m'a été fournie, il y a quelques années, par un grand abbé sec, fou du violoncelle, et habitué du théâtre de Saint Charles, où il n'a pas manqué une représentation depuis quarante ans, je crois.

Je ne suis que traducteur, et ne change rien à ses jugements, qui ne sont pas les miens tout à fait. Vous remarquerez qu'il ne parle pas de Cimarosa ; c'est qu'en 1803, il ne fallait pas nommer Cimarosa à Naples.

Naples, 10 octobre 1803.

Amico stimatissimo,

« Naples a eu quatre écoles de musique vocale et instrumentale ; mais il n'en existe plus aujourd'hui que trois, où se trouvent environ deux cent trente élèves. Ceux de chaque école ont un uniforme différent : les élèves de Sainte-Marie de Lorette sont en blanc ; ceux de la *Pietà* en bleu turquin ou bleu de ciel ; de là vient qu'on les appelle *Turchini* ; ceux de Saint-Onuphre sont couleur de puce et blanc. C'est de ces écoles que sont sortis les plus grands musiciens du monde ; chose naturelle, notre pays est celui où l'on aime le mieux la musique. Les grands compositeurs que Naples a produits vécurent vers le commencement du dix-huitième siècle.

« Il est naturel de distinguer les chefs d'école qui ont produit des révolutions dans toute la musique, de ceux qui n'ont cultivé qu'un seul genre de composition.

« Parmi les premiers, nous mettrons, avant tous les autres, Alexandre Scarlatti, qui doit être considéré comme le fondateur de l'art musical moderne, puisqu'on lui doit la science du contre-point. Il était de Messine, et mourut vers 1725.

« Porpora mourut pauvre, à quatre-vingt-dix ans, vers 1770. Il a donné au théâtre un grand nombre d'ouvrages qui sont regardés comme des modèles. Ses cantates leur sont encore supérieures.

« Leo fut son disciple, et surpassa son maître. Il mourut à quarante-deux ans, en 1745. Sa manière est inimitable ; l'air :

Misero pargoletto [1],

---

[1]. Cette situation est une des plus touchantes du théâtre de Métastase, et Leo l'a rendue divinement. Timante, jeune prince qui se croit fils du farouche Démophon, roi d'Epire, est marié secrètement depuis deux ans à Dircée ; il en a un fils. Démophon découvre ce mariage, et trouve dans les lois de son royaume le moyen de les faire périr tout deux ; on les conduit à la mort ; mais son âme cruelle est touchée par les prières du peuple : il leur pardonne. Au moment où Timante vole dans les bras de Dircée, un ami

de *Démophon*, est un chef-d'œuvre d'expression.

« Francesco Durante naquit à Grumo, village des environs de Naples. La gloire de rendre facile le contre-point lui était fidèle lui donne la preuve évidente que Dircée est fille de Démophon.

Plein d'horreur pour le crime involontaire dont il s'est rendu coupable en épousant sa sœur, au désespoir d'être obligé de renoncer à Dircée, il voit en lui un nouvel Œpide, il demeure immobile et plongé dans une sombre horreur.

Dircée, qui ne peut comprendre cette étrange froideur, le supplie de parler, au nom de leur amour ; son horreur redouble : elle lui présente son fils, en le suppliant du moins de jeter un regard sur cet enfant qui le caresse : le malheureux Timante ne peut plus contenir sa douleur, il embrasse son fils, et l'air commence :

> Misero pargoletto,
> Il tuo destin non sai :
> Ah ! non gli dite mai
> Qual era il genitor.
>
> Come in un punto, oh Dio !
> Tutto cambiò d'aspetto !
> Voi foste il mio diletto,
> Voi siete il mio terror.

c'est-à-dire :

> Trop malheureux enfant,
> Tu ignores ton destin :
> Ah ! ne lui dites jamais
> Quel fut son triste père.
>
> Grand Dieu ! combien en un instant
> Tout a changé d'aspect pour moi !
> Vous fûtes un jour le bonheur de ma vie,
> Et vous en êtes le tourment.

A chaque répétition de ces paroles que Timante adresse tantôt à son fils, tantôt à Dircée, Leo a su peindre une nouvelle nuance de son profond désespoir.

réservée. Je regarde comme son plus bel ouvrage les cantates de Scarlatti arrangées en *duo*.

« Nous mettrons au premier rang des musiciens du second genre, Vinci, le père de ceux qui ont écrit pour le théâtre. Son mérite est de réunir l'expression la plus vive à une profonde connaissance du contre-point. Son chef-d'œuvre est l'*Artaserce* de Métastase. Il mourut en 1732, à la fleur de l'âge, et, à ce qu'on dit, empoisonné par un parent d'une dame romaine qu'il avait aimée.

« Jean-Baptiste Jesi était né à Pergola, dans la Marche, ce qui le fit appeler *Pergolèse*. Il fut élevé dans une des écoles de Naples, où Durante fut son maître, et il mourut à vingt-cinq ans, en 1733. Celui-ci fut un vrai génie. Ses ouvrages immortels sont le *Stabat Mater*, l'air *Se cerca, se dice* de l'*Olympiade*, et la *Servante maîtresse*, dans le genre bouffe. Le P. Martini a dit que Pergolèse était tellement supérieur dans ce genre, et y était tellement porté par la nature, qu'il y a des motifs bouffes jusque dans le *Stabat Mater*. En général, sa manière est mélancolique et expressive.

« Hasse, appelé *il Sassone*, fut élève d'Alexandre Scarlatti, et le plus naturel des compositeurs de son temps.

« Jomelli naquit à Averse, et mourut en

1775. Il a montré un génie étendu. Le *Miserere* et le *Benedictus* sont ses plus beaux ouvrages dans la manière noble et simple, l'*Armide* et l'*Iphigénie*, ce qu'il a fait de mieux pour le théâtre. Il a trop aimé les instruments.

« David Perez, né à Naples, et qui est mort vers 1790, a composé un *Credo* qui, à certaines solennités, se chante encore dans l'église des pères de l'Oratoire, où l'on va l'entendre comme original. C'est un des compositeurs qui ont soutenu le plus tard la rigueur d'un contre-point. Il a travaillé avec succès pour le théâtre et pour l'église.

« Traetta, le maître et le compagnon de Sacchini dans le Conservatoire de Sainte-Marie de Lorette, a couru la même carrière que lui. Il eut plus d'art que Sacchini, qui passe pour avoir eu plus de génie. Le caractère de Sacchini est une facilité pleine de gaieté. On distingue parmi ses compositions *serie* le récitatif *Berenice che fai?* avec l'air qui le suit.

« Bach, né en Allemagne, fut élevé à Naples. On l'aime à cause de la tendresse qui anime ses compositions. La musique qu'il fit sur le duo

Se mai più sarò geloso

paraît avec avantage dans le recueil des

airs que les plus excellents maîtres ont composés sur ces paroles. On pourrait dire que Bach a particulièrement réussi à exprimer l'ironie.

« Tous ces musiciens moururent vers 1780.

« Piccini a été le rival de Jomelli dans la manière noble. On ne peut rien préférer à son duo

Fra queste ombre meste, o cara!

Peut-être doit-on le regarder comme le fondateur du théâtre *buffa* actuel.

« Paisiello, Guglielmi et Anfossi sont ceux de ses disciples qui ont un nom. Mais, malgré leurs ouvrages, la décadence de la musique à Naples est sensible et rapide [1]. Adieu. »

[1]. Epoques de quelques compositeurs :

Durante,	né en 1693,	mort en 1755.
Leo,	1694,	1745.
Vinci,	1705,	1732.
Hasse,	1705,	1783.
Hændel,	1684,	1759.
Galuppi,	1703,	1785.
Jomelli,	1714,	1774.
Porpora,	1685,	1767.
Benda,	1714,	***
Piccini,	1728,	1800.
Sacchini,	1735,	1786.
Paisiello,	1741,	—
Guglielmi,	1727,	1804.
Anfossi,	1736,	1775.
Sarti,	1730,	1802.

Zingarelli, né en 1752, mort en —
Traetta,   1738,   1779 *.
Ch. Bach,   1735,   1782.
Mayer, né vers 1760.
Mosca, né vers 1775.

* Traetta, artiste profond et mélancolique, excelle dans les effets pittoresques et sombres de l'harmonie. Dans sa *Sophonisbe*, cette reine se jette entre son époux et son amant, qui veulent combattre : « Cruels, leur dit-elle, que faites-vous ? Si vous voulez du sang, frappez, voilà mon sein. » Et comme ils s'obstinent à sortir, elle s'écrie : « Où allez-vous ? Ah ! non ! » Sur cet *Ah !* l'air est interrompu : le compositeur, voyant qu'il fallait ici sortir de la règle générale et ne sachant comment exprimer le degré de voix que l'actrice devait donner, a mis au-dessus de la note *sol*, entre deux parenthèses *(un urlo francese)*.

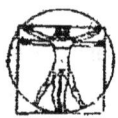

LETTRE XV

Salzbourg, 25 mai 1809.

Mon cher ami,

A MON dernier voyage en Italie, j'ai encore visité la petite maison d'Arqua, et la vieille chaise où Pétrarque était assis en écrivant ses *Triomphes.* Je ne passe jamais à Venise sans me faire ouvrir le magasin qu'on a établi dans l'église où notre divin Cimarosa a été inhumé en 1801.

Vous prendrez donc peut-être quelque intérêt aux détails, peu intéressants en eux-mêmes, que j'ai rassemblés sur la vie de notre compositeur.

En marquant l'arrangement d'une des journées de Haydn, depuis son entrée au service du prince Esterhazy, nous avons décrit sa vie pendant trente années. Il travaillait constamment, mais il travaillait avec peine, ce qui certainement n'était pas chez lui défaut d'idées ; mais la délicatesse de son goût était très difficile à contenter. Une symphonie lui coûtait un mois de travail, une messe plus du double. Ses brouillons sont pleins de passages différents. Pour une seule symphonie, on trouve notées des idées qui suffiraient à trois ou quatre. C'est ainsi que j'ai vu à Ferrare la feuille de papier sur laquelle l'Arioste a écrit, de seize manières différentes, la belle octave de la *Tempête* ; et ce n'est qu'à la fin de la feuille qu'on trouve la version qu'il a préférée.

Stendon le nubi un tenebroso velo, etc.

Comme Haydn le disait lui-même, son plus grand bonheur fut toujours le travail.

C'est ainsi que l'on peut concevoir l'énorme quantité d'ouvrages qu'il a mis au jour. La société, qui vole les trois quarts de leur temps aux artistes vivant à Paris, ne lui prenait que les moments dans lesquels il est impossible de travailler.

Gluck, pour échauffer son imagination et se transporter en Aulide ou à Sparte, avait besoin de se trouver au milieu d'une belle prairie : là, son piano devant lui, et deux bouteilles de champagne à ses côtés, il écrivait en plein air ses deux *Iphigénies*, son *Orphée* et ses autres ouvrages.

Sarti, au contraire, voulait une chambre vaste, obscure, éclairée à peine par une lampe funèbre suspendue au plafond ; et c'était seulement dans les moments les plus silencieux de la nuit qu'il trouvait les pensées musicales. C'est ainsi qu'il écrivait le *Medonte*, le rondo

Mia speranza,

et le plus bel air qu'on connaisse, je veux dire
La dolce compagna.

Cimarosa aimait le bruit ; il voulait avoir ses amis autour de lui en composant. C'est en faisant des folies avec eux que lui vinrent les *Horaces* et le *Mariage secret*, c'est-à-dire l'opéra *seria* le plus beau, le plus riche, le plus original, et le premier opéra *buffa* du théâtre italien. Souvent en une seule nuit il écrivait les motifs de huit ou dix de ces airs charmants, qu'il achevait ensuite au milieu de ses amis. Ce fut après avoir été quinze jours à ne rien faire et à se promener dans les environs de Prague, que l'air *Pria che spunti in ciel l'aurora* lui vint tout à coup, au moment où il y songeait le moins.

Sacchini ne trouvait pas un chant s'il n'avait sa maîtresse à ses côtés, et si ses jeunes chats, dont il admirait toute la grâce, ne jouaient autour de lui.

Paisiello compose dans son lit. C'est entre deux draps qu'il a trouvé le *Barbier de Séville*, la *Molinara* et tant de chefs-d'œuvre de grâce et de facilité.

La lecture d'un passage de quelque saint père ou de quelque classique latin est nécessaire à Zingarelli pour improviser ensuite en moins de quatre heures un acte entier de *Pirro* ou de *Roméo et Juliette*. Je me souviens d'un frère d'Anfossi, qui promettait beaucoup et qui mourut jeune. Il ne pouvait écrire une note s'il n'était au milieu de poulets rôtis et de saucisses fumantes.

Pour Haydn, solitaire et sobre comme Newton, ayant au doigt la bague que le grand Frédéric lui avait envoyée, et qui, disait-il, était nécessaire à son imagination, il s'asseyait à son piano, et après quelques instants son imagination planait au milieu des anges. Rien ne le troublait à Eisenstadt ; il vivait tout entier à son art, et loin des pensées terrestres.

Cette existence monotone et douce, remplie par un travail agréable, ne cessa qu'à la mort du prince Nicolas, son patron, en 1789.

Un effet singulier de cette vie retirée, c'est que notre compositeur, ne sortant jamais de la petite ville, apanage de son prince, fut le seul homme, s'occupant de musique en Europe, qui ignorât pendant longtemps la célébrité de Joseph Haydn. Le premier hommage qu'on lui rendit fut original. Comme si c'était un sort que tous les ridicules, en fait de musique, naquissent à Paris, Haydn reçut d'un amateur célèbre de ce pays-là la commission de composer un morceau de musique vocale. En même temps, pour lui servir de modèle, on joignait à la lettre des morceaux choisis de Lulli et de Rameau. On juge de l'effet que cette paperasse dut faire, en 1780, sur Haydn, nourri des chefs-d'œuvre de l'école d'Italie, qui depuis cinquante ans était au comble de sa gloire. Il renvoya les morceaux précieux, en répondant avec une simplicité malicieuse, « qu'il était Haydn, et non pas Lulli et Rameau ; que si l'on voulait de la musique de ces grands compositeurs, on en demandât à eux ou à leurs élèves ; que, quant à lui, il ne pouvait malheureusement faire que de la musique de Haydn. »

On parlait de lui depuis bien des années, quand, presque en même temps, il fut invité par les directeurs les plus renommés des théâtres de Naples, de Lisbonne, Venise, Londres, Milan, etc., à composer des opéras pour eux. Mais l'amour du repos, un attachement bien naturel pour son prince, et pour sa manière de vivre méthodique, le retinrent en Hongrie et l'emportèrent sur son désir constant de passer les monts. Il ne serait peut-être jamais sorti d'Eisenstadt, si mademoiselle Boselli n'était venue à mourir. Haydn, après cette perte, commença à sentir du vide dans ses journées. Il venait de refuser l'invitation des directeurs du concert spirituel de Paris. Après la mort de son amie, il accepta les propositions d'un violon de Londres, nommé Salomon, qui dirigeait dans cette ville une entreprise de concerts. Salomon pensa qu'un homme de génie, déniché tout exprès pour les amateurs de Londres, mettrait son concert à la mode. Il donnait vingt concerts par an, et promit à Haydn cent sequins par concert (douze cents francs). Haydn ayant accepté ces conditions, partit pour Londres en 1790, à l'âge de cinquante-neuf ans. Il y passa plus d'un an. La musique nouvelle qu'il composa pour ces concerts fut très goûtée. La bonhomie dans les manières réunie à la présence certaine du génie, devait réussir chez une nation généreuse et réfléchie. Souvent un Anglais s'approchait de lui dans la rue, le toisait en silence de la tête aux pieds, et s'éloignait en disant : « Voilà donc un grand homme ! »

Haydn racontait avec plaisir beaucoup d'anecdotes de son séjour à Londres, lorsqu'il contait encore. Un lord, passionné pour la musique, à ce qu'il disait, vint le trouver un matin, et lui demanda des leçons de contre-point, à une guinée la leçon. Haydn, voyant que le milord avait quelques connaissances en musique, accepte. « Quand commençons-nous ? — Actuellement, si vous voulez, dit le lord ; » et il tire de sa poche un quatuor de Haydn. « Pour première leçon, reprend-il, examinons ce quatuor, et dites-moi le pourquoi de certaines modulations, et de la conduite générale de la composition, que je ne puis approuver totalement, parce qu'elles sont contraires aux principes. »

Haydn, un peu surpris, dit qu'il est prêt à répondre. Le lord commence, et dès les premières mesures il trouve à redire à chaque note. Haydn, qui inventait habituellement, et qui était le contraire d'un pédant, se trouvait fort embarrassé, et répondait toujours : « J'ai fait ceci, parce que ça fait un bon effet ; j'ai placé ce passage ainsi, parce qu'il fait bien. » L'Anglais, qui jugeait que ces réponses ne prouvaient rien, recommençait ses preuves, et lui démontrait par bonnes raisons que son quatuor ne valait rien. « Mais, Milord, arrangez ce quatuor à votre fantaisie ; faites-le jouer, et vous verrez laquelle des deux manières est la meilleure. — Mais pourquoi la vôtre, qui est contraire aux règles, peut-elle être la meilleure ? — Parce qu'elle est la plus agréable. » Le lord répliquait ; Haydn répondait du mieux qu'il pouvait ; mais enfin, impatienté : « Je vois, milord, que c'est vous qui avez la bonté de me donner des leçons, et je suis forcé de vous avouer que je ne mérite pas l'honneur d'avoir un tel maître. » Le partisan des règles sortit, et est encore étonné qu'en suivant les règles à la lettre on ne fasse pas infailliblement un *Matrimonio segreto*.

Un marin entra un matin chez Haydn : « Vous êtes M. Haydn ? — Oui, monsieur. — Vous convient-il de me faire une marche pour égayer les troupes que j'ai à mon bord ? Je vous payerai trente guinées, mais il me faut la marche aujourd'hui, parce que je pars demain pour Calcutta. » Haydn accepte. Le capitaine de vaisseau sorti, il ouvre son piano, et en un quart d'heure fait la marche.

Ayant des scrupules d'avoir gagné si vite une somme qui lui semblait très-forte, il rentre de bonne heure le soir, et fait deux autres marches, dans le dessein de laisser le choix au capitaine, et ensuite de les lui offrir toutes les trois pour répondre à sa générosité. Au point du jour arrive le capitaine ? « Eh bien, ma marche ? — La voici. — Voulez-vous la jouer sur le piano ? » Haydn la joue. Le capitaine, sans ajouter une parole, compte les trente guinées sur le piano, prend la marche, et s'en va. Haydn court après lui, et l'arrête : « J'en ai fait deux autres, lui dit-il, qui sont meilleures ; entendez-les, et choisissez. — La première me plaît, cela suffit. — Mais écoutez. » Le capitaine se jette dans l'escalier et ne veut rien entendre. Haydn le poursuit en lui criant : « Je vous en fais cadeau. » Le capitaine, descendant encore plus vite, répond : « Je n'en veux point. — Mais entendez-les, au moins. — Le diable ne me les ferait pas entendre. »

Haydn, piqué, sort à l'instant, court à la bourse, s'informe du vaisseau qui va partir pour les Indes, du nom de celui qui le commande ; il fait un rouleau des deux marches, y ajoute un billet poli, et envoie le tout à son capitaine, à bord. Cet homme obstiné, se doutant que c'était le musicien qui le poursuivait, ne veut pas même ouvrir le billet, et renvoie le tout. Haydn mit les marches en mille morceaux, et toute sa vie s'est rappelé la figure de son capitaine de vaisseau.

Il prenait beaucoup de plaisir à nous conter sa dispute avec un marchand de musique de Londres. Un matin, Haydn, s'amusant à courir les boutiques, selon l'usage anglais, entre chez un marchand de musique en lui demandant s'il avait de la musique belle et choisie : « Précisément, répond le marchand, je viens d'imprimer de la musique sublime de Haydn. — Ah ! pour celle-là, reprend Haydn, je n'en ai que faire. — Comment, monsieur, vous n'avez que faire de la musique de Haydn ! et qu'y trouvez-vous à reprendre, s'il vous plaît ? — Oh ! beaucoup de choses ; mais il est inutile d'en parler, puisqu'elle ne me convient pas : montrez-m'en d'autre. » Le marchand, qui était un haydiniste passionné : « Non, monsieur, répond-il, j'ai de la musique, il est vrai, mais elle n'est pas pour vous ; » et il lui tourne le dos. Comme Haydn sortait en riant, entre un amateur de sa connaissance, qui le salue en le nommant. Le marchand, qui se retourne à ce nom, encore plein d'humeur, dit à l'homme qui entrait : « Eh bien, oui, M. Haydn ! voilà quelqu'un qui n'aime pas la musique de ce grand homme. » L'Anglais rit ; tout s'explique, et le marchand connaît cet homme qui trouvait à redire à la musique de Haydn [1].

Notre compositeur, à Londres, avait

1. Niaiserie des anecdotes allemandes. Quand l'imagination ne le rend pas fou, ce peuple est bon et tendre ; digne d'être aimé, mais ennuyeux ; c'est exactement le contraire du peuple français, vif, léger, amusant, mais avec le cœur le plus sec. (*Note ms. de l'ex. Mirbeau.*)

deux grands plaisirs : le premier, d'entendre la musique de Hændel ; le second, d'aller au concert antique. C'est une société établie dans le but de ne pas laisser perdre la musique que les gens à la mode appellent *ancienne* ; elle fait exécuter des concerts où l'on entend les chefs-d'œuvre des Pergolèse, des Leo, des Durante, des Marcello, des Scarlatti ; en un mot, de cette volée d'hommes rares qui parurent presque tous à la fois vers l'an 1730.

Haydn me disait avec étonnement que beaucoup de ces compositions qui l'avaient transporté au ciel quand il les étudiait dans sa jeunesse lui avaient paru beaucoup moins belles quarante ans plus tard : « Cela me fit presque le triste effet de revoir une ancienne maîtresse, » disait-il. Était-ce tout simplement l'effet ordinaire de l'âge avancé, ou ces morceaux superbes ne faisaient-ils plus autant de plaisir à notre compositeur, comme ayant perdu le charme de la nouveauté ?

Haydn fit un second voyage de Londres en 1794. Gallini, entrepreneur du théâtre d'Haymarket, l'avait engagé pour composer un opéra qu'il voulait donner avec la pompe la plus riche : le sujet était Orphée pénétrant aux enfers. Haydn commença à travailler ; mais Gallini trouva des difficultés à obtenir la permission d'ouvrir son théâtre. Le compositeur qui regrettait son chez-lui, n'eut pas la patience d'attendre que la permission fût obtenue : il quitta Londres avec onze morceaux de son *Orphée*, qui sont, à ce qu'on m'assure, ce qu'il a fait de mieux en musique de théâtre, et il revint en Autriche, pour ne plus en sortir [1].

Il voyait beaucoup à Londres la célèbre Billington, dont il était enthousiaste. Il la trouva un jour avec Reynolds, le seul peintre anglais qui ait su dessiner la figure : il venait de faire le portrait de madame Billington en sainte Cécile écoutant la musique céleste, comme c'est l'usage. Madame Billington montra le portrait à Haydn : « Il est ressemblant, dit-il, mais il y a une étrange erreur. — Laquelle ? reprend vivement Reynolds. — Vous l'avez peinte écoutant les anges ; il aurait fallu peindre les anges écoutant sa voix divine. » La Billington sauta au cou du grand homme. C'est pour elle qu'il fit son *Ariane abandonnée*, qui soutient le parallèle avec celle de Benda.

[1]. Le hasard, le ciel, la Providence etc... a refusé le sentiment de la musique aux hommes nés entre la Loire et la Moselle. Les plantes dont ils se nourrissent ont apparemment une qualité anti-musicale. On y a horreur de la solitude. Le premier des plaisirs est : causer. On sent la musique à Toulouse et à Cologne. (*Note ms. de l'ex. Mirbeau.*)

Un prince anglais chargea Reynolds de faire le portrait de Haydn. Celui-ci, flatté de cet honneur, se rend chez le peintre et pose ; mais l'ennui le gagne : Reynolds, soigneux de sa réputation, ne veut pas peindre, avec une physionomie d'idiot, un homme connu pour avoir du génie ; il remet la séance à un autre jour. Au second rendez-vous, même ennui, même manque de physionomie ; Reynolds va au prince et lui raconte son accident. Le prince trouve un stratagème : il envoie chez le peintre une Allemande très-jolie, attachée au service de sa mère. Haydn vient poser pour la troisième fois ; et, au moment où la conversation languit, une toile tombe, et la belle Allemande, élégamment drapée avec une étoffe blanche, et la tête couronnée de roses, dit à Haydn, dans sa langue maternelle : « O grand homme ! que je suis heureuse de te voir et d'être avec toi ! » Haydn, ravi, accable de questions l'aimable enchanteresse : sa physionomie s'anime, et Reynolds la saisit rapidement.

Le roi Georges III, qui n'aima jamais d'autre musique que celle de Hændel, ne fut pas insensible à celle de Haydn : la reine et le monarque firent un accueil distingué au virtuose allemand ; enfin, l'université d'Oxford lui envoya le diplôme de docteur, dignité qui, depuis l'an 1400, n'avait été conférée qu'à quatre personnes, et que Hændel lui-même n'avait pas obtenue.

Haydn, devant, d'après l'usage, envoyer à l'université un morceau de musique savante, lui adressa une feuille de musique tellement composée, qu'en la lisant à commencer par le haut ou par le bas de la page, par le milieu ou à rebours, enfin de toutes les manières possibles, elle présente toujours un chant et un accompagnement correct.

Il quitta Londres, enchanté de la musique de Hændel, et avec quelques centaines de guinées qui lui semblaient un trésor. En revenant par l'Allemagne, il donna plusieurs concerts, et pour la première fois sa très petite fortune reçut une augmentation. Les appointements qu'il avait de la maison Esterhazy étaient peu considérables ; mais la bonté avec laquelle le traitaient les membres de cette auguste famille valait mieux pour l'homme qui travaille avec son cœur que tous les salaires possibles. Il avait toujours son couvert mis à la table du prince ; et, lorsque Son Altesse donna un uniforme aux membres de son orchestre, Haydn reçut l'habit que les personnes qui viennent faire leur cour au prince, à Eisenstadt, ont coutume de porter. C'est par une longue suite de traitements de cette espèce que les grands seigneurs autrichiens s'attachent tout ce qui les entoure ; c'est par cette modération qu'ils font supporter et même chérir des privilèges et des manières qui les égalent presque aux têtes couronnées. La hauteur allemande n'est ridicule que dans les relations imprimées des cérémonies publiques ; observée dans la nature, l'air de bonté fait tout passer. Haydn rapportait quinze mille florins de Londres ; quelques années après, la vente des partitions de la *Création* et des *Quatre Saisons* lui valut une somme de deux mille sequins (vingt-quatre mille francs), avec laquelle il acheta le jardin et la petite maison où il loge, au faubourg de Gumpendorff, sur la route de Schœnnbrunn ; telle est sa fortune.

J'étais avec lui à cette nouvelle maison lorsqu'il reçut la lettre flatteuse que l'Institut de France lui écrivait pour lui annoncer qu'il avait été nommé associé étranger. Haydn, en la lisant, fondit en larmes tout d'un coup, et jamais il ne montra sans attendrissement cette lettre réellement pleine de cette grâce noble que nous saisissons beaucoup plus facilement que les autres nations.

LETTRE XVI

Salzbourg, 28 mai 1809.

Venez, mon ami, ce Haydn qui fut sublime dans la musique instrumentale, qui ne fut qu'estimable dans l'opéra, vous invite à le suivre dans le sanctuaire où

La gloria di colui che tutto muove

lui inspira des cantiques dignes quelquefois de leur objet.

Rien de plus justement admiré, et en même temps de plus vivement censuré que ses messes ; mais, pour pouvoir sentir ses beautés, ses fautes, et les raisons qui l'y entraînèrent, le moyen le plus expéditif est de voir ce qu'était la musique d'église vers l'an 1760.

Tout le monde sait que les Hébreux et les Gentils mêlèrent la musique à leur culte : c'est à cette association que nous devons ces mélodies pleines de beauté et de grandiose, quoique privées de mesure, que nous ont conservées les chants grégorien et ambrosien. Les savants établissent, par de bonnes raisons, que ces chants dont nous avons les vestiges sont les mêmes qui servaient en Grèce au culte de Jupiter et d'Apollon.

Après Guy d'Arezzo, qui passe pour avoir trouvé, en 1032, les premières idées du contre-point, on l'introduisit bientôt dans la musique d'église ; mais jusqu'à l'époque de Palestrina, c'est-à-dire vers l'an 1570, cette musique ne fut qu'un tissu de sons harmonieux presque entièrement privés de mélodie perceptible. Dans le quinzième siècle et la première moitié du suivant, les maîtres, pour donner de l'agrément à leurs messes, les faisaient sur l'air de quelque chanson populaire ; c'est ainsi que plus de cent messes furent composées sur l'air connu de la chanson de l'*Homme armé*.

La bizarrerie studieuse du moyen âge poussa d'autres maîtres à composer leur musique sacrée à coups de dés : chaque nombre amené ainsi avait des passages de musique qui lui correspondaient. Enfin parut Palestrina[1] : ce génie immortel, auquel nous devons la mélodie moderne,

1. Né en 1529, neuf ans après la mort de Raphaël, mort en 1594.

se débarrassa des entraves de la barbarie : il introduisit dans ses compositions un chant grave à la vérité, mais continu et sensible ; et l'on exécute encore de sa musique à Saint-Pierre de Rome.

Vers le milieu du seizième siècle, les compositeurs avaient pris un tel goût aux *fugues* et aux canons, et rassemblaient ces figures d'une manière si bizarre dans leur musique d'église, que la plupart du temps cette musique pieuse était extrêmement bouffonne. Cet abus excitait, depuis longtemps, les plaintes des dévots ; plusieurs fois on avait proposé de chasser la musique des églises. Enfin le pape Marcel II, qui régnait en 1555, était au moment de porter le décret de suppression, lorsque Palestrina demanda au pape la permission de lui faire entendre une messe de sa composition : le pape y ayant consenti, le jeune musicien fit exécuter devant lui une messe à six voix, qui parut si belle et si pleine de noblesse, que le pontife, loin d'exécuter son projet, chargea Palestrina de composer des ouvrages du même genre pour sa chapelle. La messe dont il s'agit existe encore ; elle est connue sous le nom de messe du pape Marcel.

Il faut distinguer les musiciens grands par leur génie de ceux qui sont grands par leurs ouvrages. Palestrina et Scarlatti firent faire des progrès étonnants à l'art : ils ont eu peut-être autant de génie que Cimarosa, dont les ouvrages donnent immensément plus de plaisir que les leurs. Que n'eût pas fait Mantègne, dont les ouvrages font rire les trois quarts des personnes qui les voient au Musée, si, au lieu de contribuer à l'éducation du Corrége, il fût né à Parme dix ans après ce grand homme ? Que n'eût pas fait surtout le grand Léonard de Vinci, celui de tous les hommes que la nature a peut-être jamais le plus favorisé, lui dont l'âme était créée pour aimer la beauté, s'il lui eût été accordé de voir les tableaux du Guide ?

Un ouvrier en peinture ou en musique surpasse facilement aujourd'hui Giotto ou Palestrina; mais où ne fussent pas allés ces véritables artistes s'ils eussent eu les mêmes secours que l'ouvrier notre contemporain ? Le *Coriolan* de M. de la Harpe, publié du temps de Malherbe, eût assuré à son auteur une réputation presque égale à celle de Racine. Un homme né avec quelque talent est naturellement porté par son siècle au point de perfection où ce siècle est arrivé : l'éducation qu'il a reçue, le degré d'instruction des spectateurs qui lui applaudissent, tout le conduit jusque-là ; mais, s'il va plus loin, il devient supérieur à son siècle, il a du génie; alors il travaille pour la postérité, mais aussi ses ouvrages sont sujets à être moins goûtés de ses contemporains.

On voit que vers la fin du seizième siècle la musique d'église se rapprochait de la musique dramatique. Bientôt on donna aux chants sacrés l'accompagnement des instruments.

Enfin, vers 1740, pas plus tôt, Durante eut l'idée de marquer le sens des paroles[1], et chercha des mélodies agréables qui rendissent plus frappants les sentiments qu'elles exprimaient. La révolution produite par cette idée si naturelle fut générale au delà des Alpes ; mais les musiciens allemands, fidèles aux anciennes pratiques, conservèrent toujours dans le chant sacré quelque chose de la rudesse et de l'ennui du moyen âge. En Italie, au contraire, le sentiment faisant oublier les bienséances, la musique dramatique et la musique d'église ne firent bientôt plus qu'une : un *Gloria in excelsis* n'était qu'un air plein de gaieté, sur lequel un amant aurait fort bien pu exprimer son bonheur ; un *Miserere*, une plainte remplie de tendre langueur.

Les airs, les duos, les récitatifs, et jusqu'aux *rondos* folâtres s'introduisirent dans

---

1. Durante, né à Naples en 1693, élève de Scarlatti, mort en 1755, la même année que Montesquieu.

les prières. Benoît XIV crut détruire le scandale en proscrivant les instruments à vent : il ne conserva que l'orgue ; mais l'inconvenance n'était pas dans les instruments, elle se trouvait dans le genre même de la musique.

Haydn, qui connut de bonne heure la sécheresse de l'ancienne musique sacrée, le luxe profane que les Italiens portent de nos jours dans le sanctuaire, et le genre monotone et sans expression de la musique allemande, vit qu'en faisant ce qu'il sentait être convenable, il se créerait une manière entièrement nouvelle : il prit donc peu ou rien de la musique de théâtre ; il conserva, par la solidité de l'harmonie, une partie de l'air grandiose et sombre de l'ancienne école ; il soutint, par tout le luxe de son orchestre, des chants solennels, tendres, pleins de dignité et cependant brillants : des grâces et des fleurs vinrent adoucir de temps en temps cette grande manière de chanter les louanges de Dieu, et de le remercier de ses bienfaits.

Il n'avait eu de précurseur dans ce genre que Sammartini, ce compositeur de Milan dont je vous ai déjà parlé.

Si, dans une de ces immenses cathédrales gothiques qu'on rencontre souvent en Allemagne, par un jour sombre pénétrant à peine au travers de vitraux colorés, vous venez à entendre une des messes de Haydn, vous vous sentez d'abord troublé, et ensuite enlevé par ce mélange de gravité, d'agrément, d'air antique, d'imagination et de piété qui les caractérise.

En 1799 j'étais à Vienne, malade de la fièvre ; j'entends sonner une grand' messe dans une église voisine de ma petite chambre: l'ennui l'emporte sur la prudence; je me lève, et vais écouter un peu de musique consolatrice. Je m'informe en entrant ; c'était le jour de Sainte-Anne, et on allait exécuter une messe de Haydn, en B *fa*, que je n'avais jamais entendue. Elle commençait à peine que je me sentis tout ému, je me trouvai en nage, mon mal à la tête se dissipa : je sortis de l'église au bout de deux heures, avec une hilarité que je ne connaissais plus depuis longtemps, et la fièvre ne revint pas.

Il me semble que beaucoup de maladies de nos femmes nerveuses pourraient être guéries par mon remède, mais non par cette musique sans effet qu'elles vont chercher dans un concert après avoir mis un chapeau charmant. Les femmes toute leur vie, et nous-mêmes tant que nous sommes jeunes, nous ne donnons une pleine attention à la musique qu'autant que nous l'entendons dans l'obscurité. Dégagés du soin de paraître aimables, n'ayant plus de rôle à jouer, nous pouvons nous laisser aller à la musique : or des dispositions précisément contraires sont celles qu'en France nous portons au concert ; c'est même une des circonstances où je me croyais obligé d'être le plus brillant. Mais qu'en vous promenant le matin à Monceaux, assis seul dans un bosquet de verdure, assuré que personne ne vous voit, et tenant un livre, vous soyiez tout à coup détourné par quelques accords d'instruments et des voix partant d'une maison voisine, vous distinguiez un bel air, deux ou trois fois vous voudrez reprendre votre lecture, mais en vain : votre cœur sera enfin tout à fait entraîné, vous tomberez dans la rêverie ; et deux heures après, en remontant en voiture, vous vous sentirez soulagé de la peine secrète qui vous rendait malheureux souvent sans que vous vous fussiez bien rendu compte à vous-même de la nature de cette peine secrète ; vous serez attendri, vous serez prêt à pleurer sur votre sort ; vous serez *regrettant*, et ce sont les regrets qui manquent aux malheureux : ils ne croient plus le bonheur possible. L'homme qui regrette sent l'existence du bonheur dont il jouit un jour, et peu à peu il croira de nouveau possible de réatteindre à ce bonheur. La bonne musique ne se trompe pas, et va droit au fond de l'âme chercher le chagrin qui nous dévore.

Dans tous les cas de guérison par la musique, il me semble, pour parler en grave médecin, que c'est le cerveau qui réagit fortement sur le reste de l'organisation [1]. Il faut que la musique commence par nous égarer et par nous faire regarder comme possibles des choses que nous n'osions espérer. Un des traits les plus singuliers de cette folie passagère, et de l'oubli total de nous-même, de notre vanité et du rôle que nous jouons, est celui de *Senesino*, qui devait chanter sur le théâtre de Londres un rôle de tyran dans je ne sais quel opéra : le célèbre Farinelli chantait le rôle du prince opprimé. Ils connaissaient tous deux l'opéra. Farinelli, qui faisait une tournée de concerts en province, arrive seulement quelques heures avant la représentation ; enfin le héros malheureux et le tyran cruel se voient pour la première fois sur le théâtre : Farinelli, arrivé à son premier air, par lequel il demandait grâce, le chante avec tant de douceur et d'expression, que le pauvre tyran, tout en larmes, lui saute au cou et l'embrasse trois ou quatre fois, absolument hors de lui.

1. On se sent bientôt une barre à l'estomac : ce sont les nerfs du diaphragme qui sont irrités.

Encore une histoire. Dans ma première jeunesse, au milieu des plus grandes chaleurs de l'été, j'allai une fois avec d'autres jeunes gens sans soucis chercher la fraîcheur et l'air pur sur une des hautes montagnes qui entourent le lac Majeur, en Lombardie : arrivés, au point du jour, au milieu de la montée, comme nous nous arrêtions pour contempler les îles Borromées, qui se dessinaient à nos pieds au milieu du lac, nous sommes environnés par un grand troupeau de brebis qui sortaient de l'étable pour aller au pâturage. Un de nos amis qui ne jouait pas mal de la flûte, et qui portait la sienne partout, la sort de sa poche : « Je vais, dit-il, faire le Corydon et le Ménalque ; voyons si les brebis de Virgile reconnaîtront leur pasteur. » Il commence : les brebis et les chèvres, qui, l'une à la suite de l'autre, s'en allaient le museau baissé vers la montagne, au premier son de la flûte soulèvent la tête : toutes, par un mouvement général et prompt, se tournent du côté d'où venait le bruit agréable ; peu à peu elles entourent le musicien, et l'écoutent sans remuer. Il cesse de jouer, les brebis ne s'en vont pas. Le bâton du berger intime l'ordre d'avancer à celles qui se trouvent le plus près de lui : celles-là obéissent ; mais à peine le flûteur recommence-t-il à jouer, que ses innocentes auditrices reviennent l'entourer. Le berger s'impatiente, lance avec sa houlette des mottes de terre sur son troupeau, mais rien ne remue. Le flûteur joue de plus belle ; le berger entre en fureur, jure, siffle, bat, lance des pierres aux pauvres amateurs de musique : ceux qui sont atteints par les pierres se mettent en marche ; mais les autres ne remuent pas. Enfin le berger est obligé de prier notre Orphée de cesser ses sons magiques : les brebis se mettent alors en route ; mais elles s'arrêtaient encore de loin, toutes les fois que notre ami leur faisait entendre l'instrument agréable. L'air joué était tout simplement l'air à la mode de l'opéra qu'on donnait alors à Milan.

Comme nous musiquions sans cesse, nous fûmes enchantés de notre aventure ; nous raisonnâmes toute la journée, et nous conclûmes que le plaisir physique est la base de toute musique.

Et les messes de Haydn ? Vous avez raison ; mais que voulez-vous ? J'écris pour m'amuser, et il y a longtemps que nous sommes convenus d'être *naturels* l'un pour l'autre.

Les messes de Haydn, donc, sont inspirées par une douce sensibilité : la partie idéale en est brillante, et en général pleine de dignité ; le style est enflammé, noble, rempli de beaux développements ; les *Amen* et les *Alleluia* respirent une joie véritable, et sont d'une vivacité sans égale. Quelquefois, quand le caractère d'un passage serait trop gai et trop profane, Haydn le rembrunit par des accords profonds et retentissants qui en modèrent la joie mondaine. Ses *Agnus Dei* sont pleins de tendresse ; voyez surtout celui de la messe n° 4, c'est la musique du ciel. Ses fugues sont de premier jet ; elles respirent à la fois le feu, la dignité et l'exaltation d'une âme ravie.

Il emploie quelquefois cet artifice qui caractérise les ouvrages de Paisiello.

Il choisit, dès le commencement, un passage agréable, qu'il rappelle dans le cours de l'ouvrage : souvent, au lieu d'un passage, ce n'est qu'une simple cadence. Il est incroyable combien ce moyen si simple, la répétition du même trait, sert à donner au tout une unité et une teinte religieuse et touchante. Vous sentez que ce genre côtoie la monotonie ; mais les bons maîtres l'évitent : voyez la *Molinara*, voyez les *Deux Journées*, de Cherubini ; vous remarquez une cadence dans l'ouverture de ce bel ouvrage, et votre oreille la distingue parce qu'elle a quelque chose d'étranglé et de singulier ; elle paraît de nouveau dans le trio du premier acte, ensuite dans un air, ensuite dans le finale ; et chaque fois qu'elle revient s'augmente le plaisir que nous avons à l'entendre. Le passage dominant se sent tellement dans la *Frascatana*, de Paisiello, qu'il forme à lui seul tout le finale. Dans les messes de Haydn, ce trait est d'abord à peine remarqué à cause de sa grâce ; mais ensuite, à chaque fois qu'il revient, il acquiert plus de force et de charmes.

Voici maintenant le plaidoyer de la partie adverse, et je vous assure que ce n'est pas l'énergie qui manque aux accusateurs de Haydn. Ils l'accusent d'abord d'avoir détruit le genre de musique sacrée établi et adopté par tous les professeurs ; mais ce genre n'existait déjà plus en Italie, et en Allemagne on retournait vers le bruit monotone et surtout sans expression du moyen âge. Si la monotonie est de la gravité, certainement jamais genre ne fut plus grave.

Ou ne faites pas de musique à l'église, ou admettez-y la musique véritable. Avez-vous défendu à Raphaël de mettre des figures célestes dans ses tableaux de dévotion ? Le charmant *Saint Michel* du Guide, qui donne des distractions aux dévotes, ne se voit-il pas toujours dans Saint-Pierre de Rome ? Pourquoi serait-il défendu à la musique de plaire ? Si l'on veut des raisons théologiques, l'exemple des *Psaumes* de David est pour nous : « Si le psaume gémit, dit saint Augustin, gémissez avec lui ; s'il entonne les louanges de Dieu, et vous aussi chantez les merveilles du Créateur. »

On ne doit donc pas chanter un *Alleluia* sur l'air d'un *Miserere*. La-dessus les maîtres allemands reculent d'un pas ; ils permettent un peu de variété dans le chant, mais veulent que l'accompagnement soit toujours austère, lourd et bruyant ; ont-ils tort ? Je sais qu'un célèbre médecin de Hanovre, digne d'être le compatriote des Frédéric II, des Catherine, des Mengs, des Mozart, me disait en riant : « L'Allemand du commun a besoin de plus d'efforts physiques, de plus de mouvement, de plus de bruit pour être ému, qu'aucun autre citoyen de la terre ; nous buvons trop de bière, il faut nous écorcher pour nous chatouiller un peu. »

Si l'objet de la musique, à l'église comme ailleurs, est de donner plus de force, dans le cœur des spectateurs, aux sentiments exprimés par les paroles, Haydn a atteint la perfection de son art. Je défie le chrétien qui entend, le jour de Pâques, un *Gloria* de ce compositeur, de ne pas sortir de l'église le cœur plein d'une sainte joie, effet que le père Martini et les harmonistes allemands ne veulent pas produire apparemment ; et il faut avouer qu'ils n'ont jamais manqué à leur projet.

Si ces messieurs ont tort dans l'accusation principale intentée à Haydn, ils ont raison dans quelques détails ; mais le Corrége aussi, en cherchant la grâce, est tombé une ou deux fois dans l'affectation de la grâce. Voyez au Musée cette divine *Madona alla scodella*. Les jours où vous aurez de l'humeur, vous trouverez affecté le mouvement de l'ange qui attache l'âne de Joseph ; dans des jours plus heureux, cet ange vous paraîtra charmant. Les fautes de Haydn sont quelquefois plus positives : dans un *Dona nobis pacem* d'une de ses messes, on trouve pour passage principal et souvent répété, ce badinage en *tempo presto* :

Dans un de ses *Benedictus*, après plusieurs jeux d'orchestre, revient souvent cette pensée, et toujours en *tempo allegro* :

La même idée précisément se trouve dans une *aria buffa* d'Anfossi, et y fait un très-bon effet, parce qu'elle est bien placée.

Il a écrit des fugues en *tempo di sestupla* qui, dès que le mouvement devient vif, sont absolument du style bouffon. Quand le pécheur repentant pleure ses fautes au pied de l'autel, souvent Haydn peint le charme de ces péchés trop séducteurs, au lieu d'exprimer le repentir du chrétien. Il emploie quelquefois les mouvements de 3/4 et de 3/8, qui rappellent facilement à l'auditeur la valse et la contredanse.

C'est choquer les principes physiques du chant. Cabanis vous dira que la joie accélère le mouvement du sang, et veut le temps *presto* ; la tristesse abat, ralentit le cours des humeurs, et nous porte au *tempo largo* ; le contentement veut le mode majeur ; la mélancolie s'exprime par le mode mineur : cette dernière vérité est le fondement des syles de Cimarosa et de Mozart.

Haydn s'excusait de ces erreurs, que sa raison reconnaissait bien pour telles, en disant que quand il pensait à Dieu il ne pouvait se le figurer que comme un être infiniment grand et infiniment bon. Il ajoutait que cette dernière des qualités divines le remplissait tellement de confiance et de joie, qu'il aurait mis en *tempo allegro* jusqu'au *Miserere*.

Pour moi, je trouve ses messes un peu trop en style allemand, je veux dire que les accompagnements sont souvent trop chargés, et nuisent un peu à l'effet du chant.

Elles sont au nombre de quatorze : quelques-unes, composées dans les moments de la guerre de sept ans, les plus malheureux pour la maison d'Autriche, respirent une ardeur vraiment martiale ; elles ressemblent, en ce sens, aux chansons sublimes que vient d'improviser, en 1809, à l'approche de l'armée française, le célèbre poëte tragique Collin.

LETTRE XVII

Salzbourg, le 30 mai 1809.

Mon cher Louis,

Il me restait à vous parler de la *Création*. C'est le plus grand ouvrage de notre compositeur ; c'est le poëme épique de la musique. Vous saurez que j'ai fait confidence des épîtres que je vous écris à une de mes amies de Vienne, réfugiée dans ces montagnes, ainsi que plusieurs des premières familles de cette malheureuse ville. Le secrétaire de cette amie transcrit mes lettres, et m'évite ainsi le plus grand des ennuis, selon moi, qui est de revenir deux fois sur les mêmes idées. Je lui disais que je serais obligé de sauter à pieds joints la *Création*, que je n'ai entendue qu'une ou deux fois : « Eh bien ! m'a-t-elle répondu, c'est moi qui ferai cette lettre à votre ami de Paris. » Comme je lui faisais quelques petites objections de politesse : « Me croyez-vous donc incapable d'écrire à un aimable Parisien qui vous aime, vous et la musique ? Allez, monsieur, vous corrigerez tout au plus dans ma lettre quelques fautes de langue ; mais tâchez de ne pas trop gâter mes idées, voilà tout ce que je vous demande. »

Comme vous voyez, ce préambule est une trahison. Ne manquez pas de me répondre à l'occasion de la lettre sur la *Création*, et surtout critiquez impitoyablement : dites-moi que mon style est efféminé, que je me perds dans de petites idées, que je vois des effets qui n'ont jamais existé que dans ma tête : surtout répondez promptement, pour éviter toute idée d'accord entre nous. Vos critiques nous vaudront ici des accès de vivacité charmants.

LETTRE XVIII

Salzbourg, le 31 mai 1809.

Nous nous plaignons toujours, mon cher ami, de venir trop tard, de n'avoir plus qu'à admirer des choses passées, de n'être contemporains de rien de grand dans les arts. Mais les grands hommes sont comme les sommets des Alpes : êtes-vous dans la vallée de Chamouny, le mont Blanc lui-même, au milieu des sommets voisins couverts de neige comme lui, ne vous semble qu'une haute montagne ordinaire ; mais quand, de retour à Lausanne, vous le voyez dominer tout ce qui l'entoure ; quand, de plus loin encore, du milieu des plaines de France, lorsque toutes les montagnes ont disparu, vous apercevez toujours à l'horizon cette masse énorme et blanche, vous reconnaissez le colosse de l'ancien monde. Comment avez-vous senti en France tout le génie de Molière, hommes vulgaires que vous êtes ? Uniquement par l'expérience, et en voyant qu'après cent cinquante ans il s'élève encore seul à l'horizon. Nous en sommes, pour la musique, où l'on en était à Paris, pour la littérature, à la fin du siècle de Louis XIV. La constellation des grands hommes vient seulement de se coucher.

Aucun d'eux n'a produit, dans le genre académique, d'ouvrage plus célèbre que la *Création*, qui peut-être ira à la postérité.

Je pense que le *Stabat Mater* et un intermède de Pergolèse, la *Buona Figliuola* et la *Didon* de Piccini, le *Barbier de Séville* et la *Frascatana* de Paisiello, le *Matrimonio segreto* et les *Horaces* de Cimarosa, le *Don Juan* et le *Figaro* de Mozart, le *Miserere* de Jomelli, et quelques autres pièces en petit nombre, lui tiendront fidèle compagnie.

Vous allez voir, mon cher ami, ce que nous admirons à Vienne dans cet ouvrage. Songez bien qu'autant mes idées seraient claires si vous et moi causions à côté d'un piano, autant je crains qu'elles le soient peu, envoyées par la poste de Vienne à Paris, à ce Paris dédaigneux qui croit que ce qu'il n'entend pas sur-le-champ et sans effort ne vaut pas la peine d'être compris ; c'est tout simple : obligés de convenir que celui qui vous écrit est un sot, ou que vous n'avez pas tout l'esprit possible, vous n'hésitez pas.

Haydn, longtemps avant de s'élever

à la *Création*, avait composé (en 1774) un premier oratorio intulé *Tobie*, œuvre médiocre, dont deux ou trois morceaux seulement annoncent le grand maître. Vous savez qu'à Londres Haydn fut frappé de la musique de Hændel : il apprit dans les ouvrages du musicien des Anglais l'art d'être majestueux. Me trouvant un jour à côté de lui chez le prince Schwartzenberg pendant qu'on exécutait le *Messie* de Hændel, comme j'admirais un des chœurs sublimes de cet ouvrage, Haydn me dit tout pensif : « Celui-là est le père de tous. »

Je suis convaincu que s'il n'eût pas étudié Hændel, Haydn n'eût pas fait la *Création* : son génie fut enflammé par celui de ce maître. Tout le monde a reconnu ici que, depuis son retour de Londres, il eut plus de grandiose dans les idées ; enfin, il s'approcha, autant qu'il est donné à un génie humain, de l'inapprochable but de ses chants [1]. Hændel est simple ; ses

---

[1]. En 1791, Haydn assista à sa *Création* exécutée dans l'église de Westminster. Il y entendit pour la première fois un orchestre de 1.067 musiciens :

Violons	250	Hautbois	40
Altos	50	Bassons	40
Violoncelles	50	Cors	12
Contre-basses	27	Trompettes	14
Tambours	8	Trombones	12
Orgue	1	Voix	563

L'effet fut très doux ; on entendait très bien les voix,

accompagnements sont écrits à trois parties seulement ; mais, pour me servir d'une phrase napolitaine adoptée par Gluck, il n'y a pas une note *che non tiri sangue*. Hændel se garde surtout de faire un usage continuel des instruments à vent, dont l'harmonie si suave éclipse même la voix humaine. Cimarosa n'a employé les flûtes que dans les premiers morceaux du *Mariage secret* ; Mozart, au contraire, s'en sert toujours.

On croyait avant Haydn que l'oratorio, inventé en 1530 par saint Philippe Neri, pour réveiller la ferveur dans Rome un peu profane, en attachant les sens par l'intérêt du drame et par une innocente volupté, avait atteint la perfection dans les mains de Marcello, de Hasse et de Hændel, qui en écrivirent un si grand nombre et de si sublimes. La *Destruction de Jérusalem*, de Zingarelli, qu'on vous donne à Paris, et qui vous plaît encore, quoique indignement mutilée, n'est déjà plus un véritable oratorio. Un morceau vraiment pur en ce genre doit présenter, comme ceux des maîtres que je viens de

Chose singulière les sons bas parurent manquer de force. Voir les détails, p. 230 de la traduction.
(*Note de l'erratum de* 1817)

M. D. Muller fait remarquer dans l'excellente édition Champion que la *Création* n'était pas écrite en 1791 et qu'il ne peut s'agir ici que du *Messie* de Haendel. N. D. L E.

citer, le mélange du style grave et *fugué* de la musique d'église et du style clair et expressif de celle de théâtre. Les oratorios de Hændel et de Marcello ont des *fugues* presque à chaque scène ; Weigl en a usé de même dans son superbe oratorio de la *Passion* : les Italiens de nos jours, au contraire, ont rapproché extrêmement l'oratorio de l'opéra. Haydn voulut suivre les premiers ; mais ce génie ardent ne pouvait sentir d'enthousiasme qu'autant qu'il créait.

Haydn était ami du baron de Van Swieten, bibliothécaire de l'empereur, homme très savant, même en musique, et qui composait assez bien : ce baron pensait que la musique, qui sait si bien exprimer les passions, peut aussi peindre les objets physiques, en réveillant dans l'âme des auditeurs les émotions que leur donnent ces objets. Les hommes admirent le soleil ; donc, en peignant le plus haut degré de l'admiration, on leur rappellera l'idée du soleil. Cette manière de conclure peut paraître un peu légère, mais M. de Van Swieten y croyait fermement. Il fit observer à son ami que, quoique l'on rencontrât dans les œuvres des grands maîtres quelques traits épars de ce genre descriptif, cependant ce champ restait tout entier à moissonner. Il lui proposa d'être le Delille de la musique, et l'invitation fut acceptée.

Du vivant de Hændel, Milton avait fait pour ce grand compositeur un oratorio intitulé la *Création du monde*, qui, je ne sais pourquoi, ne fut pas mis en musique. L'Anglais Lydley tira du texte de Milton un second oratorio ; et enfin, lorsque Haydn quitta Londres, le musicien Salomon lui donna ces paroles de Lydley. Haydn les apporta à Vienne, sans trop songer à s'en servir ; mais M. de Van Swieten, pour donner du courage à son ami, non-seulement traduisit en allemand le texte anglais, mais y ajouta des chœurs, des airs, des duos, afin que le talent du maître trouvât plus d'occasions de briller. En 1795, Haydn, déjà âgé de soixante-trois ans, entreprit ce grand ouvrage ; il y travailla deux années entières. Quand on le pressait de finir, il répondait avec tranquillité : « J'y mets beaucoup de temps, parce que je veux qu'il dure beaucoup. »

Au commencement de 1798 l'oratorio fut terminé, et le carême suivant il fut exécuté, pour la première fois, dans les salles du Palais Schwartzenberg, au dépens de la société des dilettanti, qui l'avait demandé à l'auteur.

Qui pourrait vous décrire l'enthousiasme, le plaisir, les applaudissements de cette soirée ? J'y étais, et je puis vous assurer

ne m'être jamais trouvé à pareille fête :
l'élite des gens de lettres et de la société
était réunie dans cette salle, très favorable
à la musique ; Haydn lui-même dirigeait
l'orchestre. Le plus parfait silence, l'attention la plus scrupuleuse, un sentiment
je dirais presque de religion et de respect
dans toute l'assemblée : telles étaient les
dispositions qui régnaient quand partit
enfin le premier coup d'archet. L'attente
ne fut pas trompée. Nous vîmes se dérouler
devant nous une longue suite de beautés
inconnues jusqu'à ce moment : les âmes,
surprises, ivres de plaisir et d'admiration,
éprouvèrent pendant deux heures consécutives ce qu'elles avaient senti bien rarement : une existence heureuse, produite par des désirs toujours plus vifs,
toujours renaissants et toujours satisfaits.

Vous parlez si souvent en France de
M. Delille et du genre descriptif, que je ne
vous demande pas d'excuse pour une digression sur la musique descriptive ; digressions
et genre descriptif se tiennent par la main ;
ce pauvre genre mourrait d'inanition s'il
était privé de tout ce qui n'est pas
lui.

On peut faire une objection plus forte
à la musique descriptive. Quelque mauvais
plaisant peut fort bien lui dire :

Mais, entre nous, je crois que vous n'existez pas.
VOLTAIRE.

Voici les raisons de ceux qui croient à la présence réelle. Tout le monde voit que la musique peut imiter la nature de deux manières : elle a l'imitation physique et l'imitation sentimentale. Vous vous rappelez, dans les *Nozze di Figaro*, le *lintin* et le *dondon* par lesquels Suzanne rappelle si plaisamment le bruit de la sonnette du comte Almaviva, donnant à son mari quelque bonne longue commission, dans le duo

>   Se a caso madama
>   Ti chiama, etc. ;

voilà l'imitation physique. Dans un opéra allemand, un badaud s'endort sur la scène pendant que sa femme, qui est à la fenêtre, chante un duo avec son amant : l'imitation physique du ronflement du mari forme une basse plaisante aux douceurs que l'amant débite à la femme ; voilà encore une imitation exacte de la nature.

Cette imitation directe amuse un instant, et ennuie bien vite : au seizième siècle, des maîtres italiens faisaient de ce genre facile la base de tout un opéra. On a le *Podesta di Coloniola*, où le maestro Melani a mis l'air suivant, pendant lequel tout l'orchestre ne manque pas d'imiter les bêtes qui y sont nommées :

> Talor la granocchiella nel pantano
> Per allegrezza canta : quà, quà, rà ;
> Tribbia il grillo : tri, tri, tri ;
> L'agnellino fa : bè, bè ;
> L'usignuolo : chiù, chiù, chiù ;
> Ed il gal : curi chi chi.

Les savants vous diront qu'un peu plus anciennement Aristophane avait employé sur le théâtre ce genre d'imitation. Pour Haydn, il en a usé très sobrement dans la *Création* et dans les *Quatre Saisons* : il rend, par exemple, divinement bien le roucoulement des colombes ; mais il résista courageusement au baron descriptif, qui voulait aussi entendre le cri des grenouilles.

En musique, la meilleure des imitations physiques est peut-être celle qui ne fait qu'indiquer l'objet dont il est question, qui nous le montre à travers un nuage, qui se garde bien de nous rendre avec une exactitude scrupuleuse la nature telle qu'elle est : cette espèce d'imitation est ce qu'il y a de mieux dans le genre descriptif. Gluck en fournit un exemple agréable dans l'air du *Pèlerin de la Mecque*, qui rappelle le murmure d'un ruisseau ; Hændel a imité le bruit tranquille de la neige, dont les flocons tombent doucement sur la terre muette ; et Marcello a surpassé tous ses rivaux dans sa cantate de *Calisto changée en ourse* : au moment où Junon a transformé en bête cruelle cette amante infortunée, l'auditeur frissonne à la férocité des accompagnements sauvages qui peignent les cris de l'ourse en fureur.

C'est ce genre d'imitation que Haydn a perfectionné. Vous savez, mon ami, que tous les arts sont fondés sur un certain degré de fausseté ; principe obscur malgré son apparente clarté, mais duquel découlent les plus grandes vérités : c'est ainsi que, d'une grotte sombre, sort le fleuve qui doit arroser d'immenses provinces. Nous en parlerons un jour plus au long.

Vous avez bien plus de plaisir devant une belle vue du jardin des Tuileries qu'à regarder ce même jardin fidèlement répété dans une des glaces du château ; cependant le spectacle fourni par la glace a bien d'autres couleurs que le tableau, fût-il de Claude Lorrain : les personnages y ont du mouvement, tout y est plus fidèle ; mais vous préférez obstinément le tableau. L'artiste habile ne s'éloigne jamais du degré de fausseté qui est permis à l'art qu'il cultive ; il sait bien que ce n'est pas en imitant la nature jusqu'au point de produire l'illusion que les arts plaisent : il fait une différence entre ces barbouillages parfaits, nommés des trompe-l'œil, et la *Sainte Cécile* de Raphaël.

Il faut que l'imitation produise l'effet qui serait occasionné par l'objet imité, s'il nous frappait dans ces moments heureux de sensibilité et de bonheur qui donnent naissance aux passions.

Voilà pour l'imitation physique de la nature par la musique.

L'autre imitation, que nous appellerons *sentimentale*, si ce nom n'est pas trop ridicule à vos yeux, ne retrace pas les choses, mais les sentiments qu'elles inspirent. L'air :

> Deh ! signor !

de Paolino dans le *Mariage secret*, ne peint pas précisément le malheur de se voir enlever sa maîtresse par un grand seigneur, mais il peint une tristesse profonde et tendre. Les paroles particularisent cette tendresse, dessinent les contours du tableau, et la réunion des paroles et de la musique, à jamais inséparables dans nos cœurs dès que nous les avons entendues une fois, forme la peinture la plus vive qu'il ait été donné à l'homme passionné de tracer de ses sentiments.

Cette musique, ainsi que les morceaux

passionnés de la *Nouvelle Héloise*, ainsi que les *Lettres d'une religieuse portugaise*, peut paraître ennuyeuse à beaucoup de gens ;

On peut être honnête homme,

et ne pas la goûter ; on peut avoir cette petite incommodité, et être d'ailleurs un homme très-remarquable. M. Pitt, je le parierais, n'avait pas une haute estime pour l'air

Fra mille perigli,

chanté par madame Barilli dans les *Nemici generosi* ; et cependant, si j'ai jamais un royaume à gouverner, M. Pitt peut être sûr du ministère des finances.

Voulez-vous me passer une comparaison bien ridicule ? me promettez-vous bien sérieusement de ne pas rire ? C'est une idée allemande que je vais vous présenter. Je lis dans *Ottilie ou les Affinités électives* de Gœthe :

FRAGMENT D'UNE LETTRE D'OTTILIE.

« Le soir j'allai au spectacle avec le capitaine : l'opéra commençait plus tard que dans notre petite ville, et nous ne pouvions parler sans être entendus. Nous

nous mîmes insensiblement à examiner les figures qui étaient autour de nous ; j'aurai bien voulu pouvoir travailler : je demandai mon sac au capitaine, il me le donna, mais me conjura à voix basse de ne pas prendre mon filet. Je vous assure, me dit-il, que travailler dans une loge paraîtra ridicule à Munich ; cela est bon à Lambach. Je tenais déjà ma bourse d'une main, et de l'autre la petite bobine garnie de fil d'or ; j'allais travailler : — Tenez, je m'en vais vous faire une histoire sur les bobines garnies de fil d'or, me dit le capitaine alarmé. — Est-ce un conte de fée ? — Non pas, malheureusement.

« C'est que je comparais, malgré moi, la sensibilité de chacun des spectateurs qui nous entourent à votre petite bobine recouverte de fil d'or : la bobine qui est dans l'âme de chacune des personnes qui ont pris un billet, est plus ou moins garnie de fil d'or : il faut que l'enchanteur Mozart accroche, par ses sons magiques, le bout de ce fil ; alors le possesseur de la bobine commence à sentir : il sent pendant que se dévide le fil d'or qui est sur sa bobine ; mais aussi il n'a le sentiment que le compositeur veut mettre en lui qu'autant de temps que dure ce fil précieux : dès que le musicien peint un degré d'émotion que le spectateur n'a jamais éprouvé, crac !

il n'y a plus de fil d'or sur la bobine, et ce spectateur-là s'ennuiera bientôt. Ce sont les souvenirs d'une âme passionnée qui garnissent plus ou moins la bobine. A quoi tout le talent de Mozart lui sert-il, s'il a affaire à des bobines qui ne soient pas garnies ?

« Menez Turcaret au *Matrimonio segreto* quoiqu'il y ait beaucoup d'or sur son habit, il n'y a guère de fil d'or sur la petite bobine à laquelle nous comparons son âme ; ce fil sera bientôt épuisé, et Turcaret s'ennuiera des gémissements de Carolina : c'est tout simple. Que trouverait-il dans ses souvenirs ? quelles sont les émotions les plus vives qu'il ait senties ? Le chagrin de se trouver compris pour une grosse somme dans quelque banqueroute ; le malheur de voir le beau vernis de sa berline écorché indignement par une charrette de roulier : c'est à la peinture de tels malheurs qu'il serait sensible ; du reste, il a bien dîné, il est tout joyeux il lui faut des contredanses : sa pauvre femme, au contraire, qui est à côté de lui, et qui a perdu un amant adoré dans la dernière campagne, arrive au spectacle sans plaisir ; elle cède à un devoir de convenance ; elle est pâle, son œil ne se fixe sur rien avec intérêt : elle n'en prend pas d'abord un fort grand à la situation de Carolina.

« La fille de Geronimo a son amant auprès d'elle ; il vit, comment saurait-elle être malheureuse ? La musique devient presque importune à cette âme souffrante qui voudrait ne pas sentir. Le magicien a beaucoup de peine à accrocher le petit fil d'or ; mais enfin elle est attentive, son œil se fixe et devient humide. Le profond malheur exprimé par l'air

> Deh ! signor !

commence à l'attendrir ; bientôt ses larmes couleront : elle est embarrassée pour les cacher à son gros mari, qui est sur le point de s'endormir, et qui trouverait cet attendrissement bien bête. Le compositeur mènera cette pauvre âme souffrante où il voudra : il lui coûtera bien des larmes ; le fil d'or ne finira pas de longtemps. Voyez ces personnes qui vous entourent ; voyez-vous dans leurs yeux... Le spectacle commença. »

Lorsque la musique réussit à peindre les images, le silence d'une belle nuit d'été, par exemple, on dit qu'elle est pittoresque. Le plus bel ouvrage de ce genre est la *Création* de Haydn, comme *Don Juan* ou le *Matrimonio* sont les plus beaux exemples de la musique expressive.

La *Création* commence par une ouverture qui représente le chaos. L'oreille est frappée d'un bruit sourd et indécis, de sons comme inarticulés, de notes privées de toute mélodie sensible ; vous apercevez ensuite quelques fragments de motifs agréables, mais non encore bien formés, et toujours privés de cadence ; viennent après des images à demi ébauchées, les unes graves, les autres tendres : tout est mêlé ; l'*agréable* et le *fort* se succèdent au hasard ; le grand touche au très petit, l'austère et le riant se confondent. La réunion la plus singulière de toutes les figures de la musique, de trilles, de volates, de *mordenti*, de syncopes, de dissonances, peignent, dit-on, fort bien le chaos.

C'est mon esprit qui m'apprend cela : j'admire le talent de l'artiste ; je reconnais bien dans son œuvre tout ce que je viens de dire ; je conviens aussi que peut-être on ne pouvait faire mieux; mais je demanderais toujours au baron Van Swieten qui eut l'idée de cette symphonie : « Le chaos peut-il se peindre en musique ? Quelqu'un qui n'aurait pas le mot reconnaîtrait-il là le chaos ? » J'avouerai une chose avec candeur, c'est que dans un ballet que Vigano a fait jouer à Milan, et où il a montré Prométhée donnant une âme à des êtres humains non encore élevés au-dessus de la brute, cette musique du chaos avec le commentaire des pas de trois charmantes danseuses exprimant, avec un naturel divin, les premières lueurs du sentiment dans l'âme de la beauté ; j'avouerai, dis-je, que ce commentaire a dévoilé à mes yeux le mérite de cette symphonie ; je la comprends aujourd'hui, et elle me fait beaucoup de plaisir. La musique de tout le reste du *Prométhée* me parut, à côté de celle-ci, insignifiante et ennuyeuse.

Avant d'avoir vu le ballet de Vigano, qui fit courir toute l'Italie, je me disais que, dans la symphonie du chaos, les *thèmes* n'étant pas résolus, il n'y a pas de chant, par conséquent pas de plaisir pour l'oreille, par conséquent pas de musique. C'est comme si l'on demandait à la peinture de représenter une nuit parfaite, une privation totale de lumière. Une grande toile carrée, du plus beau noir, entourée d'un cadre, serait-elle un tableau ?

La musique reparaît avec tous ses charmes dans l'*Oratorio* de Haydn quand les anges se mettent à raconter le grand ouvrage de la création. Arrive bientôt ce passage qui peint Dieu créant la lumière :

Dieu dit un seul mot, et la lumière fut.

Il faut avouer que rien n'est d'un plus grand effet. Avant ce mot du Créateur, le musicien diminue peu à peu les accords, introduit l'unisson et le piano toujours plus adouci à mesure qu'approche la cadence suspendue, et fait enfin éclater cette cadence de la manière la plus sonore à ces mots :

Voilà le jour.

Cet éclat de tout l'orchestre dans le ton résonnant de C *sol fa ut*, accompagné de toute l'harmonie possible, et préparé par cet évanouissement progressif des sons, produisit vraiment à nos yeux, à la première représentation, l'effet de mille flambeaux portant tout à coup la lumière dans une caverne sombre.

Les anges fidèles décrivent ensuite, dans un morceau *fugué*, la rage de Satan et de ses complices, précipités dans un abîme de douleurs, et par la main de celui qu'ils détestent. Ici Milton a un rival. Haydn répand à profusion tout le disgracieux du genre *enharmonique*, l'horreur des dissonances, le jeu des modulations étranges et des accords de septième diminuée. L'âpreté des paroles tudesques ajoute encore à l'horreur de ce chœur. On frissonne, mais la musique se met à décrire les beautés de la terre nouvellement créée, la fraîcheur céleste de la première verdure qui para le monde, et l'âme est enfin soulagée. Le chant que Haydn choisit pour décrire les bosquets du jardin d'Éden pourrait être, il est vrai, un peu moins commun. Il fallait là un peu de la céleste mélodie de l'école italienne. Mais cependant, dans la réplique, Haydn le renforce avec tant d'art, l'harmonie qui l'accompagne est alors si noble, qu'il faut avoir dans l'oreille les chants de Sacchini pour sentir ce qui peut manquer à celui-ci.

Une tempête vient troubler le séjour délicieux d'Adam et de sa compagne : vous entendez mugir les vents ; la foudre déchire l'oreille, et retentit ensuite au loin par des sons prolongés ; la grêle frappe les feuilles en sautillant ; enfin la neige, tranquille et lente, tombe à gros flocons sur le terrain muet.

Des flots de l'harmonie la plus brillante et la plus majestueuse entourent ces peintures. Les chants de l'archange Gabriel, qui est le coryphée, déploient surtout au milieu des chœurs une énergie et une beauté rares.

Un air est consacré à la peinture des effets des eaux, depuis les grandes vagues mugissantes d'une mer agitée jusqu'au petit ruisseau qui murmure doucement au fond de sa vallée. Le petit ruisseau est rendu avec un bonheur rare ; mais je n'en avoue pas moins qu'un air consacré à peindre les *effets des eaux* est quelque chose de bien bizarre, et qui ne promet pas de grands plaisirs.

Qu'on demande au Corrége le tableau d'une nuit complète, ou d'un ciel inondé de lumière en tout sens ; le sujet est absurde, mais comme il est le Corrége, il y fera encore entrer, malgré cette absurdité, mille petits moyens accessoires de plaire, et son ouvrage sera agréable.

On distingue encore dans la *Création* quelques points brillants ; par exemple, un air que Haydn aimait beaucoup, et qu'il avait refait trois fois ; il doit peindre la terre se couvrant d'arbres, de fleurs, de plantes de toute espèce, de baumes odorants. Il fallait un air tendre, gai, simple ; et j'avoue que j'ai toujours trouvé dans cet air chéri de Haydn plus d'affectation que d'ingénuité et de grâce.

Cet air est suivi d'une fugue brillante dans laquelle les anges louent le Créateur, et où Haydn reprend tous ses avantages. La répétition du chant, qui est l'essence de la *fugue*, a l'avantage de peindre ici l'empressement des anges que l'amour porte à chanter, tous en même temps, leur divin Créateur.

Vous passez au lever du soleil, qui, pour la première fois, paraît dans toute la pompe du plus beau spectacle qu'il ait été donné à l'œil humain de contempler.

Il est suivi du lever de la lune, qui s'avance sans bruit au milieu des nuages, et vient éclairer les nuits de sa lumière argentine. On voit qu'il faut sauter une journée entière, sans cela le lever du soleil ne peut pas être suivi du lever de la lune ; mais nous sommes dans un poëme descriptif, une transition sauve tout. La première partie finit par un chœur d'anges.

On trouve un charmant artifice d'harmonie dans la *stretta* du finale de cette première partie de la *Création*. Arrivé à la cadence, Haydn n'arrête pas l'orchestre comme cela lui arrive quelquefois dans ses symphonies ; mais il se jette dans des modulations montant de semi-ton en semi-ton. Les transitions sont renforcées par des accords sonores qui, à chaque mesure, semblent annoncer cette cadence si désirée par l'oreille, et toujours retardée par quelque modulation plus inattendue et plus belle. L'étonnement s'accroît avec l'impatience ; et quand elle arrive enfin, cette cadence, elle est saluée par un applaudissement général.

La seconde partie s'ouvre par un air majestueux dans le commencement, gai ensuite, et tendre sur la fin, qui décrit la création des oiseaux. Les caractères différents de cet air indiquent bien l'aigle audacieux, qui, à peine créé, semble quitter la terre et s'élancer vers le soleil ; la gaieté de l'alouette :

> C'est toi, jeune alouette, habitante des airs !
> Tu meurs en préludant à tes tendres concerts.

les colombes amoureuses, et enfin le plaintif rossignol. Les accents du chantre des nuits sont imités avec toute la fraîcheur possible.

Un beau trio est relatif à l'effet que l'immense baleine produit en agitant les flots que sa masse énorme sépare. Un récitatif très-bien fait nous montre le coursier généreux qui hennit fièrement au milieu des immenses prairies ; le tigre agile et féroce qui parcourt rapidement les forêts et glisse entre les arbres ; le fier lion rugit au loin, tandis que les douces brebis, ignorant le danger, paissent tranquillement.

Un air plein de dignité et d'énergie nous annonce la création de l'homme. Le mouvement d'harmonie qui répond à ces paroles :

> Voilà l'homme, ce roi de la nature.

a été bien servi par la langue allemande. Cette langue permet une figure augmentive, ridicule en français, et en allemand pleine de majesté. Le texte, traduit littéralement, dit : « Voilà l'homme, le *viril*, le roi de la nature. » L'épithète du mot *homme* éloigne toute idée basse et vulgaire pour concentrer notre attention sur les attributs les plus nobles et les plus majestueux de l'être heureux et grand que Dieu vient de créer.

La musique de Haydn s'élève avec une énergie croissante sur chacune de ces premières paroles, et fait une superbe cadence sur *roi de la nature*. Il est impossible de n'être pas saisi.

La seconde partie de cet air peint la création de la charmante Ève, de cette belle créature qui, en naissant, est tout amour. Cette fin de l'air donne une idée du bonheur d'Adam. C'est, du consentement de tout le monde, le morceau le plus beau de la *Création* ; et j'ajoute, d'après mes idées, c'est parce que Haydn est rentré dans le domaine des passions, et qu'il a eu à peindre un des plus grands bonheurs que le cœur de l'homme ait jamais senti.

Le troisième morceau de la *Création* est le plus court. C'est une belle traduction de la partie agréable du poëme de

Milton. Haydn peint les transports du premier et du plus innocent des amours, les tendres conversations des premiers époux, et leur reconnaissance pure et exempte de crainte envers le prodige de bonté qui les créa, et qui semble avoir créé pour eux toute la nature. La joie la plus enflammée respire dans chaque mesure de *l'allegro*. On trouve aussi, dans cette partie, de la dévotion ordinaire mêlée de terreur.

Enfin un chœur en partie *fugué* et en partie idéal termine cette étonnante production avec le même feu et la même majesté qu'elle avait commencé.

Haydn eut un bonheur rare qui lui permit de faire de la musique vocale. Il pouvait disposer, pour la partie de soprano, d'une des plus belles voix de femme qui existât peut-être alors, celle de mademoiselle Gherard.

Cette musique doit être exécutée avec simplicité, exactitude, expression [1]. Le moindre ornement changerait absolument le caractère du style. Il faut nécessairement un Crivelli ; les grâces de Tachinardi y seraient déplacées.

---

1. Avec *portamento*, diraient les Italiens.

LETTRE XIX

Salzbourg, le 2 juin 1809;

Mon ami,

JE rentre en scène. La *Création* eut un succès rapide : toutes les feuilles de l'Allemagne rendirent compte de l'effet étonnant qu'elle avait produit à Vienne ; et la partition, qui parut imprimée peu de semaines après, permit aux amateurs de toute l'Europe de la juger. Le rapide débit de cette partition augmenta de quelques centaines de louis la médiocre fortune de l'auteur. Le libraire avait mis sous la musique des paroles allemandes et anglaises ; elles furent traduites en suédois, en français, en espagnol, en bohême et en italien. La traduction française est pompeusement plate, ainsi qu'on peut en juger au Conservatoire de la rue Bergère ; mais cependant l'auteur est innocent du peu d'effet que la *Création* produisit la première fois qu'elle se montra à Paris. Quelques minutes avant qu'on la commençât à l'Opéra, la machine infernale du 3 nivôse éclata dans la rue Saint-Nicaise.

Il y a deux traductions italiennes : la première, qui est ridicule, a été imprimée sous la partition de Paris ; la seconde fut dirigée par Haydn et par le baron de Van Swieten : comme c'est la meilleure, elle n'a été imprimée que sous la petite partition pour le piano, publiée chez Artaria. L'auteur, M. Carpani, est homme d'esprit, et de plus excellent connaisseur en musique. Cette traduction fut exécutée sous la direction de Haydn et de Carpani, chez un de ces hommes rares qui manquent à la splendeur de la France, chez M. le prince Lobkowitz, qui consacre une grande existence et une immense fortune à jouir des arts et à les protéger.

Remarquez que cette musique, qui est toute harmonie, ne peut être jugée qu'autant que cette harmonie est complète. Une douzaine de chanteurs et d'instruments réunis autour d'un piano, si bons qu'on veuille les supposer, n'en donneraient qu'une idée imparfaite, tandis qu'une belle voix et un accompagnateur médiocre peuvent faire jouir du *Stabat* de Pergolèse. Il faut à cet ouvrage de Haydn vingt-quatre chanteurs, et soixante instruments au moins. La France, l'Italie, l'Angleterre, la Hollande, la Russie, l'ont entendu ainsi exécuté.

On critique dans la *Création* deux choses, la partie chantante, et le style général de l'ouvrage. Les chants sont certainement au-dessus du médiocre ; mais je pense, avec les critiques, que cinq ou six airs de Sacchini, jetés au milieu de cette masse d'harmonie, y eussent porté une grâce céleste, une noblesse et une facilité qu'on y chercherait en vain. Porpora ou Zingarelli eussent peut-être mieux fait les récitatifs.

J'avouerai aussi qu'un Marchesi, un Pacchiarotti, un Tenducci, un Aprile, seraient au désespoir d'avoir à exécuter une telle musique, où souvent la partie chantante s'arrête pour donner lieu aux instruments d'expliquer la pensée. Dès le commencement, par exemple, à la première partie du premier air du ténor, il est obligé de s'arrêter après ces mots :

 Cessò il disordine.

pour laisser parler les instruments.

A cela près, Haydn peut être justifié ; Je dirai hardiment à ses critiques : « En quoi consiste la beauté du chant ? » Ils me répondront, s'ils sont vrais, qu'en musique comme en amour, ce qui est beau, c'est ce qui plaît. La *Rotonde* de Capri, l'*Apollon* du Belvédère, la *Madonna alla Seggiola*, la *Nuit* du Corrége, seront le vrai beau partout où l'homme ne sera pas sauvage. Tandis qu'au contraire les ouvrages de Carissimi, de Pergolèse, de Durante, je ne dis pas dans les froides régions du Nord, mais dans le beau pays même qui les inspira, sont encore vantés par tradition, mais ne produisent plus le même plaisir qu'autrefois. On en parle toujours ; mais je vois préférer partout un *rondo* d'Andreossi, une scène de Mayer, ou quelque ouvrage de compositeurs moins célèbres. Je suis tout étonné de cette révolution, qu'à la vérité je n'éprouve pas dans ma manière de sentir, mais que j'ai vue bien réelle en Italie. Au reste, c'est un sentiment bien naturel que de trouver beau ce qui plaît. Quel amant sincère n'a pu dire à sa maîtresse :

> Ma spesso ingiusto al vero,
> Condanno ogni altro aspetto ;
> Tutto mi par diffetto
> Fuor che la tua beltà.
>
> Mét.

Peut-être les mêmes choses sont-elles toujours belles dans les arts du dessin, parce que dans ces arts le plaisir intellectuel l'emporte de beaucoup sur le plaisir physique. La raison a eu plus de prise ; et tout homme sensible sait, par exemple, que les figures du Guide sont plus belles que celles de Raphaël, qui, à leur tour, ont plus d'expression. Dans la musique, au contraire, où les deux tiers au moins du plaisir sont physiques, ce sont les sens qui décident. Or les sens ont du plaisir ou de la peine dans un moment donné, mais ne comparent point. Tout homme sensible peut voir dans ses souvenirs que les moments les plus vifs de plaisir ou de peine ne laissent pas de souvenirs distincts.

Mortimer revenait tremblant d'un long voyage, il adorait Jenny ; elle n'avait pas répondu à ses lettres. En arrivant à Londres, il monte à cheval, et va la chercher à sa maison de campagne. Il arrive. Elle se promenait dans le parc. Il y court, le cœur palpitant ; il la rencontre, elle lui tend la main, le reçoit avec trouble ; il voit qu'il est aimé. En parcourant avec elle les allées du parc, la robe de Jenny s'embarrassa dans un buisson d'acacia épineux. Dans la suite, Mortimer fut heureux ; mais Jenny fut infidèle. Vingt fois je lui ai soutenu que Jenny ne l'avait pas aimé, toujours il m'a cité en preuve de son amour la manière dont elle le reçut à son retour du continent ; mais jamais il n'a pu me donner le moindre détail ;

seulement il tressaille dès qu'il voit un buisson d'acacia : c'est réellement le seul souvenir distinct qu'il ait conservé du moment le plus délicieux de sa vie.

Le plaisir augmente les sept ou huit premières fois que vous entendez le duo

>   Piaceri dell'anima,
>   Contenti soavi!
>   CIMAROSA, *Nemici generosi*

Mais une fois que vous l'aurez bien compris, l'agrément diminuera à chaque répétition. Si, en musique, le plaisir est le seul thermomètre du beau, ce duo deviendra moins admirable à mesure que vous l'entendrez davantage. Quand vous l'aurez entendu trente fois, que l'actrice y substitue le duo

>   Cara, cara!

du *Matrimonio*, que vous ne connaîtriez pas, celui-ci vous fera beaucoup plus de plaisir, parce qu'il sera nouveau pour vous. Si l'on vous demandait ensuite lequel est le plus beau de ces deux duos, et que vous voulussiez répondre d'après votre cœur, je pense que vous seriez fort en peine.

Je suppose que vous ayez un appartement dans le palais de Fontainebleau, et que dans une des salles de cet appartement se trouve la *Sainte Cécile* de Raphaël[1]. Ce tableau rentre au Musée, on le remplace par l'*Enlèvement d'Hélène*[2] du Guide. Vous admirez les charmantes figures d'Hermione et d'Hélène ; mais cependant, si l'on vous demande quel est le plus beau de ces deux ouvrages, l'expression sublime de sainte Cécile ravie par la musique céleste, et laissant tomber les instruments dont elle jouait, cette expression vous décide en sa faveur, et vous lui donnez la palme. Or pourquoi cette expression est-elle sublime ? Par trois ou quatre raisons que je vous vois prêt à me dire. Mais c'est le raisonnement, et un raisonnement facile à écrire, qui vous fait voir que ces trois ou quatre raisons sont bonnes ; tandis qu'il me semble impossible d'écrire quatre lignes, à moins que ce ne soit de la prose poétique qui ne compte pas, pour prouver que le duo *Piaceri dell' anima* vaut moins ou plus que le duo *Cara ! cara !* ou que le duo

Crudel ! perche finora ?
Mozart, *Figaro*.

1. N° 1139.
2. N° 1008.

On ne peut pas sentir dans le même moment l'effet de deux mélodies, et le plaisir qu'elles peuvent donner ne laisse pas assez de traces dans la mémoire pour qu'on puisse les juger de loin.

Je ne vois qu'une exception. Un homme entend l'air

Fanciulla sventurata
Nemici generosi.

A Venise, au théâtre de la Fenice, il est à côté d'une femme qu'il aime éperdument, mais qui ne répond pas à sa passion. Dans la suite, revenu en France, il entend de nouveau cet air charmant : il tressaille ; le plaisir pour lui est à jamais attaché à ces sons si doux ; mais cet air, dans ce cas, est le buisson d'acacia épineux de Mortimer.

Les ouvrages des grands artistes, une fois qu'ils atteignent à un certain degré de perfection, ont des droits égaux à notre admiration ; et la préférence que nous accordons tantôt à l'un, tantôt à l'autre, dépend absolument de notre tempérament ou la disposition où nous nous trouvons. Un jour c'est le Dominiquin qui me plaît, et que je préfère au Guide ; le lendemain, la céleste beauté des têtes de celui-ci l'emporte, et j'aime mieux l'*Aurore* du palais Rospigliosi que la *Communion de saint Jérôme*.

J'ai souvent entendu dire, en Italie, qu'en musique une grande partie du beau consistait dans la nouveauté. Je ne parle pas du mécanisme de cet art. Le contre-point tient aux mathématiques ; un sot, avec de la patience, y devient un savant respectable. Dans ce genre, il y a, non pas un *beau*, mais un *régulier* susceptible de démonstration. Quant à la partie du génie, à la mélodie, elle n'a pas de règles. Aucun art n'est aussi privé de préceptes pour produire le beau. Tant mieux pour lui et pour nous.

Le génie a marché, mais les pauvres critiques n'ont pu tenir note du chemin suivi par les premiers génies, et signifier aux grands hommes venus depuis qu'ils eussent à ne s'en pas écarter. Cimarosa, faisant exécuter, à Prague, son air

Pria che spunti in ciel l'aurora,

n'a pas entendu des pédants lui dire :

« Votre air est beau, parce que vous avez suivi telle règle établie par Pergolèse dans tel de ses airs ; mais il serait encore plus beau si vous vous étiez conformé à telle autre règle dont Galuppi ne s'écartait jamais. » Est-ce que les peintres contemporains du Dominiquin ne lui avaient pas presque persuadé que son *Martyre de saint André*, à Rome, n'était pas beau ?

Je pourrais vous ennuyer ici des prétendues règles trouvées pour faire de beaux chants ; mais je suis généreux, et résiste à la tentation de vous rendre l'ennui qu'elles m'ont donné à les entendre.

Plus il y a de chant et de musique, plus elle est sujette à l'instabilité des choses humaines ; plus il y a d'harmonie, et plus sa fortune est assurée. Les graves chants d'église contemporains de la divine *Servante Maîtresse* de Pergolèse ne se sont pas usés avec la même rapidité.

Au reste, je parle peut-être de tout ceci au hasard ; car je vous avoue que cette *Servante Maîtresse*, mais chantée en Italie, me fait plus de plaisir et surtout un plaisir plus intime, que tous les opéras du très moderne Paër, pris ensemble.

S'il est vrai que nous ayons reconnu la partie d'un morceau de musique que le temps use le plus vite, Haydn peut espérer une plus longue vie qu'aucun autre compositeur. Il a mis du génie dans l'harmonie, c'est-à-dire dans la partie durable.

Je vais citer le *Spectateur*, c'est-à-dire des gens très raisonnables :

« La récitation musicale dans toutes les langues devrait être aussi différente que leur accent naturel, puisque, à moins de cela, ce qui exprimerait bien une passion dans une langue l'exprimerait fort mal dans une autre... Tous ceux qui ont fait quelque séjour en Italie savent très bien que la cadence que les Italiens observent dans le récitatif de leurs pièces... n'est que l'accent de leur langue rendu plus musical et plus sonore... C'est ainsi que les marques d'interrogation ou d'admiration de la musique italienne... ont quelque rapport avec les tons naturels d'une voix anglaise, quand nous sommes en colère ; jusque-là que j'ai vu souvent nos auditeurs fort trompés à l'égard de ce qui se passait sur le théâtre, et s'attendre à voir le héros casser la tête à son domestique lorqu'il lui faisait une simple question, ou s'imaginer qu'il se querellait avec son ami lorsqu'il lui souhaitait le bon jour.» (*Spectateur*, Disc. XXIII, p. 170.)

La musique, qui met en jeu l'imagination de chaque homme, tient plus intimement que la peinture, par exemple, à l'organisation particulière de cet homme-là. Si elle le rend heureux, c'est en faisant que son imagination lui présente certaines images agréables. Son cœur, disposé à l'attendrissement par le bonheur actuel que lui donne la douceur des sons, goûte ces images, jouit de la félicité qu'elles lui présentent avec une ardeur qu'il n'aurait pas dans un tout autre moment. Or il est évident que ces images doivent être différentes, suivant les diverses imaginations qui les produisent. Quoi de plus opposé qu'un gros Allemand, bien nourri, bien blond, bien frais, buvant de la bière, et mangeant des *butterbrod* toute la journée, et un Italien mince, presque maigre, très brun, l'œil plein de feu, le teint jaune, vivant de café et de quelques petits repas très sobres ! Comment diable veut-on que la même chose plaise à des êtres si dissemblables et parlant des langues si immensément éloignées l'une de l'autre ? Le même beau ne peut pas exister pour ces deux êtres. Si les rhéteurs veulent absolument leur donner un beau idéal commun, le plaisir produit par les choses que ces deux êtres admirent également sera nécessairement très faible. Ils admireront tous les deux les jeux funèbres du cinquième livre de l'*Enéide* ; mais dès que vous voudrez les émouvoir fortement, il faudra leur présenter des images précisément analogues à leurs natures si différentes. Comment voulez-vous faire sentir à un pauvre petit écolier prussien de Kœnigsberg, qui a froid onze mois de l'année, les églogues de Virgile, et la douceur de se trouver à l'ombre, à côté d'une source jaillissante, au fond d'une grotte bien fraîche ?

> Viridi projectus in antro.

Si vous vouliez lui offrir une image agréable, il eût mieux valu parler d'une belle chambre bien échauffée par un bon poêle.

On peut appliquer cet exemple à tous les beaux-arts. Pour un honnête Flamand qui n'a jamais étudié le dessin, les formes des femmes de Rubens sont les plus belles du monde. Ne nous moquons pas trop de lui, nous qui admirons par-dessus tout des formes infiniment sveltes, et qui trouvons les figures de femmes de Raphaël un peu massives [1]. Si on y regardait de près, chaque homme, et par conséquent chaque peuple, aurait son beau idéal, qui serait la collection de tout ce qui lui plaît le plus dans les choses d'une même nature.

Le beau idéal des Parisiens est ce qui plaît le plus à la majorité des Parisiens. En musique, par exemple, M. Garat leur fait cent fois plus de plaisir que madame

---

1. Voir chez tous les marchands d'estampes une figure de femme tirée de l'œuvre de Raphaël gravée par *** et *Adam et Eve*, sujet pris des loges du Vatican, gravé par Muller en 1813.

Catalani. Je ne sais pourquoi tous, peut-être, ne voudraient pas avouer cette manière de sentir. Dans les beaux arts, chose si indifférente au salut de l'État, quel mal peut faire cette pauvre liberté ?

Il ne faut qu'avoir des yeux pour s'apercevoir vingt fois la journée que la nation française a changé de manière d'être depuis trente ans. Rien de moins ressemblant à ce que nous étions en 1780, qu'un jeune Français de 1814. Nous étions sémillants, et ces messieurs sont presque Anglais. Il y a plus de gravité, plus de raison, moins d'agrément. La jeunesse, qui sera toute la nation dans vingt ans d'ici, ayant changé, il faut que nos pauvres rhéteurs déraisonnent encore plus qu'à l'ordinaire pour vouloir que les beaux-arts restent les mêmes.

« Pour moi, je l'avouerai, me disait un jeune colonel, il me semble, depuis la campagne de Moscou, qu'*Iphigénie en Aulide* n'est plus une aussi belle tragédie. Je trouve cet Achille un peu dupe et un peu faible. Je me sens du penchant, au contraire, pour le *Macbeth* de Shakspeare. »

Mais je divague un peu : on voit bien que je ne suis pas un jeune Français de 1814. Revenons à la question de savoir si, en musique, le beau idéal du Danois peut être le même que celui du Napolitain.

Le rossignol plaît à tous les peuples ; c'est que son chant entendu pendant les nuits des beaux jours de la fin du printemps, qui partout sont l'instant le plus aimable de l'année, est une chose agréable, signe d'une chose charmante. J'ai beau être un homme du Nord, le chant du rossignol me rappelle toujours les courses que l'on fait pour rentrer chez soi, à Rome, après les *conversazioni*, vers les deux heures du matin, durant les belles nuits d'été. On est assourdi, en passant dans ces rues solitaires, par les sons scintillants des rossignols qu'on élève dans chaque maison. Ce chant rappelle d'autant plus vivement les beaux jours de l'année, que ne pouvant pas entendre le rossignol à volonté, nous n'usons pas ce plaisir en nous le donnant à contre-temps, quand nous ne sommes pas disposés à le goûter.

Haydn écrivait sa *Création* sur un texte allemand, qui ne peut recevoir la mélodie italienne. Comment aurait-il pu, même en le voulant, chanter comme Sacchini ? Ensuite, né en Allemagne, connaissant son âme et les âmes de ses compatriotes, c'est apparemment à eux qu'il voulait plaire d'abord. On peut critiquer un homme quand on voit qu'il manque la route qui conduit au but qu'il se propose d'atteindre ;

mais est-il raisonnable de lui chercher querelle sur le choix de ce but ?

Au reste, un grand maître italien a produit la seule critique digne de lui et digne de Haydn. Il a refait d'un bout à l'autre toute la musique de la *Création*, qui ne verra le jour qu'après sa mort. Ce maître pense que Haydn est homme de génie dans le genre de la symphonie. Dans tout le reste, il ne le trouve qu'estimable. Moi je pense que, quand les deux *Créations* verront le jour ensemble, l'allemande sera toujours la première à Vienne, comme l'italienne sera la meilleure à Naples.

FRAGMENT

DE LA RÉPONSE A LA LETTRE PRÉCÉDENTE

Montmorency, le 29 juin 1809.

JE suis charmé de votre lettre, mon cher Edouard ; nous avons les mêmes idées en d'autres termes. Ne vous affligez point. Je trouve que ce n'est pas la faute de vos grands compositeurs, si leurs charmantes mélodies ne sont pas également agréables à tous les hommes. La raison de cela est dans la nature même du bel art qui les immortalise. Sous le rapport de la manière de plaire aux hommes, la sculpture et la musique sont aussi opposées que possible.

Remarquez que c'est toujours de la sculpture que viennent les exemples du beau idéal. Or la sculpture a un beau idéal général, parce que la différence des formes du corps humain dans les divers pays est beaucoup moins grande que celle des tempéraments donnés par les climats. Un beau jeune paysan des environs de Copenhague, et un jeune Napolitain également renommé pour sa beauté, diffèrent moins par leurs formes que par leurs passions et leurs caractères. Il est donc plus aisé d'établir un beau idéal universel pour l'art qui reproduit ces formes extérieures que pour ceux qui mettent en jeu les diverses affections d'âmes aussi différentes.

Outre la beauté absolue des figures, on attache beaucoup de prix, dans les arts du dessin, à leur expression. Mais ces arts n'imitent point d'aussi près que la poésie la nature morale de l'homme, et par conséquent ne sont pas sujets à déplaire au Danois parce qu'ils plaisent trop au Napolitain. Dans mille actions de la vie, très-susceptibles d'être reproduites exactement dans le roman ou dans la comédie, ce qui paraîtra charmant à Naples sera trouvé fou et indécent à Copenhague ; ce qui semblera délicat en Zélande sera glacial aux bords du Sebète. Le poëte doit donc prendre son parti, et chercher à plaire aux uns ou aux autres. Canova, au contraire, n'a point à s'embarrasser de tels calculs. Son Pâris, son Hélène, seront aussi divins à Copenhague qu'à Rome, et seulement chaque homme jouira de leur beauté et admirera leur auteur en proportion de sa propre sensibilité. Pourquoi ? C'est que ces figures charmantes ne peignent que des affections modérées, communes au Danois et au Napolitain : s'il leur était donné d'imiter des passions plus fortes, elles arriveraient bientôt au point où la sensibilité de l'homme du Midi se sépare de celle de l'homme du Nord. Quel doit donc être l'embarras du musicien, celui des artistes qui peint de plus près les affections du cœur humain, et qui encore ne peut les peindre qu'en faisant agir l'imagination et la sensibilité de chacun de ses auditeurs, qu'en mettant, pour ainsi dire, chacun d'eux de moitié dans son travail ! Comment voulez-vous qu'un homme du Nord sente l'air *Come ! io vengo per sposarli* de Cimarosa ? L'amant désespéré qui le chante doit lui paraître simplement un malheureux échappé des petites maisons. Le *God save the King*, d'un autre côté, semblerait peut-être insipide à Naples. Ne soyez donc point inquiet pour votre cher Cimarosa ; il peut passer de mode, mais l'équitable postérité le mettra sûrement, pour le talent, à côté de Raphaël. Seulement le talent de celui-ci est pour toute la terre, ou du moins pour toute l'Europe, et en musique il est naturel que chaque pays ait son Raphaël. Chacun des mondes qui roulent sur nos têtes a bien son soleil, qui, pour le monde voisin, n'est qu'une étoile plus ou moins brillante, suivant le degré de proximité. Ainsi Hændel, ce soleil de l'Angleterre, n'est plus qu'une étoile de première grandeur pour la patrie des Mozart et des Haydn ; et en descendant plus près de l'équateur, Hændel n'est plus qu'une étoile ordinaire pour l'heureux habitant de la rive de Pausilippe.

Your
Lewis.

LETTRE XX

Haleïn, le 5 juin 1809.

Mon cher Louis,

Deux ans après la *Création*, Haydn, animé par le succès et encouragé par son ami Van Swieten, composa un nouvel oratorio, les *Quatre Saisons*. Le baron descriptif en avait tiré le texte de Thompson. Il y a moins de sentiment que dans la *Création ;* mais le sujet admettait la gaieté, la joie des vendanges, l'amour profane ; et les *Quatre Saisons* seraient la plus belle chose du monde, dans le genre de la musique descriptive, si la *Création* n'existait pas.

La musique y est plus savante et moins sublime que dans la *Création*. Elle surpasse cependant sa sœur aînée en un point : ce sont les quatuors. Du reste, pourquoi blâmer cette musique ? Elle n'est pas italienne, dit-on : à la bonne heure. J'avoue que la symphonie convient aux organes difficiles à émouvoir des Allemands ;

mais nous en profitons. C'est ainsi que dans les arts, il n'est pas mal que chaque pays ait une physionomie particulière. Les jouissances du monde entier s'en augmentent. Nous jouissons des chants napolitains de Paisiello et des symphonies allemandes de Haydn. Quand verrons-nous Talma, après avoir joué un jour Andromaque, nous montrer le lendemain le malheureux Macbeth entraîné au crime par l'ambition de sa femme ? Il faut savoir que les *Macbeth*, *Hamlet*, etc., de M. Ducis, sont de fort bonnes pièces, sans doute, mais ressemblent autant aux pièces du poëte anglais qu'à celles de Lope de Vega. Il me semble que nous en sommes, pour les pièces romantiques, précisément au même point où nous nous trouvions il y a cinquante ans pour la musique italienne. On criera beaucoup ; il y aura des pamphlets, des satires, peut-être même des coups de bâton de distribués dans quelque moment où le public, dans une profonde tranquillité politique, sera juge compétent en littérature. Mais enfin ce public, excédé des plats élèves du grand Racine, voudra voir *Hamlet* et *Othello*. La comparaison ne cloche qu'en un seul point : c'est que ces pièces ne tueront point *Phèdre* et *Cinna*, et que Molière restera sans rival, par la raison simple qu'il est unique.

Le texte des *Quatre Saisons* est un pauvre texte. Quant à la musique, figurez-vous une galerie de tableaux différents par le genre, le sujet et le coloris. Cette galerie est divisée en quatre salles ; au milieu de chacune d'elles paraît un grand tableau principal.

Les sujets de ces quatre tableaux sont pour le premier : la neige, les aquilons, le froid et ses horreurs.

Pendant l'été, la tempête ; dans l'automne, la chasse ; et pour l'hiver, la soirée des villageois.

On voit d'abord qu'un habitant d'un climat plus fortuné n'aurait pas mis la neige et les horreurs de l'hiver dans la peinture du printemps. Suivant moi, c'est un assez triste commencement d'ouvrage. Suivant les amateurs du genre, ces sons rudes préparent merveilleusement au plaisir qu'on aura par la suite.

Avec vous, mon ami, je ne suivrai point pied à pied les *Quatre Saisons*.

Haydn, dans la peinture du soleil d'été, a été obligé de lutter contre le premier lever du soleil dans la *Création* : et cet art, qu'on veut faire descriptif, est si vague, si antidécrivant, que, malgré les soins incroyables que s'est donnés le premier symphoniste du monde, il est tombé un peu dans la répétition. L'abattement, l'anéantissement de tout ce qui respire, et même des plantes, pendant la grande chaleur d'un jour d'été, est parfaitement bien rendu. Ce tableau, très vrai, finit par un silence universel. Le coup de tonnerre qui commence la tempête vient rompre ce silence. Ici Haydn est dans son fort : tout est feu, cris, rumeur, épouvante. C'est un tableau de Michel-Ange. Cependant la tempête finit, les nuages se dissipent, le soleil reparaît, les gouttes d'eau dont sont chargées les feuilles des arbres brillent dans la forêt, une soirée charmante succède à l'orage, la nuit vient, tout est silencieux ; de temps en temps seulement le gémissement d'un oiseau nocturne et le son de la cloche éloignée,

Che pare il giorno pianger che si muore,

viennent rompre le silence universel.

Ici l'imitation physique est portée aussi loin qu'elle peut aller. Mais cette peinture tranquille fait une fin peu frappante pour l'été, après le morceau terrible de la tempête [1].

---

[1]. Je prie qu'on me permette une répétition. J'ai envie de citer une lettre que j'envoyais en original à mon ami, en même temps que celle-ci. Elle fut écrite en français par une aimable chanoinesse de Brunswick * que nous pleurons aujourd'hui.

* Une note manuscrite de Stendhal sur l'exemplaire Mirbeau indique qu'il s'agit ici de M*me* Philippine de Bulow, la belle sœur de son ami Strombeck, qu'il avait connue à Brunswick. N. D. L. E.

La chasse du cerf, qui ouvre l'automne, est un sujet heureux pour la musique. Tout le monde se rappelle l'ouverture du *Jeune Henri*.

Elle finissait ainsi une lettre sur Werther, qui, comme on sait, est né à Brunswick, et était le fils de M. l'abbé de Jérusalem. Elle décrivait exactement, à ma demande, l'espèce de goût que Werther avait pour la musique.

« ..... La musique étant l'art qui peint le mieux les nuances et dont les descriptions suivent ainsi le plus loin les mouvements de l'âme, je crois distinguer la sensibilité à la Mozart de la sensibilité à la Cimarosa.

« Les figures comme celle de Whilhelmine de M*** et de l'ange du tableau du Parmesan que j'ai dans ma chambre * me semblent annoncer de ces êtres dont la force est surmontée par la sensibilité, qui, dans leurs moments d'émotion, deviennent l'*émotion elle-même*. Il n'y a plus de place pour autre chose ; le courage, le soin de la réputation, tout est, non pas surmonté, mais banni. Tel serait, je crois, le joli ange dont je vous parle chantant aux pieds d'une marraine adorée :

Voi che sapete.

« Les peuples du Nord me semblent être les sujets de cette musique : *Which is their queen.*

« Quand vous connaîtrez mieux l'Allemagne, et que vous aurez rencontré quelques-unes des malheureuses filles qui, chaque année, y périssent d'amour, ne riez pas, monsieur le Français, vous verrez le genre de pouvoir que notre musique exerce sur nous. Voyez, le dimanche soir, à Hantzgarten, et dans ces jardins anglais où toute la jeunesse des villes du Nord va se promener le soir des jours de fête ; voyez ces couples d'amants, prenant du café à à côté de leurs parents, tandis que des troupes de musiciens bohêmes jouent avec leurs cors leurs valses et leur musique lente et si touchante ; voyez leurs yeux se fixer ; voyez-les se serrer la main par-dessus la petite table, et sous les yeux de la mère, car ils sont ce qu'on appelle ici

* C'était une copie de la *Madonna al longo collo*, qui est au musée de Paris, n. 1070. Il s'agit de l'ange qui est à la droite de Marie et qui regarde le spectateur.

Les vendanges, où des buveurs chantent d'un côté, pendant que la danse occupe les jeunes gens du village, forment un tableau agréable. Le chant des buveurs est mélangé avec l'air d'une danse nationale de l'Autriche, arrangée en fugue. L'effet de ce morceau plein de verve est très piquant, surtout dans le pays. On le joue souvent en Hongrie pendant les vendanges. C'est la seule fois, je crois, que

---

promis; eh bien ! une conscription enlève l'amant, sa *promise* n'est pas au désespoir, mais elle est triste ; elle lit des romans toute la nuit ; peu à peu elle est attaquée de la poitrine, et elle meurt sans que les meilleurs médecins aient trouvé un remède à ce mal-là. Mais rien ne paraît à l'extérieur. Vous l'aviez vue quinze jours auparavant chez sa mère, vous offrant du thé ; vous ne l'aviez trouvée que triste ; vous demandez de ses nouvelles : « La pauvre une telle ! « vous répond-on ; elle est morte de chagrin. » Ici une telle réponse n'a rien d'extraordinaire. « Et le pro-« mis, où est-il ? — A l'armée, mais on n'a plus de ses « nouvelles. »

Voilà les cœurs que Hændel, Mozart, Boccherini, Benda, savent toucher.

Ces femmes brunes et pleines d'énergie que produit le Midi de l'Europe doivent aimer la musique de Cimarosa. Elles se poignarderaient pour un amant vivant, mais ne se laisseraient pas mourir de langueur pour un infidèle.

Les airs de femmes de Cimarosa et de tous les Napolitains annoncent de la force même dans les moments les plus passionnés. Dans les *Nemici generosi*, qu'on donna à Dresde il y a deux ans, notre Mozart eût fait une chose divinement tendre de

Non son villana, ma son dama.

Cimarosa a fait de cette déclaration un petit air léger et rapide, parce que la situation l'exigeait ; mais une Allemande n'eût pas prononcé ces paroles sans larmes...

Haydn, en imitant directement la nature, se soit fait un moyen de succès des souvenirs de ses compatriotes.

Les critiques reprochèrent aux *Quatre Saisons* d'avoir encore moins de chants que la *Création*, et dirent que c'était une pièce de musique instrumentale, avec accompagnement de voix. L'auteur vieillissait. On lui objecte aussi, assez ridiculement suivant moi, d'avoir mêlé un peu de gaieté à un sujet sérieux. Et pourquoi sérieux ? Parce que la pièce de musique s'appelle *oratorio*. Le titre peut être mal choisi ; mais la symphonie qui n'émeut pas bien profondément n'est-elle pas trop heureuse d'être gaie quelquefois ? Les frileux lui reprochent, avec plus de raison, d'avoir mis deux hivers dans une seule année.

La meilleure critique qu'on ait faite de cet ouvrage est celle que Haydn m'adressa lorsque j'allai lui rendre compte de la représentation qu'on venait d'en donner au palais de Schwartzenberg. Les applaudissements avaient été unanimes. Je me hâtai de sortir pour aller faire mon compliment à l'auteur. Je commençais à peine à ouvrir la bouche, que le loyal compositeur m'arrêta :

« J'ai du plaisir que ma musique ait plu au public ; mais de vous je ne reçois pas de compliment sur cet ouvrage. Je suis convaincu que vous sentez vous-même que ce n'est pas là la *Création ;* et la raison, la voici. Dans la *Création,* les personnages sont des anges ; ici, ce sont des paysans. » Cette objection est excellente, appliquée à un homme dont le talent était plutôt le sublime que le tendre.

Les paroles des *Quatre Saisons,* assez communes en elles-mêmes, furent platement traduites en plusieurs langues. On mit la musique en quatuors et quintettes, et elle servit plus que celle de la *Création* aux petits concerts d'amateurs. Le peu de mélodie qui s'y trouve étant davantage dans l'orchestre, en ôtant les voix, le chant reste presque en entier. Au reste, je suis probablement mauvais juge des *Quatre Saisons.* Je n'ai entendu cet oratorio qu'une fois, et encore étais-je fort distrait.

Je disputais avec un Vénitien assis à côté de moi, sur la quantité de mélodie existant dans la musique vers le milieu du dix-huitième siècle. Je lui disais qu'il n'y avait guère de chant dans ce temps-là, et que la musique n'était sans doute alors qu'un bruit agréable.

A ces mots, mon homme bondit sur sa chaise, et se mit à me conter les aventures d'un de ses compatriotes, le chanteur

Alessandro Stradella, qui vivait vers 1650.

Il fréquentait les maisons les plus distinguées de Venise, et les dames de la première noblesse se disputaient l'avantage de prendre de ses leçons. Ce fut ainsi qu'il fit la connaissance d'Hortensia, dame romaine qui était aimée d'un noble vénitien. Stradella en devint amoureux, et n'eut pas de peine à supplanter son rival. Il enleva Hortensia, et la conduisit à Rome, où ils se firent passer pour mariés. Le Vénitien, furieux, mit sur leurs traces deux assassins, qui, après les avoir cherché inutilement dans plusieurs villes d'Italie, découvrirent enfin le lieu de leur retraite, et arrivèrent à Rome un soir que Stradella donnait un oratorio dans la belle église de Saint-Jean de Latran. Les assassins résolurent d'exécuter leur commission lorsqu'on sortirait de l'église, et entrèrent pour veiller sur une de leurs victimes, et chercher si Hortensia ne serait point parmi les spectateurs.

A peine eurent-ils entendu pendant quelques instants la voix délicieuse de Stradella, qu'ils se sentirent attendris. Ils eurent des remords, ils répandirent des larmes, et enfin ne songèrent plus qu'à sauver les amants dont ils avaient juré la perte. Ils attendent Stradella à la porte de l'église ; ils le voient sortir avec Hortensia. Ils s'approchent, le remercient du plaisir qu'il vient de leur donner, et lui avouent que c'est à l'impression que sa voix a faite sur eux qu'il est redevable de son salut. Ils lui expliquent ensuite l'affreux motif de leur voyage, et lui conseillent de quitter Rome sur-le-champ, pour qu'ils puissent faire croire au Vénitien qu'ils sont arrivés trop tard.

Stradella et Hortensia se hâtèrent de profiter du conseil, et se rendirent à à Turin. Le noble Vénitien, de son côté, ayant reçu le rapport de ses agents, n'en devint que plus furieux. Il alla à Rome se concerter avec le père même d'Hortensia. Il fit entendre à ce vieillard qu'il ne pouvait laver son déshonneur que dans le sang de sa fille et de son ravisseur. Ce père dénaturé prit avec lui deux assassins, et partit pour Turin, après s'être fait donner des lettres de recommandation pour le marquis de Villars, qui était alors ambassadeur de France à cette cour.

Cependant la duchesse régente de Savoie, instruite de l'aventure des deux amants à Rome, voulut les sauver. Elle fit entrer Hortensia dans un couvent, et donna à Stradella le titre de son premier musicien, ainsi qu'un logement dans son palais. Ces précautions parurent suffisantes, et les amants jouissaient depuis quelques mois d'une parfaite tranquillité, quand, un soir, Stradella, qui prenait l'air sur le rempart de la ville, fut assailli par trois hommes qui le laissèrent pour mort avec un coup de poignard dans la poitrine. C'était le père d'Hortensia et ses deux compagnons, qui se réfugièrent aussitôt au palais de l'ambassadeur de France. M. de Villars, ne voulant ni les protéger après un crime qui avait fait autant de bruit, ni les livrer à la justice après leur avoir donné un asile, les fit évader quelques jours après.

Cependant, contre toute apparence, Stradella guérit de sa blessure, et le Vénitien vit échouer ses projets pour la seconde fois, mais sans abandonner sa vengeance. Seulement, rendu prudent par le manque de succès, il voulut prendre des mesures plus assurées, et se contenta pour le moment de faire épier Hortensia et son amant. Un an se passa ainsi. La duchesse, de plus en plus touchée de leur sort, voulut légitimer leur union et les marier. Après la cérémonie, Hortensia, ennuyée du séjour du couvent, eut envie de voir le port de Gênes. Stradella l'y conduisit, et le lendemain de leur arrivée ils furent trouvés poignardés dans leur lit.

On fixe cette triste aventure à l'an 1670. Stradella était poëte, compositeur, et le premier chanteur de son siècle.

Je répliquai au compatriote de Stradella que la seule douceur des sons, quand ils seraient privés de toute mélodie, donne un plaisir bien réel, même aux âmes les plus sauvages. Lorsqu'en 1637 Murad IV, après avoir pris Bagdad d'assaut, ordonna qu'on fît main basse sur tous ses habitants, un seul Persan osa élever la voix : il s'écria qu'on le conduisît à l'empereur, qu'il avait des choses importantes à lui communiquer avant de mourir.

Arrivé aux pieds de Murad, Scakculi (tel était le nom du Persan) s'écria, la face contre terre : « Seigneur, ne fais pas périr avec moi un art qui vaut tout ton empire ; entends-moi chanter, et puis tu ordonneras ma mort. » Murad ayant fait un signe de consentement, Scakculi sortit de dessous sa robe une petite harpe, et improvisa une espèce de romance sur la ruine de Bagdad. Le farouche Murad, malgré la honte qu'éprouve un Turc à laisser paraître la moindre émotion, répandit des larmes et fit cesser le massacre. Scakculi le suivit à Constantinople, comblé de richesses ; il y introduisit la musique persane, dans laquelle aucun Européen n'a jamais pu distinguer un chant quelconque.

Je crois voir dans Haydn le Tintoret de la musique. Il unit, comme le peintre vénitien, à l'énergie de Michel-Ange, le feu, l'originalité, l'abondance des inventions. Tout cela est revêtu d'un coloris aimable, qui donne de l'agrément aux moindres parties. Il me semble cependant que le Tintoret d'Eisenstadt était plus profond dans son art que celui de Venise ; surtout il savait travailler lentement.

La manie des comparaisons s'empare de moi. Je vous confie mon recueil, à condition cependant que vous n'en rirez pas trop. Je trouve donc que

Pergolèse et ⎫ sont les Raphaël de la
Cimarosa ⎭ musique.
Paisiello est   Le Guide.
Durante,   Léonard de Vinci.
Hasse,   Rubens.
Hændel,   Michel-Ange.
Galuppi,   Le Bassan.
Jomelli,   Louis Carrache.
Gluck,   Le Caravage.
Piccini,   Le Titien.
Sacchini,   Le Corrège.
Vinci,   Fra Bartolomeo.
Anfossi,   L'Albane.
Zingarelli,   Le Guerchin.
Mayer,   Carle Maratte.
Mozart,   Le Dominiquin.

La ressemblance la moins imparfaite est celle de Paisiello et du Guide. Quant à Mozart, il faudrait que le Dominiquin eût eu un caractère encore plus mélancolique pour lui ressembler entièrement.

Le peintre a eu l'expression, mais elle s'est à peu près bornée à celle de l'innocence, de la timidité et du respect[1]. Mozart a peint la tendresse la plus passionnée et la plus délicate dans les airs :

> Vedrò mentr'io sospiro,
> Du comte Almaviva,

> Non so più cosa son, cosa facio,
> De Chérubin,

> Dove sono i bei momenti,
> De la comtesse,

> Andiam, mio bene,
> De *Don Juan*,

la grâce la plus pure dans

> La mia Doralice capace non è,
> De *Cosi fan tutte.*

et dans

> Giovanni, che fate all' amore,
> De *Don Juan.*

---

[1]. Voir les *Deux jeunes Filles innocentes et craintives*, n° 914, du Musée, où l'on peut remarquer que la gaieté manque aussi au Dominiquin. Les anges, qui devraient exprimer les mystères joyeux, n'ont point l'air heureux.
Voir aussi la *Jeune Femme amenée au Tribunal d'Alexandre*, n° 919.

La beauté et l'air de bonheur des figures de Raphaël se reconnaissent bien dans les mélodies de Cimarosa.

On sent que les figures qu'il a peintes dans l'infortune sont ordinairement heureuses. Voyez Carolina, dans le *Mariage secret*. Celles de Mozart, au contraire, ressemblent aux vierges d'Ossian, de beaux cheveux blonds, des yeux bleus, souvent remplis de larmes. Elles ne sont peut-être pas aussi belles que ces brillantes Italiennes mais elles sont plus touchantes.

Entendez le rôle de la comtesse, chanté dans les *Noces de Figaro* par madame Barilli ; supposez-le joué par une actrice passionnée, par madame Strina-Sacchi, belle comme mademoiselle Mars, vous direz avec Shakspeare.

Like patience sitting on her tomb.

Les jours de bonheur, vous préférerez Cimarosa ; dans les moments de tristesse, Mozart aura l'avantage.

J'aurais pu allonger ma liste en y plaçant les peintres maniéristes, et mettant à côté de leurs noms ceux de Grétry et de presque tous les jeunes compositeurs allemands et italiens. Mais ces idées sont peut-être tellement particulières à celui qui les écrit, qu'elles vous sembleront bizarres.

Le baron de Van Swieten voulait faire faire à Haydn un troisième oratorio descriptif, et il y aurait réussi ; mais la mort l'arrêta. Je m'arrête aussi, après avoir parcouru avec vous le recueil de toutes les compositions de mon héros.

Qui m'eût dit, en vous écrivant pour la première fois sur Haydn, il y a quinze mois, que mon bavardage se prolongerait autant ?

Vous avez eu la bonté de ne pas trop vous ennuyer de ces lettres, et elles m'ont procuré deux ou trois fois par semaine une distraction agréable. Conservez-les. Si jamais je vais à Paris, je les relirai peut-être avec plaisir.

Adieu.

LETTRE XXI

Salzbourg, 8 juin 1809.

La carrière musicale de Haydn finit avec les *Quatre Saisons*. Ce travail et l'âge l'avaient affaibli. « J'ai fini, me dit-il quelque temps après avoir terminé cet oratorio, ma tête n'est plus la même ; autrefois les idées venaient me trouver sans que je les cherchasse, maintenant je suis obligé de courir après elles, et je ne me sens pas fait pour les visites. »

Il fit cependant encore quelques quatuors, mais il ne put jamais achever celui qui porte le numéro 84, quoiqu'il y travaillât depuis trois ans presque sans interruption. Dans les derniers temps, il s'occupait à mettre des basses à d'anciens airs écossais, un libraire de Londres lui donnait deux guinées pour chaque air. Il en arrangea près de trois cents ; mais en 1805 il discontinua aussi ce travail, par ordre du médecin. La vie se retirait de lui ;

dès qu'il se mettait à son piano, il avait des vertiges.

C'est aussi à compter de cette époque qu'il n'est plus sorti de son jardin de Gumpendorf : il envoie à ses amis, quand il veut se rappeler à leur souvenir, un billet de visite de sa composition.

Les paroles disent :

« Mes forces m'ont abandonné, je ne puis plus continuer. »

La musique qui les accompagne, s'arrêtant au milieu de la période, et sans arriver à la cadence, exprime bien l'état languissant de l'auteur.

Hin ist alle meine Kraft. Alt und schwach bin ich.

Au moment où je vous écris, ce grand homme, ou plutôt la partie de lui-même qui est encore ici-bas, n'est plus occupée que de deux idées : la crainte de tomber malade, et la crainte de manquer d'argent. A tous instants il prend quelques gouttes de vin de Tokai, et c'est avec le plus grand plaisir qu'il reçoit les présents de gibier qui peuvent diminuer la dépense de son petit ordinaire.

Les visites de ses amis le réveillent un peu ; quelquefois même il suit assez bien une idée. Par exemple, en 1805, les journaux de Paris annoncèrent sa mort, et comme il était membre honoraire de l'Institut, cette compagnie illustre, qui n'a pas la pesanteur allemande, fit célébrer une messe en son honneur. Cette idée amusa beaucoup Haydn. Il répétait : « Si ces messieurs m'avaient averti, je serais allé moi-même battre la mesure de la belle messe de Mozart qu'ils ont fait exécuter pour moi. » Mais, malgré sa plaisanterie, au fond du cœur il était fort reconnaissant.

Peu après, la veuve et le fils de Mozart célébrèrent le jour de naissance de Haydn par un concert qu'ils donnèrent au joli théâtre de la Wieden. On exécuta une cantate que le jeune Mozart avait composée en l'honneur du rival immortel de son père. Il faut connaître la profonde bonté des cœurs allemands pour se figurer l'effet de ce concert. Je parierais que, pendant les trois heures qu'il dura, il n'y eut pas une plaisanterie, bonne ou mauvaise, de faite dans la salle.

Ce jour rappela au public de Vienne la perte qu'il avait faite, et celle qu'il était sur le point de faire.

On s'arrangea pour donner la *Création*

avec les paroles italiennes de Carpani. Cent soixante musiciens se réunirent chez M. le prince Lobkowitz.

Ils étaient secondés par trois belles voix, Madame Frischer de Berlin, MM. Weitmüller et Radichi. Il y avait plus de quinze cents personnes dans la salle. Le pauvre vieillard voulut, malgré sa faiblesse, revoir encore ce public pour lequel il avait tant travaillé. On l'apporta sur un fauteuil dans cette belle salle, pleine en ce moment de cœurs émus. Madame la princesse Esterhazy, et madame de Kurzbeck, amie de Haydn, vont à sa rencontre. Les fanfares de l'orchestre, et plus encore l'attendrissement des assistants, annoncent son arrivée. On le place au milieu de trois rangs de sièges destinés à ses amis et à tout ce qu'il y avait alors d'illustre à Vienne. Salieri, qui dirigeait l'orchestre, vient prendre les ordres de Haydn avant de commencer. Ils s'embrassent ; Salieri le quitte, vole à sa place, et l'orchestre part au milieu de l'attendrissement général. On peut juger si cette musique, toute religieuse, parut sublime à des cœurs pénétrés du spectacle d'un grand homme quittant la vie. Environné des grands, de ses amis, des artistes, de femmes charmantes dont tous les yeux étaient fixés sur lui, écoutant les louanges de Dieu imaginées par lui-même, Haydn fit un bel adieu au monde et à la vie.

Le chevalier Capellini, médecin du premier ordre, vint à s'apercevoir que les jambes de Haydn n'étaient pas assez couvertes. A peine avait-il dit un mot à ses voisins, que les plus beaux châles abandonnèrent les femmes charmantes qu'ils couvraient pour venir réchauffer le vieillard chéri.

Haydn, que tant de gloire et d'amour avaient fait pleurer plusieurs fois, sentit faible à la fin de la première partie. On enlève son fauteuil : au moment de sortir de la salle, il fait arrêter les porteurs, remercie d'abord le public par une inclination, ensuite se tournant vers l'orchestre par une idée tout à fait allemande, il lève les mains au ciel, et, les yeux pleins de larmes, il bénit les anciens compagnons de ses travaux.

LETTRE XXII

De Vienne, le 22 août 1809.

De retour dans la capitale de l'Autriche, j'ai à vous apprendre, mon cher ami, que la larve de Haydn nous a aussi quittés. Ce grand homme n'existe plus que dans notre mémoire. Je vous ai dit souvent qu'il s'était extrêmement affaibli avant d'entrer dans la soixante-dix-huitième année de sa vie, qui en a été la dernière. Il s'approchait de son piano les vertiges paraissaient, et ses mains quittaient les touches pour prendre le *rosaire*, dernière consolation.

La guerre vint à s'allumer entre l'Autriche et la France. Cette nouvelle ranima Haydn, et vint user le reste de ses forces.

A chaque instant, il demandait des nouvelles, il allait à son piano, et avec le filet de voix qui lui restait, il chantait :

Dieu, sauvez François !

Les armées françaises firent des pas de géant. Enfin parvenues à Schœnbrunn, à une demi-lieue du petit jardin de Haydn, dans la nuit du 10 mai, elles tirèrent le lendemain matin quinze cents coups de canon à deux cents pas de chez lui, pour prendre cette Vienne, cette ville qu'il aimait tant. L'imagination du vieillard la voyait mise à feu et à sang. Quatre obus vinrent tomber tout près de sa maison. Ses deux domestiques, pleins de frayeur, accourent auprès de lui ; le vieillard se ranime, se lève de son fauteuil, et, avec un geste altier, s'écrie : « Pourquoi cette terreur ? Sachez que là où est Haydn aucun désastre ne peut arriver. » Un frémissement convulsif l'empêche de continuer, et on le porte à son lit. Le 26 mai les forces diminuèrent sensiblement. Cependant, s'étant fait porter à son piano, il chanta trois fois, avec la voix la plus forte qu'il put,

Dieu, sauvez François !

Ce fut le chant du cygne. A son piano même, il tomba dans une espèce d'assoupissement, et il s'éteignit enfin le 31 mai au matin. Il avait soixante-dix-huit ans et deux mois.

Madame de Kurzbeck, au moment de l'occupation de Vienne, l'avait prié de permettre qu'on le transportât chez elle, dans l'intérieur de la ville ; il la remercia et souhaita ne pas quitter sa retraite chérie.

Haydn fut enterré à Gumpendorf, comme un petit particulier qu'il était. On dit cependant que le prince Esterhazy a le projet de lui faire ériger un tombeau.

Quelques semaines après sa mort on exécuta en son honneur, dans l'église des Ecossais, le *Requiem* de Mozart. Je me hasardai à venir en ville pour cette cérémonie. J'y vis quelques généraux et quelques administrateurs de l'armée française. Ils avaient l'air touchés de la perte que les arts venaient de faire. Je reconnus l'accent de ma patrie. Je parlai à plusieurs, entre autres à un homme aimable qui portait, ce jour-là, l'uniforme de l'Institut de France, que je trouvai fort élégant. [1]

La mémoire de Haydn reçut un hommage de même nature à Breslau et au Conservatoire de Paris ; on chanta à Paris un hymne de la composition de Cherubini. Les paroles sont assez plates, à l'ordinaire ; mais la musique est digne du grand homme qu'elle célèbre.

Toute sa vie, Haydn avait été très religieux. On peut même dire, sans vouloir faire le prédicateur, que son talent fut

1. Il s'agit de M. Denon avec lequel Beyle, comme il le raconte dans une note manuscrite de l'exemplaire Mirbeau, assista réellement à ce service. N. D. L. E.

augmenté par la foi sincère qu'il avait aux vérités de la religion. Toutes ses partitions portent en tête les mots :

In nomine Domini,

Ou ceux-ci :

Soli Deo gloria ;

Et on lit à la fin de toutes :

Laus Deo.

Quand, au milieu de la composition, il sentait son imagination se refroidir, ou que quelque difficulté insurmontable l'arrêtait, il se levait du piano, prenait son rosaire et se mettait à le réciter. Il racontait que ce moyen n'avait jamais manqué de lui réussir. « Quand je travaillais à la *Création*, me disait-il, je me sentais si pénétré de religion, qu'avant de me mettre au piano, je priais Dieu avec confiance de me donner le talent nécessaire pour le louer dignement. »

Haydn a eu pour héritier un maréchal ferrant auquel il a laissé trente-huit mille florins en papier, soustraction faite de douze mille florins, légués par lui à ses deux fidèles domestiques. Ses manuscrits, vendus à l'encan, ont été achetés par le prince Esterhazy.

Le prince Lichtenstein voulut avoir l'ancien perroquet de notre compositeur. On racontait des merveilles de cet oiseau : quand il était moins vieux, il chantait, disait-on, et parlait plusieurs langues. On voulait qu'il fut élève de son maître. L'étonnement du maréchal héritier, quand il vit que le perroquet était payé quatorze cents florins, divertit toute l'assemblée assistant à la vente. Je ne sais qui a acheté sa montre. L'amiral Nelson, passant par Vienne, l'alla voir, lui demanda en cadeau une des plumes dont il se servait, et en échange le pria d'accepter la montre qu'il avait portée dans tant de combats.

Haydn avait fait son épitaphe :

Veni, scripsi, vixi.

Il ne laisse pas de postérité.

On peut considérer comme ses élèves Cherubini, Pleyel, Neukomm et Weigl [1].

1. Il y a plusieurs biographies de Haydn. Je crois, comme de juste, la mienne la plus exacte. Je fais grâce au lecteur des bonnes raisons sur lesquelles je me fonde. Si cependant quelque homme instruit attaquait les faits avancés par moi, je défendrais leur véracité. Quant à la manière de sentir la musique, tout homme en a une à lui, ou n'en a pas du tout. Au reste, il n'y a peut-être pas une seule phrase dans cette brochure qui ne soit traduite de quelque ouvrage étranger. On ne peut pas tirer grande vanité de quelques lignes de réflexions sur les beaux-arts. On est fort, dans notre siècle, pour enseigner aux autres comment il faut faire. Dans des temps plus heureux, on faisait soi-

Haydn eut la même faiblesse que le célèbre ministre autrichien prince de Kaunitz : il ne pouvait souffrir d'être peint en vieillard. En 1800, il gronda sérieusement un peintre qui l'avait représenté tel qu'il était alors, c'est-à-dire dans sa soixante-huitième année. « Si j'étais Haydn quand j'avais quarante ans, lui dit-il, pourquoi voulez-vous envoyer à la postérité un Haydn de soixante-huit ans ? Ni vous, ni moi, ne gagnons à cet échange. »

Telles furent la vie et la mort de cet homme célèbre.

Pourquoi tous les Français illustres dans les belles-lettres proprement dites, La Fontaine, Corneille, Molière, Racine, Bossuet, se donnèrent-ils rendez-vous vers l'an 1660 ?

Pourquoi tous les grands peintres parurent-ils vers l'an 1510 ? Pourquoi, depuis ces époques fortunées, la nature a-t-elle été si avare ? Grandes questions pour

même ; et il faut avouer que c'était une manière plus directe de prouver qu'on connaissait les vrais principes :

Optumus quisque facere, quàm dicere, sua ab aliis benefacta laudari, quàm ipse aliorum narrare malebat. (SALLUSTE, *Catilina*.)

L'auteur a fait ce qu'il a pu pour ôter les répétitions qui étaient sans nombre dans les lettres originales, écrites à un homme fait pour être supérieur dans les beaux-arts, mais qui venait seulement de s'apercevoir qu'il aimait la musique.

lesquelles le public adopte une réponse nouvelle tous les dix ans, parce qu'on n'en a jamais trouvé de satisfaisante.

Une chose sûre, c'est qu'après ces époques, il n'y a plus rien. Voltaire a mille mérites différents ; Montesquieu nous enseigne avec tout le piquant possible la plus utile des sciences ; Buffon a parlé avec pompe de la nature. Rousseau, le plus grand d'eux tous en littérature, est le premier des Français pour la belle prose. Mais, comme littérateurs, c'est-à-dire comme gens donnant du plaisir avec des paroles imprimées, combien ces grands hommes ne sont-ils pas au-dessous de la Fontaine et de Corneille, par exemple !

Il en est de même en peinture, si vous exceptez l'irruption heureuse qui, un siècle après Raphaël et le Corrége, donna au monde le Guide, les Carrache et le Dominiquin.

La musique aura-t-elle le même sort ? Tout porte à le croire. Cimarosa, Mozart, Haydn viennent de nous quitter. Rien ne paraît pour nous consoler. Pourquoi ? me dira-t-on. Voici ma réponse : Les artistes d'aujourd'hui les imitent ; eux n'ont imité personne. Une fois qu'ils ont su le mécanisme de l'art, chacun d'eux a écrit ce qui faisait plaisir à son âme. Ils ont écrit pour eux et pour ceux qui étaient organisés comme eux.

Les Pergolèse et les Sacchini ont écrit sous la dictée des passions. Actuellement les artistes les plus distingués travaillent dans le genre amusant. Quoi de plus divertissant que les *Cantatrici villane* de Fioravanti ? Comparez-les au *Matrimonio segreto*. Le *Matrimonio* fait un plaisir extrême quand on est dans une certaine disposition ; les *Cantatrici* amusent toujours. Je prie qu'on se souvienne des spectacles qu'on donnait aux Tuileries en 1810. Tout le monde préférait les *Cantatrici* à tous les autres opéras italiens, parce que, pour être amusé par ces aimables habitantes de Frascati, il faut la moindre dose de sensibilité dont la musique puisse se contenter, et c'était précisément ce qu'on avait à leur offrir. Être en habit habillé, et au spectacle d'une cour toute remplie des anxiétés de l'ambition, est certainement la disposition la moins favorable à la musique.

Dans les arts, et, je crois, dans toutes les actions de l'homme qui admettent de l'originalité, ou l'on est soi-même, ou l'on n'est rien. Je suppose donc que les musiciens qui travaillent dans le genre amusant trouvent que ce genre est le meilleur de tous, et sont des gens sans véritable chaleur dans l'âme, sans passion. Or, que sont les arts sans véritable passion dans le cœur de l'artiste ?

Après la pureté angélique de Virgile, on eut à Rome l'esprit de Sénèque. Nous avons aussi nos Sénèques à Paris, qui, tout en vantant la belle simplicité et le naturel de Fénelon et du siècle de Louis XIV, s'en éloignent le plus possible par un style pointu et plein d'affectation. De même Sacchini et Cimarosa disparaissent des théâtres d'Italie, pour faire place à des compositeurs qui, brûlant de se distinguer, tombent dans la recherche, dans l'extravagance, dans la déraison, et cherchent plus à étonner qu'à toucher. La difficulté et l'ennui du *concerto* s'introduisent partout. Ce qu'il y a de pis, c'est que l'habitude des mets préparés avec toutes les épices de l'Inde rend insensible au parfum suave de la pêche.

On dit que les hommes qui, à Paris, veulent se conserver le goût pur en littérature, ne lisent, comme modèles, que les écrivains qui ont paru avant la fin du dix-septième siècle, et les quatre grands auteurs du siècle suivant ; ils voient les livres qui ont paru depuis et tous ceux qui s'impriment journellement pour les faits qu'ils peuvent contenir.

Historia, quoquo modo scripta, placet.

Mais ils cherchent à se garantir de la contagion de leur style.

Peut-être les jeunes musiciens devraient-ils faire de même. Sans cela, quel moyen de se garantir de ce *sénéquisme* général, qui vicie tous les arts, et auquel je ne connais d'exception vivante que Canova, car Paisiello ne travaille plus ?

CATALOGUE

DES ŒUVRES QUE JOSEPH HAYDN, AGÉ DE SOIXANTE-TREIZE ANS, SE RAPPELA AVOIR COMPOSÉES DEPUIS L'AGE DE DIX-HUIT ANS.

---

118 symphonies.

MORCEAUX POUR LE BARYTON, INSTRUMENT FAVORI DU FEU PRINCE NICOLAS ESTERHAZY

125 Divertissements pour le baryton, la viole et le violoncelle.
  6 Duos.
 12 Sonates pour le baryton et le violoncelle.
  6 Morceaux de sérénade.
  5 *Idem* à huit parties.
  3 *Idem* à cinq.
  1 *Idem* à trois.
  1 *Idem* à quatre.
  1 *Idem* à six.
  3 Concertos avec deux violons et basse.
En tout cent soixante-trois pièces pour le baryton.

DIVERTISSEMENTS POUR DIVERS INSTRUMENTS A CINQ, SIX, SEPT, HUIT ET NEUF PARTIES.

5 Morceaux à cinq parties.
1 *Idem* à quatre.
9 *Idem* à six.
1 *Idem* à huit.
2 *Idem* à neuf.
2 *Idem* (Haydn ne se souvenait pas à combien d'instruments).
2 Marches.
21 Morceaux pour deux violons et violoncelle.
6 Sonates à violon seul avec accompagnement de viole. Écho pour quatre violons et deux violoncelles.

CONCERTOS

3 pour le violon.
3 pour le violoncelle.
2 pour la contre-basse.
1 pour le cor en D.
2 pour deux cors.
1 pour la clarinette.
1 pour la flûte.

MESSES, OFFERTOIRES, TE DEUM, SALVE REGINA
CHŒURS

1 Messe *Cellensis*.
2 Messes : *Sunt bona mixta malis*.

2 Messes *Brevis*.
1 Messe de saint Joseph.
6 Messes pour les troupes en temps de guerre.
7 Messes solennelles.
4 Offertoires.
1 *Salve Regina* à quatre voix.
1 *Salve* pour l'orgue seul.
1 Chant pour l'Avent.
1 Répons : *Lauda, Sion, Salvatorem*.
1 *Te Deum*.
2 Chœurs.
1 *Stabat Mater* à grand orchestre.

82 Quatuors.
1 *Concerto* pour l'orgue.
3 *Idem* pour le clavecin.
1 Divertissement pour le clavecin avec un violon, deux cors et un alto.
1 *Idem* à quatre mains.
1 *Idem* avec le baryton et deux violons.
4 *Idem* avec deux violons et alto.
1 *Idem* composé de vingt variations.
15 Sonates pour le piano-forte.
1 Fantaisie.
1 Caprice.
1 Thème avec variation en G.
1 Thème avec variation en F.
29 Sonates pour le piano-forte avec violon et violoncelle.

42 Allemandes, parmi lesquelles quelques chansons italiennes et des duos.
39 Canons pour plusieurs voix.

OPÉRAS ALLEMANDS

Le *Diable Boiteux*.
Philémon et Baucis, pour les Marionnettes, en 1773.
Le *Sabbat des Sorcières*, pour les Marionnettes, en 1773.
Genoviefa, opéra, pour les Marionnettes en 1777.
Didon, opéra, pour les Marionnettes en 1778.

14 OPÉRAS ITALIENS

La Cantarina.
L'Incontro improviso.
Lo Speziale.
La Pescatrice.
Il Mondo della Luna.
L'Isola desabitata.
La Fedeltà premiata.
La Vera Costanza.
Orlando paladino.
Armide.
Acide e Galatea.
L'Infedeltà delusa.
Orfeo.
L'Infedeltà fedele.

ORATORIOS

Le *Retour de Tobie*.
Les *Paroles du Sauveur sur la croix*.
La *Création du monde*.
Les *Quatre Saisons*.
13 Cantates, à trois et à quatre voix.

EN ANGLAIS

Selection of original songs, 150.
216 *Scoth songs With symphonies and acc.*

OUVRAGES ÉCRITS PAR HAYDN PENDANT SON SÉJOUR A LONDRES
LISTE COPIÉE SUR SON JOURNAL

Orfeo, opéra seria.
6 Symphonies.
Symphonie concertante.
La *Tempête*, chœur.
3 Symphonies.
Air pour Davide le père.
Maccone pour Gallini.
6 Quatuors.
3 Sonates pour Broderip.
3 Sonates pour P.
3 Sonates pour M. Johnson.
1 Sonate en F. mineur.
1 Sonate en G.

Le *Songe*.
1 Compliment pour Harrington.
6 Chansons anglaises.
100 Chansons écossaises.
50 *Idem*.
2 Divertissements de flûte.
3 Symphonies.
4 Chansons pour F.
2 Marches.
1 Air pour mistress P.
1 *God save the King*.
1 Air avec orchestre :
Invocation à Neptune.
1 Canon, les *Dix Commandements*.
1 Marche, le *Prince de Galles*.
2 Divertissements à plusieurs voix.
24 Menuets et airs de danse allemands.
12 Ballades pour lord A.
Différentes chansons.
Des Canons.
1 Chanson avec orchestre pour lord A.
4 Contredanses.
6 Chansons.
Ouverture pour Covent-Garden.
Air pour Me Banti.
4 Chansons écossaises.
2 Chansons.
2 Contredanses.
3 Sonates pour Broderip.

FIN DES LETTRES SUR HAYDN

VIE DE MOZART

TRADUITE DE L'ALLEMAND

PAR M. SCHLICHTEGROLL

LETTRE

Venise, le 21 juillet 1814.

Vous désirez, mon cher ami, une notice sur la vie de Mozart. J'ai demandé ce qu'on avait de mieux sur cet homme célèbre, et j'ai eu ensuite la patience de traduire pour vous la biographie qu'a donnée M. Schlichtegroll. Elle me semble écrite avec candeur. Je vous la présente, excusez son air simple.

VIE DE MOZART

CHAPITRE PREMIER

DE SON ENFANCE

Le père de Mozart a eu la plus grande influence sur la singulière destinée de son fils, dont il a développé et peut-être modifié les dispositions ; il est donc nécessaire que nous en disions d'abord quelques mots. Léopold Mozart père était fils d'un relieur d'Augsbourg ; il étudia à Salzbourg, et, en 1743, il fut admis parmi les musiciens du prince archevêque de Salzbourg. Il devint, en 1762, sous-directeur de la chapelle du prince. Les devoirs de son emploi n'absorbant pas tout son temps, il donnait en ville des leçons de composition musicale et de violon. Il publia même un ouvrage intitulé *Versuch*, etc, ou *Essai sur l'Enseignement raisonné du violon*, qui eut beaucoup de succès. Il avait épousé Anne-Marie Pertl, et l'on a remarqué, comme une circonstance digne de l'attention d'un observateur exact, que ces deux époux, qui ont donné le jour à un artiste si heureusement organisé pour l'harmonie musicale, étaient cités dans Salzbourg à cause de leur rare beauté.

De sept enfants, nés de ce mariage, deux seuls ont vécu, une fille, Marie-Anne, et un fils, celui dont nous allons parler. Jean - Chrysostôme-Wolfgang - Théophile Mozart naquit à Salzbourg le 27 janvier 1756. Peu d'années après, Mozart père cessa de donner des leçons en ville, et se proposa de consacrer tout le temps que ses devoirs chez le prince lui laisseraient à soigner lui-même l'éducation musicale de ses deux enfants. La fille, un peu plus âgée que Wolfgang, profita très-bien de ses leçons, et, dans les voyages qu'elle fit dans la suite avec sa famille, elle partageait l'admiration qu'inspirait le talent de son frère. Elle finit par se marier à un conseiller du prince archevêque de Salzbourg, préférant le bonheur domestique à la renommée d'un grand talent.

Le jeune Mozart avait à peu près trois ans lorsque son père commença à donner des leçons de clavecin à sa sœur, qui alors en avait sept. Mozart manifesta aussitôt ses étonnantes dispositions pour la musique. Son bonheur était de chercher des tierces sur le piano, et rien n'égalait sa joie lorsqu'il avait trouvé cet accord harmonieux. Je vais entrer dans des détails minutieux qui, je suppose, pourront intéresser le lecteur.

Lorsqu'il eut quatre ans, son père commença à lui apprendre, presque en jouant, quelques menuets, et d'autres morceaux de musique ; cette occupation était aussi agréable au maître qu'à l'élève. Pour apprendre un menuet il fallait une demi-heure à Mozart, et à peine le double pour un morceau de plus grande étendue. Aussitôt après il les jouait avec la plus grande netteté, et parfaitement en mesure. En moins d'une année il fit des progrès si rapides, qu'à cinq ans il inventait déjà de petits morceaux de musique qu'il jouait à son père, et que ce dernier, pour encourager le talent naissant de son fils, avait la complaisance d'écrire. Avant l'époque où le petit Mozart prit du goût pour la musique, il aimait tellement tous les jeux de son âge qui pouvaient un peu intéresser son esprit, qu'il leur sacrifiait jusqu'à ses repas. Dans toutes les occasions il montrait un cœur sensible et une âme aimante. Il lui arrivait souvent de dire, jusqu'à dix fois dans la journée, aux personnes qui s'occupaient de lui, *M'aimez-vous bien* ? et lorsqu'en badinant elles lui disaient que non, on voyait aussitôt des larmes rouler dans ses yeux. Du moment où il connut la musique, son goût pour les jeux et les amusements de son âge s'évanouit, ou, pour que ces amusements lui plussent, il fallait y mêler de la musique. Un ami de ses parents s'amusait souvent à jouer avec lui ; quelquefois ils portaient des joujoux en procession d'une chambre dans une autre ; alors celui qui n'avait rien à porter chantait une marche, ou la jouait sur le violon.

Durant quelques mois le goût des études ordinaires de l'enfance prit un tel ascendant sur Wolfgang, qu'il lui sacrifia tout, et jusqu'à la musique. Pendant qu'il apprit à calculer, on voyait toujours les tables, les chaises, les murs, et même le plancher couvert de chiffres qu'il y traçait avec de la craie. La vivacité de son esprit le portait à s'attacher facilement à tous les objets nouveaux qu'on lui présentait. La musique cependant redevint l'objet favori de ses études ; il y fit des progrès si rapides, que son père, quoiqu'il fût toujours avec lui et à portée d'en observer la marche, les regarda plus d'une fois comme un prodige.

L'anecdote suivante, racontée par un témoin oculaire, prouvera ce qui vient d'être dit. Mozart le père revenait un jour de l'église avec un de ses amis ; il trouva son fils occupé à écrire. « Que fais-tu donc là, mon ami ? lui demanda-t-il. — Je compose un concerto pour le clavecin. Je suis presque au bout de la première partie. — Voyons ce beau griffonnage. — Non, s'il vous plaît, je n'ai pas encore fini. » Le père prit cependant le papier et montra à son ami un griffonnage de notes qu'on pouvait à peine déchiffrer à cause des taches d'encre. Les deux amis rirent d'abord de bon cœur de ce barbouillage ; mais bientôt, lorsque Mozart le père l'eut regardé avec attention, ses yeux restèrent longtemps fixés sur le papier, et enfin se remplirent de larmes d'admiration et de joie. « Voyez donc, mon ami, dit-il avec émotion et en souriant, comme tout est composé d'après les règles ; c'est dommage qu'on ne puisse pas faire usage de ce morceau, parce qu'il est trop difficile, et que personne ne pourrait le jouer. — Aussi c'est un concerto, reprit le jeune Mozart ; il faut l'étudier jusqu'à ce qu'on parvienne à le jouer comme il faut. Tenez, voilà comme on doit s'y prendre. » Aussitôt il commença à jouer, mais il ne réussit qu'autant qu'il fallait pour faire voir quelles avaient été ses idées. A cette époque, le jeune Mozart croyait fermement que jouer un concerto et faire un miracle était la même chose ; aussi la composition dont on vient de parler était-elle un amas de notes posées avec justesse, mais qui présentaient tant de difficultés, que le plus habile musicien eût trouvé impossible de les jouer.

Le jeune Mozart étonnait tellement son père, qu'il conçut l'idée de voyager et de faire partager son admiration pour son fils aux cours étrangères et à celles de l'Allemagne. Une telle idée n'a rien d'extraordinaire en ce pays. Ainsi, dès que Wolfgang eut atteint sa sixième année, la famille Mozart, composée du père, de la mère, de la fille et de Wolfgang, fit un voyage à Munich. L'électeur entendit les deux enfants, qui reçurent des éloges infinis. Cette première course réussit de tous points. Les jeunes virtuoses, de retour à Salzbourg et charmés de l'accueil qu'ils avaient reçu, redoublèrent d'application, et parvinrent à un degré de force sur le piano, qui n'avait plus besoin de leur jeunesse pour être extrêmement remarquable. Pendant l'automne de l'année 1762, toute la famille se rendit à Vienne, et les enfants firent de la musique à la cour.

L'empereur François Ier dit alors par plaisanterie au petit Wolfgang : « Il n'est pas très difficile de jouer avec tous les doigts, mais ne jouer qu'avec un seul doigt, et sur un clavecin caché, voilà ce qui mériterait l'admiration. » Sans montrer la moindre surprise à cette étrange proposition, l'enfant se mit sur-le-champ à jouer d'un seul doigt, et avec toute la netteté et la précision possibles. Il demanda qu'on mît un voile sur les touches du clavecin, et continua de même et comme si depuis longtemps il se fût exercé à cette manière.

Dès l'âge le plus tendre, Mozart, animé du véritable amour-propre de son art, ne s'enorgueillissait nullement des éloges qu'il recevait des grands personnages. Il n'exécutait que des bagatelles insignifiantes lorsqu'il avait affaire à des gens qui ne se connaissaient pas en musique. Il jouait, au contraire, avec tout le feu et toute l'attention dont il était susceptible, dès qu'il était en présence de connaisseurs, et souvent son père fut obligé d'user de subterfuges et de faire passer pour connaisseurs en musique les grands seigneurs devant lesquels il devait paraître. Lorsque, âgé de six ans, le jeune Mozart se mit au clavecin pour jouer en présence de l'empereur François, il s'adressa au prince, et lui dit : « M. Wagensei n'est-il pas ici ? C'est lui qu'il faut faire venir ; il s'y connaît. » L'empereur fit appeler Wagensei, et lui céda sa place auprès du clavecin. « Monsieur, dit alors Mozart au compositeur, je joue un de vos concertos, il faut que vous me tourniez les feuilles. »

Jusqu'alors Wolfgang n'avait joué que du clavecin, et l'habileté extraordinaire qu'il montrait sur cet instrument semblait éloigner jusqu'à l'idée de vouloir qu'il s'appliquât aussi à quelque autre. Mais le génie qui l'animait devança de beaucoup tout ce qu'on aurait osé désirer : il n'eut pas même besoin de leçons.

En revenant de Vienne à Salzbourg avec ses parents, il rapporta un petit violon dont on lui avait fait présent pendant son séjour dans la capitale ; il s'amusait avec cet instrument. Peu de temps après ce retour, Wenzl, habile violon, et qui commençait alors à composer, vint trouver Mozart le père, pour lui demander ses observations sur six trios qu'il avait faits pendant le voyage de celui-ci à Vienne. Schachtner, trompette de la musique de l'archevêque, l'une des personnes auxquelles le jeune Mozart était le plus attaché, se trouvait en ce moment chez son père, et c'est lui même que nous laisserons parler. « Le père, dit Schachtner, jouait de la basse, Wenzl le premier violon, et moi je devais jouer le second violon. Le jeune Mozart demanda la permission de faire cette dernière partie ; mais le père le gronda de cette demande enfantine, lui disant que, puisqu'il n'avait pas reçu de leçons régulières de violon, il ne devait pas être en état de bien jouer. Le fils répliqua que, pour jouer le second violon, il ne lui semblait pas indispensable d'avoir reçu des leçons. Le père, à moitié fâché de cette réponse, lui dit de s'en aller et de ne plus nous interrompre. Wolfgang en fut tellement affecté, qu'il commença à pleurer à chaudes larmes : comme il s'en allait avec son petit violon, je priai qu'on lui accordât la permission de jouer avec moi. Le père y consentit après bien des difficultés. Eh bien, dit-il à Wolfgang, tu pourras jouer avec M. Schachtner, mais sous la condition que ce sera tout doucement, et qu'on ne t'entendra pas ; sans cela, je te ferai sortir sur-le-champ. Nous commençons le trio, et le petit Mozart joue avec moi : je ne fus pas longtemps à m'apercevoir, avec le plus grand étonnement, que j'étais tout à fait inutile. Sans dire un mot, je mis mon violon de côté, en regardant le père, à qui cette scène faisait verser des larmes de tendresse. L'enfant joua de même les six trios. Les éloges que nous lui prodiguâmes alors le rendirent assez hardi pour prétendre qu'il jouerait bien aussi le premier violon. Par plaisanterie nous en fîmes l'essai, et nous ne pouvions pas nous empêcher de rire en l'entendant faire cette partie, d'une manière tout à fait irrégulière, il est vrai, mais du moins de façon à ne jamais rester court. »

Chaque jour amenait de nouvelles preuves de l'excellente organisation de Mozart pour la musique. Il savait distinguer et indiquer les plus légères différences entre les sons; et tout son faux, ou seulement rude et non adouci par quelque accord, était pour lui une torture. C'est ainsi que, durant sa première enfance, et même jusqu'à l'âge de dix ans, il eut une horreur invincible de la trompette, lorsqu'elle ne servait pas uniquement pour accompagner un morceau de musique ; quand on lui montrait cet instrument, il faisait sur lui à peu près l'impression que produit sur d'autres enfants un pistolet chargé qu'on tourne contre eux par plaisanterie. Son père crut pouvoir le guérir de cette frayeur en faisant sonner de la trompette en sa présence, malgré les prières du jeune Mozart pour qu'on lui épargnât ce tourment ; mais, au premier son, il pâlit, tomba sur le plancher ; et vraisemblablement il aurait eu des convulsions si on n'avait cessé de jouer sur-le-champ.

Depuis qu'il avait fait ses preuves sur le violon, il se servait quelquefois de celui de Schachtner, cet ami de la famille Mozart, dont il vient d'être question : il en faisait un grand éloge, parce qu'il en tirait des sons extrêmement doux. Schachtner arriva un jour chez le jeune Mozart pendant qu'il s'amusait à jouer de son propre violon. *Que fait votre violon ?* fut la première demande de l'enfant, et puis il continua de jouer des fantaisies. Enfin, après avoir réfléchi quelques instants, il dit à Schachtner : « Ne pourriez-vous pas laisser votre violon accordé comme il l'était la dernière fois que je m'en suis servi ? Il est à un demi-quart de ton au-dessous de celui que je tiens. » On rit d'abord de cette exactitude scrupuleuse ; mais Mozart père, qui déjà plusieurs fois avait eu occasion d'observer la singulière mémoire que son fils avait pour retenir les tons, fit apporter le violon ; et, au grand étonnement de tous les assistants, il était à un demi-quart de ton au-dessous de celui que Wolfgang tenait.

Quoique l'enfant vît tous les jours de nouvelles preuves de l'étonnement et de l'admiration que ses talents inspiraient, il ne devint ni opiniâtre ni orgueilleux ; homme pour le talent, il a toujours été, dans tout le reste, l'enfant le plus complaisant et le plus docile. Jamais il ne s'est montré mécontent de ce que lui ordonnait son père. Lors même qu'il s'était fait entendre une journée entière, il continuait de jouer, sans montrer la moindre humeur, dès que son père le désirait. Il comprenait et exécutait les moindres signes que lui faisaient ses parents. Il poussait même l'obéissance jusqu'au point de refuser des bonbons lorsqu'il n'avait pas la permission de les accepter.

Au mois de juillet 1763, par conséquent lorsqu'il avait sept ans, sa famille entreprit son premier voyage hors de l'Allemagne et c'est de cette époque que date, en Europe, la célébrité du nom de Mozart. La tournée commença par Munich, où le jeune virtuose joua un concerto de violon en présence de l'électeur, après avoir préludé de fantaisie. A Augsbourg, à Manheim, à Francfort, à Coblentz, à Bruxelles, les deux enfants donnèrent des concerts publics ou jouèrent devant les princes du pays, et partout ils reçurent les plus grands éloges.

Au mois de novembre ils arrivèrent à Paris, où ils restèrent cinq mois. Ils se firent entendre à Versailles, et Wolfgang toucha l'orgue, en présence de la cour, dans la chapelle du roi. A Paris, ils donnèrent deux grands concerts publics, et reçurent de tout le monde l'accueil le plus distingué. Ils y eurent même l'honneur du portrait : on grava le père au milieu de ses deux enfants, d'après un dessin de

Carmontelle. Ce fut à Paris que le jeune Mozart composa et publia ses deux premières œuvres. Il dédia la première à madame Victoire, seconde fille de Louis XV, et l'autre à madame la comtesse de Tessé.

En avril 1764, les Mozart passèrent en Angleterre, où ils demeurèrent jusque vers le milieu de l'année suivante. Les enfants jouèrent devant le roi, et, comme à Versailles, le fils toucha l'orgue de la chapelle royale. On fit plus de cas, à Londres, de son jeu sur l'orgue que sur le clavecin. Il y donna, avec sa sœur, un grand concert dont toutes les symphonies étaient de sa composition.

On pense bien que les deux enfants, et surtout Wolfgang ne s'arrêtèrent pas au degré de perfection qui leur procurait tous les jours des applaudissements si flatteurs. Malgré leurs déplacements continuels, ils travaillaient avec une régularité extrême. Ce fut à Londres qu'ils commencèrent à jouer des concertos sur deux clavecins. Wolfgang commença aussi à chanter de grands airs, ce dont il s'acquittait avec beaucoup de sentiment. A Paris et à Londres les incrédules lui avaient présenté différents morceaux difficiles de Bach, de Hændel, et d'autres maîtres ; il les jouait sur-le-champ à la première vue et avec toute la justesse possible. Un jour, chez le roi d'Angleterre, d'après une basse seulement, il exécuta un morceau plein de mélodie. Une autre fois, Christian Bach, le maître de musique de la reine, prit le petit Mozart entre ses genoux, et joua quelques mesures. Mozart continua ensuite, et ils jouèrent ainsi alternativement une sonate entière avec tant de précision, que tous ceux qui ne pouvaient les voir crurent que la sonate avait été jouée par la même personne. Pendant son séjour en Angleterre, et par conséquent à l'âge de huit ans, Wolfgang composa six sonates, qu'il fit graver à Londres, et qu'il dédia à la reine.

Au mois de juillet 1765, la famille Mozart repassa à Calais ; de là elle continua son voyage par la Flandre, où le jeune virtuose toucha souvent l'orgue dans les églises des monastères et dans les cathédrales. A La Haye, les deux enfants firent, l'un après l'autre, une maladie qui donna à craindre pour leurs jours. Ils furent quatre mois à se rétablir. Wolfgang, pendant sa convalescence, fit six sonates pour le piano, qu'il dédia à la princesse de Nassau-Weilbourg. Au commencement de l'année 1766, ils passèrent un mois à Amsterdam, d'où ils se rendirent à La Haye, pour assister à la fête de l'installation du prince d'Orange. Le fils composa, pour cette solennité, un *quolibet* pour tous les instruments, ainsi que différentes variations et quelques airs pour la princesse.

Après avoir joué plusieurs fois en présence du stathouder, ils revinrent à Paris, où ils passèrent deux mois. Enfin, ils rentrèrent en Allemagne par Lyon et la Suisse. A Munich, l'électeur proposa au jeune Mozart un *thème musical*, et lui demanda de le développer et de l'écrire sur-le-champ. C'est ce qu'il fit en présence du prince, et sans se servir de clavecin ni de violon. Après avoir fini de l'écrire, il le joua, ce qui excita au plus haut degré l'étonnement de l'électeur et de toute sa cour. Après une absence de plus de trois ans, ils revinrent à Salzbourg vers la fin de novembre 1766 ; ils y restèrent jusqu'à l'automne de l'année suivante ; et Wolfgang, plus tranquille, sembla doubler son talent. En 1768, les enfants jouèrent à Vienne, en présence de l'empereur Joseph II, qui chargea le jeune Mozart de composer la musique d'un opéra *buffa*. C'était la *Finta simplice* ; elle fut approuvée par le maître de chapelle Hasse et par Métastase ; mais elle ne fut pas exécutée sur le théâtre. Plusieurs fois, chez les maîtres de chapelle Bono et Hasse, chez Métastase, chez le duc de Bragance, chez le prince de Kaunitz, le père fit donner à son fils le premier air italien qu'on trouvait sous la main, et celui-ci composait les parties de tous les instruments en présence de l'assemblée. Lors de l'inauguration de l'église des Orphelins, il fit la musique de la messe, celle du motet, et un duo de trompettes ; et, quoiqu'il n'eût alors que douze ans, il dirigea cette musique solennelle en présence de la cour impériale.

Il revint passer l'année 1769 à Salzbourg. Au mois de décembre, son père le mena en Italie. Wolfgang venait d'être nommé maître de concert de l'archevêque de Salzbourg. On s'imagine facilement l'accueil que reçut en Italie cet enfant célèbre, qui avait excité tant d'admiration dans les autres parties de l'Europe.

Le théâtre de sa gloire, à Milan, fut la maison du comte Firmian, gouverneur général. Après avoir reçu le poëme de l'opéra qu'on devait représenter pendant le carnaval de l'année 1771, et dont il se chargea de faire la musique, Wolfgang quitta Milan au mois de mars 1770. A Bologne il trouva un admirateur animé du plus vif enthousiasme dans la personne du fameux père Martini, le même auquel Jomelli était venu demander des leçons. Le père Martini et les amateurs de Bologne furent transportés de voir un enfant de treize ans, très petit pour son âge, et qui ne paraissait pas en avoir dix, développer tous les thèmes de fugue proposés par Martini, et les exécuter sur le piano sans hésiter et avec toute la précision possible. A Florence il excita le même étonnement par la précision avec laquelle il joua, à la première vue, les fugues et les thèmes les plus difficiles que lui proposa le marquis de Ligneville, célèbre amateur. Nous avons sur son séjour à Florence une anecdote étrangère à la musique. Il fit dans cette ville la connaissance d'un jeune Anglais nommé Thomas Linley, qui avait environ quatorze ans, c'est-à-dire à peu près son âge. Linley était élève de Martini, célèbre violon, et jouait de cet instrument avec une grâce et une habileté admirables. L'amitié de ces deux enfants devint une passion. Le jour de leur séparation, Linley donna à son ami Mozart des vers qu'il avait demandés sur ce sujet à la célèbre Corilla; il accompagna la voiture de Wolfgang jusqu'à la ville, et les deux enfants prirent congé l'un de l'autre en versant des torrents de larmes.

Mozart et son fils se rendirent à Rome pour la semaine sainte. On pense bien qu'ils ne manquèrent pas d'aller, le soir du mercredi saint, à la chapelle Sixtine, entendre le célèbre *Miserere*. Comme on disait alors qu'il était défendu aux musiciens du pape, sous peine d'excommunication, d'en donner des copies, Wolfgang se proposa de le retenir par cœur. Il l'écrivit, en effet, en rentrant à l'auberge. Ce *Miserere* étant répété le vendredi saint, il y assista encore, en tenant le manuscrit dans son chapeau, et y put faire ainsi quelques corrections. Cette anecdote fit sensation dans la ville. Les Romains, doutant un peu de la chose, engagèrent l'enfant à chanter ce *Miserere* dans un concert. Il s'en acquitta à ravir. Le castrat Cristofori, qui l'avait chanté à la chapelle Sixtine, et qui était présent, rendit, par son étonnement, le triomphe de Mozart complet.

La difficulté de ce que faisait Mozart est bien plus grande qu'on ne se l'imaginerait d'abord. Mais je supplie qu'on me permette quelques détails sur la chapelle Sixtine et sur le *Miserere*.

Il y a ordinairement dans cette chapelle au moins trente-deux voix, et ni orgue, ni aucun instrument pour les accompagner ou les soutenir. Cet établissement atteignit le plus haut point de perfection auquel il soit parvenu vers le commencement du dix-huitième siècle. Depuis, les salaires des chantres étant restés nominativement les mêmes à la chapelle du pape, et par conséquent ayant beaucoup diminué, tandis que l'opéra prenait faveur, et qu'on offrait aux habiles chanteurs des prix inconnus jusqu'alors, peu à peu la chapelle Sixtine n'a plus eu les premiers talents.

Le *Miserere* qu'on y chante deux fois pendant la semaine sainte, et qui fait un tel effet sur les étrangers, a été composé, il y a deux cents ans environ, par Gregorio Allegri, un des descendants d'Antonio Allegri, si connu sous le nom du Corrège. Au moment où il commence, le pape et les cardinaux se prosternent : la lumière des cierges éclaire le *Jugement dernier*, que Michel-Ange peignit contre le mur auquel l'autel est adossé. A mesure que le *Miserere* avance, on éteint successivement les cierges ; les figures de tant de malheureux, peintes avec une énergie si terrible par Michel-Ange, n'en deviennent que plus imposantes à demi éclairées par la pâle lueur des derniers cierges qui restent allumés. Lorsque le *Miserere* est sur le point de finir, le maître de chapelle, qui bat la mesure, la ralentit insensiblement, les chanteurs diminuent le volume de leurs voix, l'harmonie s'éteint peu à peu, et le pécheur, confondu devant la majesté de son Dieu, et prosterné devant son trône, semble attendre en silence la voix qui va le juger.

L'effet sublime de ce morceau tient, ce me semble, et à la manière dont il est chanté et au lieu où on l'exécute. La tradition a appris aux chanteurs du pape certaines manières de porter la voix qui sont du plus grand effet, et qu'il est impossible d'exprimer par des notes. Leur chant remplit au plus haut point la condition qui rend la musique touchante. On répète la même mélodie sur tous les versets du psaume ; mais cette musique, semblable par les masses, n'est point exactement la même dans les détails. Ainsi elle est facilement comprise, et cependant évite ce qui pourrait ennuyer. L'usage de la chapelle Sixtine est d'accélérer ou de ralentir la mesure sur certains mots, de renfler ou de diminuer les sons suivant le sens des paroles, et de chanter quelques versets entiers plus vivement que d'autres.

Voici maintenant ce qui montre la difficulté du tour de force exécuté par Mozart en chantant le *Miserere*. On raconte que l'empereur Léopold Ier, qui non-seulement aimait la musique, mais encore était bon compositeur lui-même, fit demander au pape, par son ambassadeur, une copie du *Miserere* d'Allegri pour l'usage de la chapelle impériale de Vienne, ce qui fut accordé. Le maître de la chapelle Sixtine fit faire cette copie, et l'on se hâta de l'envoyer à l'empereur, qui avait alors à son service les premiers chanteurs de ce temps-là.

Malgré leurs talents, le *Miserere* d'Allegri n'ayant fait à la cour de Vienne d'autre effet que celui d'un faux bourdon assez plat, l'empereur et toute sa cour pensèrent que le maître de chapelle du pape, jaloux de garder le *Miserere*, avait éludé l'ordre de son maître et envoyé une composition vulgaire. L'empereur expédia sur-le-champ un courrier au pape, pour se plaindre de ce manque de respect ; et le maître de chapelle fut renvoyé, sans que le pape, indigné, voulût même écouter sa justification. Ce pauvre homme obtint pourtant d'un des cardinaux qu'il plaiderait sa cause et ferait entendre au pape que la manière d'exécuter ce *Miserere* ne pouvait s'exprimer par des notes, ni s'apprendre qu'avec beaucoup de temps et par des leçons répétées des chantres de la chapelle qui possédaient la tradition. Sa Sainteté, qui ne se connaissait pas en musique, put à peine comprendre comment les mêmes notes n'avaient pas, à Vienne, la même valeur qu'à Rome. Cependant elle ordonna au pauvre maître de chapelle d'écrire sa défense pour être envoyée à l'empereur, et, avec le temps, il rentra en grâce.

C'est cette anecdote très connue qui

frappa les Romains quand ils virent un enfant chanter parfaitement leur *Miserere* après deux leçons ; et rien n'est plus difficile, en fait de beaux-arts, que d'exciter l'étonnement dans Rome. Toutes les réputations se font petites en entrant dans cette ville célèbre, où l'on a l'habitude des plus belles choses en tout genre.

Je ne sais si c'est à cause du succès qu'il lui procura, mais il paraît que le chant solennel et mélancolique du *Miserere* fit une impression profonde sur l'âme de Mozart, qui depuis eut une prédilection marquée pour Hændel et le tendre Boccherini.

CHAPITRE II

SUITE DE L'ENFANCE DE MOZART

DE Rome, les Mozart allèrent à Naples, où Wolfgang joua du piano au *Conservatorio alla pietà*. Comme il était au milieu de sa sonate, les auditeurs s'avisèrent de croire qu'il avait un charme dans son anneau ; il fallut comprendre ce que signifiaient leurs cris, et enfin ôter cet anneau prétendu magique. On conçoit l'effet sur de telles gens lorsqu'ils virent que, la bague ôtée, la musique n'en était pas moins belle. Wolfgang donna un second grand concert chez le comte de Kaunitz, ambassadeur de l'empereur, et retourna ensuite à Rome. Le pape désira le voir, et lui conféra à cette occasion la croix et le brevet de chevalier de la Milice dorée (*auralæ Militiæ eques*). A Bologne, il fut nommé, à l'unanimité, membre et maître de l'Académie philharmonique. On l'avait enfermé seul, suivant l'usage, et en moins d'une demi-heure il avait composé une antiphone à quatre voix.

Mozart père se hâta de revenir à Milan, pour que son fils pût travailler à l'opéra dont il s'était chargé. Il se faisait tard. Ils n'arrivèrent que vers la fin du mois d'octobre 1770. Sans la promesse qu'il avait faite, Mozart eût pu obtenir ce qui est regardé en Italie comme le premier honneur pour un musicien, l'engagement de composer un *opera seria* pour le théâtre de Rome.

Ce fut le 26 décembre qu'on donna pour la première fois, à Milan le *Mithridate*, composé par Wolfgang, âgé alors de quatorze ans. Cet opéra eut plus de vingt représentations de suite. On peut juger du succès par cette circonstance : l'entrepreneur fit aussitôt avec lui un accord par écrit pour le charger de la composition du premier opéra pour l'année 1773. Mozart quitta Milan, qui retentissait de sa gloire, pour aller passer, avec son père, les derniers jours du carnaval à Venise. A Vérone, qu'il ne fit que traverser, on lui présenta un diplôme de membre de la Société philharmonique de cette ville. Partout où il allait en Italie, on le recevait de la manière la plus distinguée ; on ne l'appelait plus que *il cavaliere filarmonico*.

Lorsque, au mois de mars 1771, Mozart revint avec son père à Salzbourg, il y trouva une lettre du comte Firmian, de Milan, qui le chargeait, au nom de l'impératrice Marie-Thérèse, de composer une cantate théâtrale pour le mariage de l'archiduc Ferdinand. L'impératrice avait choisi le célèbre Hasse, comme le plus ancien des maîtres de chapelle, pour composer l'opéra, et elle voulut que le plus jeune compositeur fût chargé de la cantate, dont le sujet était *Ascanio in Alba*. Il promit d'entreprendre ce travail, et partit au mois d'août pour Milan, où, pendant les solennités du mariage, on exécuta alternativement l'opéra et la sérénade.

En 1772 il composa, pour l'élection du nouvel archevêque de Salzbourg, la cantate intitulée le *Songe de Scipion* ; il passa l'hiver de l'année suivante à Milan, où il composa *Lucio Silla*, opéra séria, qui eut vingt-six représentations de suite. Au printemps de l'année 1773, Mozart était de retour à Salzbourg. Quelques voyages qu'il fit avec son père cette année et la suivante, à Vienne et à Munich, lui donnèrent occasion de faire différentes compositions excellentes, telles qu'un opéra buffa, intitulé la *Finta Giardiniera*, deux grand'messes pour la chapelle de l'électeur de Bavière, etc. En 1775, l'archiduc Maximilien s'arrêta quelque temps à Salzbourg, et ce fut à cette occasion que Mozart composa la cantate intitulée *Il Re Pastore*.

La partie la plus extraordinaire de la vie de Mozart, c'est son enfance ; le détail peut en être agréable au philosophe et à l'artiste. Nous serons plus succincts sur le reste de sa trop courte carrière.

CHAPITRE III

A DIX-NEUF ANS, Mozart pouvait croire avoir atteint le plus haut degré de son art, puisque tout le monde le lui répétait de Londres jusqu'à Naples. Sous le rapport de la fortune et d'un établissement, il était le maître de choisir entre toutes les capitales de l'Europe. Partout l'expérience lui apprenait qu'il pouvait compter sur l'admiration générale. Son père jugea que Paris était la ville qui lui convenait le plus, et, au mois de septembre 1777, il partit pour cette capitale, où sa mère seule l'accompagna.

Il eût été, sans contredit, très avantageux pour lui de s'y fixer ; mais d'abord la musique française d'alors n'était pas de son goût ; l'état de la musique vocale ne lui eût guère permis de travailler dans le genre instrumental ; et ensuite, l'année suivante, il eut le malheur de perdre sa mère. Dès lors le séjour de Paris lui devint insupportable. Après avoir composé une symphonie pour le *concert spirituel*, et quelques autres morceaux, il s'empressa de retourner auprès de son père au commencement de 1779.

Au mois de novembre de l'année suivante, il se rendit à Vienne, où son souverain, l'archevêque de Salzbourg, l'avait appelé. Il était alors âgé de vingt-quatre ans. Le séjour de Vienne lui convint, et encore plus, à ce qu'il paraît, la beauté des Viennoises. Ce qu'il y a de sûr, c'est qu'il s'y fixa, et que rien n'a jamais pu l'en détacher. Les passions étant entrées dans cette âme si sensible, et qui possédait à un si haut degré le mécanisme de son art, il devint bientôt le compositeur favori de son siècle ; et donna le premier exemple d'un enfant célèbre devenu un grand homme [1].

---

1. Mozart composa la musique de l'opéra d'*Idoménée* sous les auspices les plus favorables. L'électeur de Bavière, qui l'avait toujours comblé de grâces et de prévenances, lui avait demandé cet opéra pour son théâtre de Munich, dont l'orchestre était un des mieux composés de l'Allemagne. Mozart se trouvait alors dans toute la fleur de son génie : il avait vingt-cinq ans, était éperdument amoureux de mademoiselle Constance Weber, virtuose célèbre, qu'il épousa depuis. La famille de sa maîtresse, considérant qu'il n'avait point d'emploi fixe, qu'il voyageait toujours, que ses mœurs n'avaient été jusque-là rien moins qu'exemplaires, s'opposait à ce mariage. Il prit à tâche de montrer à cette famille que, quoiqu'il n'eût pas de rang assuré dans la société, il possédait cependant quelques moyens de considération, et il trouva dans ses sentiments pour Constance les motifs des airs passionnés dont il avait besoin pour son ouvrage. L'amour et l'amour-propre du jeune compositeur, exaltés au plus haut degré, lui firent produire un opéra qu'il a toujours regardé comme ce qu'il avait fait de mieux, et dont il a même souvent emprunté des idées pour ses compositions suivantes.

Il serait trop long et surtout trop difficile de faire une analyse particulière de chacun des ouvrages de Mozart, les amateurs doivent les connaître tous. La plupart de ses opéras furent composés à Vienne, et y eurent le plus grand succès ; mais aucun ne fit plus de plaisir que la *Flûte enchantée*, qui, en moins d'un an, eut cent représentations.

Comme Raphaël, Mozart embrassa son art dans toute son étendue. Raphaël ne paraît avoir ignoré qu'une chose, la manière de peindre dans un plafond des figures en raccourci. Il feint toujours que la toile du tableau est attachée à la voûte ou supportée par des figures allégoriques.

Pour Mozart, je ne vois pas de genre dans lequel il n'ait triomphé : opéras, symphonies, chansons, airs de danse, il a été grand partout. Le baron de Van Swieten, l'ami de Haydn, allait jusqu'à dire que, si Mozart eût vécu, il aurait enlevé à Haydn le sceptre de la musique instrumentale. Dans l'opéra buffa, la gaieté lui a manqué, et en cela il est inférieur aux Galuppi, aux Guglielmi, aux Sarti.

Les qualités physiques qui frappent dans sa musique, indépendamment du génie, c'est une manière neuve d'employer l'orchestre, et surtout les instruments à vent. Il tire un parti étonnant de la flûte, instrument dont Cimarosa s'est rarement servi. Il transporte dans l'accompagnement toutes les beautés des plus riches symphonies.

On a reproché à Mozart de ne prendre d'intérêt qu'à sa musique et de ne connaître que ses propres ouvrages. C'est bien là le reproche de la petite vanité blessée. Mozart, occupé toute sa vie à écrire ses idées, n'a pas eu, il est vrai, le temps de lire toutes celles des autres. Du reste, il approuvait avec franchise tout ce qu'il rencontrait de bon, la plus simple chanson, pourvu qu'il y eût de l'originalité ; mais, moins politique que les grands artistes d'Italie, il était inexorable pour la médiocrité.

Il estimait principalement Porpora, Durante, Leo, Alex Scarlatti ; mais il mettait Hændel au-dessus d'eux tous. Il savait par cœur les ouvrages principaux de ce grand maître. « De nous tous, disait-il, Hændel connaît le mieux ce qui est d'un grand effet. Lorsqu'il le veut, il va et frappe comme la foudre. »

Il disait de Jomelli : « Cet artiste a certaines parties où il brille et où il brillera toujours ; seulement il n'aurait pas dû en sortir et vouloir faire de la musique d'église dans l'ancien style. » Il n'estimait pas Vincenzo Martini, dont la *Cosa rara* avait alors beaucoup de succès. « Il y a là de fort jolies choses, disait-il, mais dans vingt ans d'ici personne n'y fera attention. » Il nous reste de lui neuf opéras écrits sur des paroles italiennes : la *Finta Simplice*, opéra buffa, son début dans le genre dramatique ; *Mithridate*, opéra séria ; *Lucio Silla*, idem ; la *Giardiniera*, opéra buffa, *Idomeneo*, opéra séria ; *le Nozze di Figaro* et *Don Giovanni*, composés en 1787 ; *Cosi fan tutte*, opéra buffa ; la *Clemenza di Tito*, opéra de Métastase, représenté en 1792.

Il n'a fait que trois opéras allemands : l'*Enlèvement au Sérail*, le *Directeur de Spectacles*, et la *Flûte enchantée*, en 1792.

Il a laissé dix-sept symphonies et des pièces instrumentales de tout genre.

Comme exécutant, Mozart a été un des premiers pianistes de l'Europe. Il jouait avec une vitesse extraordinaire ; on admirait surtout celle de sa main gauche.

Dès 1785, le célèbre Joseph Haydn avait dit au père de Mozart, qui se trouvait alors à Vienne : « Je vous déclare, devant Dieu et en honnête homme, que je regarde votre fils comme le plus grand compositeur dont j'aie jamais entendu parler. »

Voilà ce que fut Mozart comme *musicien*. Celui qui connaît la nature humaine ne sera pas étonné qu'un homme qui sous le rapport du talent, était l'objet de l'admiration générale, n'ait pas été aussi grand dans les autres situations de la vie. Mozart ne se distinguait ni par une figure prévenante ni par un corps bien fait, quoique son père et sa mère eussent été cités à cause de leur beauté.

Cabanis nous dit :

« Il paraît que la sensibilité se comporte à la manière d'un fluide dont la quantité totale est déterminée, et qui, toutes les fois qu'il se jette en plus grande abondance dans un de ses canaux, diminue proportionnellement dans les autres. »

Mozart ne prit point avec l'âge l'accroissement ordinaire : il eut toute sa vie une santé faible; il était maigre, pâle ; et quoique la forme de son visage fût extraordinaire, sa physionomie n'avait rien de frappant que son extrême mobilité. L'air de son visage changeait à chaque instant, mais n'indiquait autre chose que la peine ou le plaisir qu'il éprouvait dans le moment. On remarquait chez lui une manie qui ordinairement est un signe de stupidité : son corps était dans un mouvement perpétuel ; il jouait sans cesse avec les mains, ou du pied frappait la terre. Du reste, rien d'extraordinaire dans ses habitudes, sinon son amour passionné pour le billard. Il en avait un chez lui, sur lequel il lui arrivait presque tous les jours de jouer seul quand il n'avait plus de partner. Les mains de Mozart avaient une direction tellement décidée pour le clavecin, qu'il était peu adroit pour toute autre chose. A table il ne coupait jamais ses aliments, ou s'il entreprenait cette opération, il ne s'en tirait qu'avec beaucoup de peine et de maladresse. Il priait ordinairement sa femme de lui rendre ce service.

Ce même homme qui, comme artiste, avait atteint le plus haut degré de développement dès l'âge le plus tendre, est toujours demeuré enfant sous tous les autres rapports de la vie. Jamais il n'a su se gouverner lui-même. L'ordre dans les affaires domestiques, l'usage convenable de l'argent, la tempérance et le choix raisonnable des jouissances, ne furent jamais des vertus à son usage. Le plaisir du moment l'emportait toujours. Son esprit, constamment absorbé dans une foule d'idées qui le rendaient incapable de toute réflexion sur ce que nous appelons les choses sérieuses, fit que pendant toute sa vie il eut besoin d'un tuteur qui prît soin de ses affaires temporelles. Son père connaissait bien ce faible : ce fut ce qui l'engagea, en 1777, à le faire suivre à Paris par sa femme, son emploi à Salzbourg ne lui permettant point alors de s'éloigner.

Mais ce même homme, toujours distrait, toujours jouant et s'amusant, paraissait devenir un être d'un rang supérieur dès qu'il se plaçait devant un piano. Son âme s'élevait alors, et toute son attention pouvait se diriger vers le seul objet pour lequel il fût né, l'*harmonie des sons*. L'orchestre le plus nombreux ne l'empêchait point d'observer, pendant l'exécution, le moindre son faux, et il indiquait sur-le-champ, avec la précision la plus surprenante, sur quel instrument on avait fait la faute, et quel son il eût fallu en tirer.

Lors du voyage de Mozart à Berlin, il n'y arriva que le soir très tard. A peine fut-il descendu de sa voiture, qu'il demanda au garçon de l'auberge s'il y avait opéra. « Oui, l'*Enlèvement au Sérail*. — Cela est charmant ! » Et déjà il était en route pour le spectacle ; il se mit à l'entrée du parterre pour écouter sans être reconnu. Mais tantôt il était si satisfait de la bonne exécution de certains morceaux, tantôt si mécontent de la manière dont on jouait quelques autres, ou du mouvement dans lequel on les exécutait, ou des broderies que faisaient les acteurs, que, tout en témoignant sa satisfaction et son déplaisir, il se trouva contre la barre de l'orchestre. Le directeur s'était permis de faire des changements à un des airs : lorsqu'on y fut arrivé, Mozart ne pouvant plus se contenir, cria presque tout haut à l'orchestre la manière dont il fallait jouer. On se retourna pour voir l'homme en redingote de voyage qui faisait ce bruit. Quelques personnes reconnurent Mozart, et dans un instant les musiciens et les acteurs surent qu'il était parmi les spectateurs. Quelques-uns de ceux-ci, entre autres une très-bonne cantatrice, furent tellement frappés de cette nouvelle, qu'ils refusèrent de reparaître sur le théâtre. Le directeur fit part à Mozart de l'embarras où ce refus le mettait. Celui-ci fut à l'instant dans les coulisses, et réussit, par les éloges qu'il donna aux acteurs, à leur faire continuer l'opéra.

La musique fut l'occupation de sa vie et en même temps sa plus douce récréation. Jamais, même dans sa plus tendre enfance, on n'eut besoin de l'engager à se mettre au piano. Il fallait, au contraire, le surveiller pour qu'il ne s'y oubliât point et qu'il ne nuisît pas à sa santé. Dès sa jeunesse, il eut une prédilection marquée pour faire de la musique pendant la nuit. Quand, le soir à neuf heures, il se mettait au clavecin, il ne le quittait pas avant minuit, et même alors il fallait lui faire violence, car il aurait continué toute la nuit à préluder et à jouer des fantaisies. Dans la vie habituelle, c'était l'homme le plus doux ; mais le moindre bruit pendant la musique lui causait l'indignation la plus vive. Il était bien au-dessus de cette modestie affectée ou mal placée qui porte la plupart des virtuoses à ne se faire entendre qu'après en avoir été priés à différentes reprises. Souvent des grands seigneurs de Vienne lui reprochèrent de jouer avec le même intérêt devant tous ceux qui prenaient plaisir à l'entendre.

CHAPITRE IV

Un amateur d'une ville où Mozart passait dans un de ses voyages réunit chez lui une nombreuse société pour procurer à ses amis le plaisir d'entendre ce musicien célèbre, qui lui avait promis de s'y trouver. Mozart arrive, ne dit pas grand'chose, et se met au piano. Croyant n'être entouré que de connaisseurs, il commença, dans un mouvement très-lent, à exécuter de la musique d'une harmonie suave, mais extrêmement simple, voulant ainsi préparer ses auditeurs aux sentiments qu'il avait dessein d'exprimer. La société trouva cela fort commun. Bientôt son jeu devint plus vif ; on le trouva assez joli. Il devint sévère et solennel, d'une harmonie frappante, élevée, et en même temps plus difficile ; quelques dames commencèrent à le trouver décidément ennuyeux et à se communiquer quelques mots de critique ; bientôt la moitié du salon se mit à causer. Le maître de la maison était sur les épines ; et enfin Mozart s'aperçut de l'impression que sa musique faisait sur l'auditoire. Il n'abandonna point l'idée principale qu'il avait commencé à exprimer, mais il la développa avec toute l'impétuosité dont il était capable. On n'y fit pas encore attention. Il se mit alors à apostropher son auditoire d'une manière assez brusque, mais toujours en continuant de jouer ; et comme heureusement ce fut en italien, presque personne ne le comprit. Cependant on commençait à être plus tranquille. Quand sa colère fut un peu apaisée, il ne put s'empêcher de rire lui-même de son impétuosité. Il donna à ses idées une tournure plus vulgaire, et finit par jouer un air très-connu, dont il fit dix à douze variations charmantes. Tout le salon était ravi, et très peu de ceux qui s'y trouvaient s'étaient aperçus de la scène qui venait de se passer. Mozart cependant sortit bientôt, en invitant le maître de la maison, qui l'accompagnait, et quelques connaiseurs à venir le voir le même soir dans son auberge. Il les y retint à souper ; et à peine lui eurent-ils témoigné quelque désir de l'entendre, qu'il se mit à jouer des fantaisies sur le clavecin, où, au grand étonnement de ses auditeurs, il s'oublia jusqu'après minuit.

Un vieil accordeur de clavecin était venu mettre quelques cordes à son fortepiano de voyage. « Bon vieillard, lui dit

Mozart, combien vous faut-il ? je pars demain. » Ce pauvre homme, le regardant pour ainsi dire comme un Dieu, lui répondit, déconcerté, anéanti et balbutiant : « Majesté Impériale !... Monsieur le maître de chapelle de Sa Majesté Impériale ! Je ne puis... Il est vrai que j'ai été plusieurs fois chez vous... Eh bien, vous me donnerez un écu. — Un écu ! répondit Mozart ; allons donc ! un brave homme comme vous ne doit pas se déranger pour un écu, » et il lui donna quelques ducats. Le bonhomme, en se retirant, répétait encore, avec de grandes révérences : « Ah ! Majesté Impériale ! »

Idoménée et *Don Juan* étaient ceux de ses opéras qu'il estimait le plus. Il n'aimait pas à parler de ses ouvrages, ou, s'il en parlait, ce n'était jamais qu'en quelques mots. Au sujet de *Don Juan*, il dit un jour : « Cet opéra n'a pas été composé pour le public de Vienne ; il convenait mieux à celui de Prague ; mais, au fond, je ne l'ai fait que pour moi et mes amis. »

Le temps qu'il donnait le plus volontiers au travail était le matin, depuis six ou sept heures jusqu'à dix. Alors il sortait du lit. Le reste de la journée il ne composait plus, à moins qu'il n'eût à terminer quelque morceau pressé. Il fut toujours très inégal dans sa manière de travailler.

Quand il était saisi d'une idée, on ne pouvait l'arracher à son ouvrage. Si on l'ôtait du piano, il composait au milieu de ses amis, et passait ensuite des nuits entières la plume à la main. Dans d'autres temps, son âme était tellement rebelle à l'application, qu'il ne pouvait achever une pièce qu'au moment même où l'on devait l'exécuter. Il lui arriva même un jour de renvoyer tellement au dernier moment un morceau qui lui avait été demandé pour un concert de la cour, qu'il n'eut pas le temps d'écrire la partie qu'il devait exécuter. L'empereur Joseph, qui furetait partout, jetant par hasard les yeux sur le papier de musique que Mozart avait l'air de suivre, fut étonné de n'y voir que des lignes sans notes, et lui dit : « Où est donc votre partie ? — Là, répondit Mozart, en portant la main au front. »

Le même accident fut sur le point de lui arriver au sujet de l'ouverture de *Don Juan*. On convient assez généralement que c'est la meilleure de ses ouvertures ; cependant il n'y travailla que dans la nuit qui précéda la première représentation et lorsque la répétition générale avait déjà eu lieu. Le soir, vers les onze heures, en se retirant, il pria sa femme de lui faire du punch, et de rester avec lui pour le tenir éveillé. Elle y consentit, et se mit à lui raconter des contes de fées, des aventures bizarres, qui le firent pleurer à force de rire. Cependant le punch l'excita au sommeil, de sorte qu'il ne travaillait que pendant que sa femme racontait, et il fermait les yeux dès qu'elle s'arrêtait. Ses efforts pour se tenir éveillé, cette alternative continuelle de veille et de sommeil, le fatiguèrent tellement, que sa femme l'engagea à prendre quelque repos, lui donnant sa parole de le réveiller une heure après. Il s'endormit si profondément qu'elle le laissa reposer deux heures. Elle l'éveilla vers les cinq heures du matin. Il avait donné rendez-vous aux copistes à sept heures, et, à leur arrivée, l'ouverture était finie. Ils eurent à peine assez de temps pour faire les copies nécessaires à l'orchestre, et les musiciens furent obligés de jouer sans avoir fait de répétition. Quelques personnes prétendent reconnaître dans cette ouverture les passages où Mozart doit avoir été surpris par le sommeil, et ceux où il s'est réveillé en sursaut.

Don Juan ne fut pas très bien accueilli à Vienne dans la nouveauté. Peu de temps après la première représentation, on en parlait dans une assemblée nombreuse où se trouvaient la plupart des connaisseurs de la capitale, et entre autres Haydn.

Mozart n'y était point. Tout le monde s'accordait à dire que c'était un ouvrage très estimable, d'une imagination brillante et d'un génie riche ; mais tout le monde aussi y trouvait à reprendre. Tous avaient parlé, à l'exception du modeste Haydn. On le pria de dire son opinion. « Je ne suis pas en état de juger de cette dispute, dit-il avec sa retenue accoutumée : tout ce que je sais, c'est que Mozart est le plus grand compositeur qui existe dans ce moment. » On parla d'autres choses.

Mozart, de son côté, avait beaucoup d'estime pour Haydn. Il lui a dédié un recueil de quatuors qu'on peut mettre parmi ce qu'il y a de plus beau en ce genre. Un compositeur viennois, qui n'était pas sans quelque mérite, mais qui était bien loin de valoir Haydn, se faisait un malin plaisir de rechercher dans les compositions de ce dernier toutes les petites incorrections qui avaient pu s'y glisser. Il venait souvent trouver Mozart pour lui montrer avec joie des symphonies ou des quatuors de Haydn qu'il avait mis en partition, et où il avait découvert, par ce moyen, quelques négligences de style. Mozart tâchait toujours de changer le sujet de la conversation ; enfin, n'y pouvant plus tenir : « Monsieur, lui dit-il une fois d'un ton un peu brusque, si l'on nous fondait tous les deux ensemble, on ne trouverait pas encore de quoi faire un Haydn. »

Un peintre, voulant flatter Cimarosa, lui dit un jour qu'il le regardait comme supérieur à Mozart. « Moi, monsieur, répliqua-t-il vivement ; que diriez-vous à un homme qui viendrait vous assurer que vous êtes supérieur à Raphaël ? »

CHAPITRE V

MOZART jugeait ses propres ouvrages avec impartialité, et souvent avec une sévérité qu'il n'aurait pas soufferte aisément dans un autre. L'empereur Joseph II aimait Mozart, et l'avait fait son maître de chapelle ; mais ce prince avait la prétention d'être un *dilettante*. Son voyage en Italie lui avait donné l'engouement de la musique italienne, et quelques Italiens qu'il avait à sa cour ne manquaient pas d'entretenir cette prévention, qui, au reste, me semble assez fondée.

Ils parlaient avec plus de jalousie que de justice des premiers essais de Mozart, et l'empereur, ne jugeant guère par lui-même, fut facilement entraîné par les décisions de ces amateurs. Un jour qu'il venait d'entendre la répétition d'un opéra comique (l'*Enlèvement au Sérail*), qu'il avait demandé lui-même à Mozart, il dit au compositeur : « Mon cher Mozart, cela est trop beau pour nos oreilles ; il y a beaucoup trop de notes là-dedans. — J'en demande pardon à Votre Majesté, lui répondit Mozart très sèchement ; il y a précisément autant de notes qu'il en faut. » Joseph ne dit rien, et parut un peu embarrassé de la réponse ; mais lorsque l'opéra fut joué, il en fit les plus grands éloges.

Mozart fut ensuite moins content lui-même de son ouvrage ; il y fit beaucoup de corrections et de retranchements : et depuis, en exécutant sur le piano un des airs qui avaient été le plus applaudis : « Cela est bon dans la chambre, dit-il, mais pour le théâtre il y a trop de verbiage. Dans le temps où je composais cet opéra, je me complaisais dans ce que je faisais, et n'y trouvais rien de trop long. »

Mozart n'était nullement intéressé ; la bienfaisance, au contraire, faisait son caractère : il donnait souvent sans choix, et dépensait son argent plus souvent encore sans raison.

Dans un voyage qu'il fit à Berlin, le roi Frédéric-Guillaume II lui proposa trois mille écus d'appointements (onze mille francs) s'il voulait rester à sa cour et se charger de la direction de son orchestre. Mozart répondit seulement : « Dois-je quitter mon bon empereur ? » Cependant, à cette époque, Mozart n'avait point encore d'appointements fixes à Vienne. Un de ses amis lui reprochant, dans la suite, de n'avoir pas

accepté les propositions du roi de Prusse :
« J'aime à vivre à Vienne, répliqua Mozart ;
l'empereur me chérit, je me soucie peu
de l'argent. »

Des tracasseries qu'on lui avait suscitées à la cour le portèrent cependant à demander sa démission à Joseph ; mais un mot de ce prince, qui aimait ce compositeur, et surtout sa musique, le fit sur-le-champ changer de résolution. Il n'eut pas l'habileté de profiter de ce moment favorable pour demander un traitement fixe ; mais l'empereur eut enfin de lui-même l'idée de régler son sort ; malheureusement il consulta sur ce qu'il était convenable de faire un homme qui n'était pas des amis de Mozart, et qui proposa huit cents florins (un peu moins de deux mille deux cents francs). Jamais Mozart n'eut un traitement plus considérable. Il le touchait comme *compositeur* de la chambre, mais il ne fit jamais rien en cette qualité. On lui demanda une fois, en vertu d'un de ces ordres généraux du gouvernement, fréquents à Vienne, l'état des traitements qu'il recevait de la cour. Il écrivit, dans un billet cacheté : « Trop pour ce que j'ai fait, trop peu pour ce que j'aurais pu faire. »

Les marchands de musique, les directeurs de théâtre et autres gens à argent abusaient tous les jours de son désintéressement connu. C'est ainsi que la plupart de ses compositions pour le piano ne lui ont rien rapporté. Il les écrivait par complaisance pour des gens de sa société, qui lui témoignaient le désir de posséder quelque chose de sa propre main pour leur usage particulier : dans ce cas, il était obligé de se conformer au degré de force auquel ces personnes étaient parvenues ; et c'est ce qui explique comment dans le nombre de ses compositions pour le clavecin, il s'en trouve beaucoup qui paraissent peu dignes de lui. Artaria, marchand de musique à Vienne, et d'autres de ses confrères, savaient se procurer des copies de ces pièces, et les publiaient sans demander l'agrément de l'auteur, et surtout sans lui proposer d'honoraires.

CHAPITRE VI

Un jour un directeur de spectacle, qui était fort mal dans ses affaires et presque au désespoir, vint trouver Mozart, et lui exposa sa situation, en ajoutant : « Vous êtes le seul homme au monde qui puissiez me tirer d'embarras ! — Moi, réplique Mozart ; comment cela ? — En me composant un opéra tout à fait dans le goût du public qui fréquente mon théâtre ; vous pourrez également travailler, jusqu'à un certain point, pour les connaisseurs et pour votre gloire ; mais ayez surtout égard aux classes du peuple qui ne se connaissent pas à la belle musique. J'aurai soin que vous ayez bientôt le poëme, que les décorations soient belles ; en un mot, que tout soit comme on le veut aujourd'hui. » Mozart, touché de la prière de ce pauvre diable, lui promit de se charger de son affaire. « Combien demandez-vous pour vos honoraires ? répliqua le directeur du théâtre. — Mais vous n'avez rien, dit Mozart : écoutez cependant, voici comment nous arrangerons la chose pour que vous puissiez sortir d'embarras, et pour qu'en même temps je ne perde pas tout à fait le fruit de mon travail : je ne donnerai ma partition qu'à vous seul, vous m'en payerez ce que vous voudrez ; mais c'est sous la condition expresse que vous n'en laisserez pas prendre de copie : si l'opéra fait du bruit, je le vendrai à d'autres directions. » Le directeur, ravi de la générosité de Mozart, s'épuise en promesses. Celui-ci se hâte de composer sa musique, et la fait exactement dans le genre qui lui était indiqué. On donne l'opéra ; la salle est toujours pleine : on en parle dans toute l'Allemagne, et quelques semaines après on le joue sur cinq ou six théâtres différents, sans qu'aucun d'eux eût reçu de copie du directeur dans l'embarras.

D'autres fois encore il ne trouva que des ingrats dans ceux auxquels il avait rendu des services ; mais rien ne put le guérir de son obligeance pour les malheureux. Toutes les fois que des virtuoses peu fortunés passaient par Vienne, et que, n'y connaissant personne, ils s'adressaient à lui, il leur offrait d'abord sa table et son logement, leur faisait faire la connaissance de ceux qui pouvaient leur devenir utiles et rarement les laissait partir sans composer pour eux des *concertos*, dont il ne gardait pas même de copie, afin qu'étant les seuls à les jouer ils pussent se produire avec plus d'avantages.

Mozart avait souvent le dimanche des concerts chez lui. Un comte polonais qu'on y mena un jour fut enchanté, ainsi que tous les assistants, d'un morceau de musique pour cinq instruments, qu'on exécutait pour la première fois. Il témoigna à Mozart combien ce morceau lui avait fait de plaisir, et le pria de composer pour lui un trio de flûte quand il se trouverait de loisir. Mozart le lui promit, sous cette condition, qu'il ne serait nullement pressé. Le comte, en rentrant chez lui, envoya au compositeur cent demi-souverains d'or (un peu plus de deux mille francs), avec un billet très poli, dans lequel il le remerciait du plaisir dont il venait de jouir. Mozart envoya au comte la partition originale du morceau de musique à cinq instruments qui avait paru lui plaire. Ce comte partit. Une année après il revint voir Mozart, et lui demanda des nouvelles de son trio : « Monsieur, répondit le compositeur, je ne me suis pas encore senti disposé à composer quelque chose qui fût digne de vous. — Par conséquent, répliqua le comte vous ne vous sentirez pas non plus disposé à me rembourser les cent demi-souverains d'or que je vous ai payés

d'avance pour ce morceau de musique. »
Mozart, indigné, lui rendit sur-le-champ
ses souverains ; mais le comte ne parla pas
de la partition originale du morceau à
cinq instruments, et bientôt après elle parut
chez Artaria, comme quatuor de clavecin,
avec accompagnement de violon, d'alto et
de violoncelle.

On a remarqué que Mozart était très
prompt à prendre des habitudes nouvelles.
La santé de sa femme, qu'il aima toujours
avec passion, était fort chancelante : dans
une longue maladie qu'elle fit, il courait
au-devant de ceux qui venaient la voir,
en mettant un doigt sur la bouche, et leur
faisant signe de ne pas faire de bruit. Sa
femme guérit, mais pendant longtemps
il aborda les gens qui entraient chez lui
en mettant le doigt sur la bouche, et en
ne leur parlant lui-même qu'à voix basse.

Pendant cette maladie, il allait quelquefois, de grand matin, se promener seul à
cheval ; mais il avait toujours soin, avant
de partir, de laisser auprès de sa femme
un papier en forme d'ordonnance du
médecin. Voici une de ces ordonnances :
« Bonjour, ma bonne amie, je souhaite que
tu aies bien dormi, que rien ne t'ait dérangée ; prends garde de ne point prendre
froid, et de ne pas te faire mal en te baissant ; ne te fâche pas contre tes domes-

tiques ; évite toute espèce de chagrin jusqu'à mon retour ; aie bien soin de toi : je reviendrai à neuf heures. »

Constance Weber fut une excellente compagne pour Mozart, et elle lui donna plusieurs fois des conseils utiles. Il eut d'elle deux enfants qu'il aima tendrement. Mozart jouissait d'un revenu considérable ; mais son amour effréné pour le plaisir, et le désordre de ses affaires domestiques, firent qu'il ne laissa à sa famille que la gloire de son nom et l'attention du public de Vienne. Après la mort de ce grand compositeur, les Viennois cherchèrent à témoigner leur reconnaissance à ses enfants pour les plaisirs qu'il leur avait si souvent procurés.

Dans les dernières années de la vie de Mozart, sa santé, qui avait toujours été délicate, s'affaiblissait rapidement. Il était timide à l'égard des malheurs futurs, comme tous les gens à imagination, et l'idée qu'il n'avait plus longtemps à vivre le tourmentait souvent : alors il travaillait tant, avec une telle rapidité et une si grande force d'attention, qu'il oubliait quelquefois tout ce qui n'était pas son art. Souvent, au milieu de son enthousiasme, ses forces l'abandonnaient, il tombait en faiblesse, et l'on était obligé de le porter sur son lit. Tout le monde voyait que cette rage de travail ruinait sa santé. Sa femme et ses amis faisaient tout ce qu'ils pouvaient pour le distraire : par complaisance pour eux, il les accompagnait dans les promenades et aux visites où on le menait, mais son esprit n'y était pas. Il ne sortait de temps en temps de cette mélancolie habituelle et silencieuse que par le pressentiment de sa fin prochaine, idée qui lui causait toujours une terreur nouvelle. On reconnaît le genre de folie du Tasse, et celle qui rendit Rousseau si heureux dans le vallon des Charmettes, en le portant, par la crainte d'une mort prochaine, à la seule bonne philosophie, celle de jouir du moment présent et d'oublier les chagrins. Peut-être, sans cette exaltation de la sensibilité nerveuse qui va jusqu'à la folie, n'y a-t-il pas de génie supérieur dans les arts qui exigent de la tendresse. La femme de Mozart, inquiète de cette manière d'être singulière, avait l'attention de faire venir chez son mari les personnes qu'il aimait à voir, et qui faisaient semblant de le surprendre au moment où, après plusieurs heures de travail, il aurait dû naturellement songer au repos. Ces visites lui faisaient plaisir, mais il ne quittait point la plume : on causait, on cherchait à l'engager dans la conversation, il n'y prenait aucune part ; on lui adressait la parole, il répondait quelques mots sans suite, et continuait d'écrire.

Cette extrême application, au reste, accompagne quelquefois le génie, mais n'en est pas du tout la preuve. Voyez Thomas : qui est-ce qui peut lire son emphatique collection de superlatifs ? et cependant il était tellement absorbé par ses méditations sur les moyens d'être éloquent, qu'il lui est arrivé à Montmorency, lorsque son laquais lui amenait le cheval sur lequel il avait coutume de faire de l'exercice, d'offrir à ce cheval une prise de tabac. Raphaël Mengs aussi a été dans ce siècle un modèle de préoccupation, et ce n'est cependant qu'un peintre de troisième ordre ; tandis que le Guide, le plus joueur des hommes, et qui faisait, vers la fin de sa vie, jusqu'à trois tableaux par jour pour payer les dettes de la nuit, a laissé des ouvrages dont le plus faible donne plus de plaisir que les meilleurs des Mengs ou des Carle Maratte, gens très-appliqués. Une femme me disait un jour : « Monsieur un tel me jure que je régnerai à jamais sur son âme ; il proteste sans cesse que je serai la maîtresse unique de cette âme : mon Dieu ! je le crois ; mais à quoi bon, si cette âme ne me plaît pas ? » A quoi bon l'application d'un homme sans génie : Mozart a été peut-être, dans le dix-huitième siècle, l'exemple le plus frappant de la réunion des deux choses. Benda, l'auteur d'*Ariane dans l'île de Naxos*, a aussi de bons traits de préoccupation.

CHAPITRE VII

Ce fut dans cet état qu'il composa la *Flûte enchantée*[1], la *Clémence de Titus*, son *Requiem*, et d'autres morceaux moins connus. C'est pendant qu'il

---

1. A l'époque où l'on donna les *Mystères d'Isis* à l'Opéra de Paris, un journal publia une lettre écrite à ce sujet par une dame allemande, et dont voici l'extrait :

« J'ai vu les *Mystères d'Isis* : décorations, ballets, costumes, tout est fort beau ; mais ai-je vu la pièce de Mozart ? ai-je reçu l'impression de sa musique ? Nullement.

« La *Flûte enchantée* est, dans l'original, ce que vous appelez un opéra-comique, une comédie mêlée d'ariettes. Le sujet est tiré du roman connu de Séthos ; le dialogue en est alternativement parlé et chanté. C'est sur ce canevas que Mozart a composé sa délicieuse musique, si bien d'accord avec les paroles.

« Comment n'at-on pas vu que c'était dénaturer cet ouvrage que de le transformer en grand opéra ? Il a fallu d'abord, pour le rendre digne de votre académie de musique, couvrir tout le poëme d'un récitatif étranger ; il a fallu y intercaler des airs, des chants, qui, pour être du même auteur, ne sont ni de la même pièce ni du même faire ; il a fallu enfin ajouter à cette pièce un grand nombre de morceaux hétérogènes, pour amener les superbes ballets dont elle est ornée. Il résulte de tout cela un ensemble qui n'est plus celui de Mozart : l'unité musicale est troublée, l'intention générale est effacée, l'enchantement disparaît.

« Encore si l'on nous eût donné la musique de Mozart telle qu'il l'a faite ! mais nombre des morceaux les plus saillants ont perdu, dans la parodie, leur caractère et leur physionomie primitive : on en a altéré le mouvement, le ton, la signification.

faisait la musique du premier de ces opéras qu'il commença à avoir, au milieu de son travail, ces moments d'évanouissement dont nous avons parlé. Il aimait beaucoup

« Le Bochoris de la pièce allemande est un jeune oiseleur, gai, naïf, un peu bouffon, qui porte, sans le savoir, une flûte enchantée : il paraît vêtu d'un habit fait de plumes d'oiseaux ; il a sur le dos la cage où il met ceux qu'il a pris, et à la main la flûte dont il les pipe. Une ritournelle pleine de gaieté l'annonce, et il entre en chantant :

> Der Vogelfaenger bin ich, ja,
> Stets lustig, heissa ! hopsassa !
> Ich Vogelfaenger bin bekannt
> Bei alt und jung, im ganzen Land ;
> Weiss mit dem Locken umzugehn,
> Und mich auf's Pfeifen zu verstehn. *(Gamme de flûte.*
> Drum kann ich froh und lustig Sein ;
> Denn alle Vœgel sind ja mein*. *(Gamme de flûte.)*

« Tel est le texte que Mozart a reçu de son poëte, et qui est ressorti de son esprit sous la forme musicale qui lui convenait. Au lieu de ces paroles joyeuses et simples, le poëte français met des couplets de sentiment dans la bouche de son Bochoris. Il y a question de la *Mère de la Nature*, des *Grâces fidèles* et de l'*Amour qui vole autour d'elles*... Tout cela peut être fort joli en France, mais l'air de Mozart ne va plus aussi bien.

« Sur la mélodie qui sert au Bochoris allemand à exprimer son désir inquiet de rencontrer une jeune fille qui

---

* Voici la version exacte et littérale de ce couplet allemand. Si quelqu'un veut essayer de la substituer aux paroles françaises, *sous les yeux de la déesse*, il s'apercevra combien elle s'adapte mieux au caractère de l'air :

> C'est moi qui suis l'oiseleur, oui, oui,
> Joyeux et dispos, ta la la, ta la la !
> C'est moi qui suis l'oiseleur si connu
> Des vieux et des jeunes, par tout le pays :
> Je sais piper, tendre un filet,
> Tirer des sons du flageolet. *(Gamme de flûte.)*
> Allons, soyons gai ! car, sur ma foi,
> Tous gentils oiseaux sont à moi. *(Gamme de flûte.)*

la *Flûte enchantée*, quoiqu'il ne fût pas très content de quelques morceaux que le public avait pris en affection et qu'il ne cessait d'applaudir. Cet opéra eut un grand nombre

réponde à son amour, le Français débite de la morale bien éloignée de l'âme du jeune oiseleur :

> La vie est un voyage :
> Tâchons de l'embellir, etc.

« Ce n'est pas là ce que Mozart a voulu dire.

« Ce n'est pas là non plus ce qu'il a voulu dire quand, du bel air à couplets que chantent ensemble l'oiseleur et la princesse Pamina, on a fait ce trio de circonstance :

> Je vais revoir l'amant que j'aime, etc.

Dans l'allemand, c'est une hymne à l'Amour, chantée par deux jeunes gens, une princesse et un oiseleur, qui se rencontrent seuls au milieu des forêts : le chant en est très beau, et il devient touchant quand on songe à l'innocence, à l'ingénuité, à l'émotion vague des deux jeunes acteurs qui sont en scène.

« Il en est de même des nymphes de la nuit, qui viennent sauver le prince d'un serpent prêt à l'attaquer durant son sommeil : ces jeunes filles n'ont jamais vu d'hommes ; leur surprise, leur crainte, se peint dans leurs accents : rien de tout cela ne peut se trouver dans le trio des femmes de Myrrhêne.

« On voit que, constamment, une situation intéressante, et dont les développements sont pleins de naturel, est remplacée par une de ces combinaisons si rebattues et si froides qui font vivre le théâtre français.

« Je ne parlerai pas de quelques chants transposés, à leur grand désavantage, dans d'autres tons, ni de plusieurs autres altérations ; mais je me plaindrai de ce que l'on a supprimé de très-beaux morceaux : je regrette surtout un duo naïf, chanté par deux enfants ; un autre chanté par le prince et par la princesse, après avoir passé ensemble par les épreuves de l'eau et du feu. Cette circonstance de deux amants qui supportent de compagnie les périls de l'initiation est un des motifs qui me feraient donner de représentations ; mais l'état de faiblesse dans lequel Mozart se trouvait ne lui permit de diriger l'orchestre que pendant les neuf ou dix premières. Quand il était hors

la préférence au poëme allemand, quelque baroque qu'il puisse être d'ailleurs.

« Nous devons donc dire aux Français, pour l'honneur de Mozart : Votre opéra des *Mystères d'Isis* est un fort bel ouvrage, plein de noblesse, et peut-être très supérieur à notre *Flûte enchantée* ; mais ce n'est pas du tout l'ouvrage de Mozart.

« WILHELMINE [*] »

Les personnes qui se rappelleront l'original et l'imitation y trouveront, ce me semble, la lutte du genre classique et du genre romantique. Le versificateur français, dont j'ignore jusqu'au nom, a dû être tout fier d'avoir fait quelque chose qui eût un air de famille avec les chefs-d'œuvre de Racine et de Quinault. Il ne s'est pas aperçu qu'il perdait tout naturel, toute grâce, toute originalité, et que rien n'est sujet à endormir comme une pièce où les spectateurs qui ont fait leur cours de littérature à l'Athénée prévoient à chaque scène l'événement qui va suivre. Le genre romantique, à égalité de talent dans l'auteur, aurait au moins le mérite de nous surprendre un peu. Veut-on la vérité sur cette dispute qui va faire la gloire des journaux pendant un demi-siècle ? C'est que le genre romantique, véritable poésie, ne souffre pas de médiocrité. Des drames romantiques, faits avec tout le talent qu'on trouve dans les huit ou dix dernières tragédies que vous m'avez envoyées de Paris, faits avec le talent qui créa les *Ninus II*, les *Ulysses*, les *Artaxerxès*, les *Pyrrhus*, etc., ne seraient pas parvenus à la seconde scène. Ces alexandrins bien ronflants sont un cache-sottise, mais non un antidote contre l'ennemi. Qu'est-ce qu'un style qui se refuse à répéter le mot le plus caractéristique du plus français de nos grands hommes ?

Pour faire supporter Henri IV, disant qu'il souhaiterait que le plus pauvre paysan pût au moins avoir la poule au pot le dimanche, Legouvé fait dire à cet homme qui avait tant d'esprit :

[*] Une note dans la marge de l'exemplaire Mirbeau indique que ce nom cache Mme Philipine de Bulow. En réalité Stendhal emprunté cette note à Winckler. N. D. L. E.

d'état d'aller au théâtre, il plaçait sa montre à côté de lui, et semblait suivre l'orchestre dans sa pensée : « Voilà le premier acte terminé, disait-il ; maintenant on chante tel ou tel air, etc » ; puis il était de nouveau saisi de l'idée que bientôt il serait obligé de quitter tout cela.

Un événement assez singulier vint accélérer l'effet de cette funeste disposition. Je prie qu'on me permette de rapporter cet événement avec détails, parce qu'on lui doit le fameux *Requiem*, qui passe, avec raison, pour un des chefs-d'œuvre de Mozart.

Un jour qu'il était plongé dans une profonde rêverie, il entendit un carrosse s'arrêter à sa porte. On lui annonce un inconnu qui demande à lui parler : on le fait entrer ; il voit un homme d'un certain âge, fort bien mis, les manières les plus nobles, et même quelque chose d'imposant : « Je suis chargé, monsieur, pour un homme très considérable, de venir vous trouver. — Quel est cet homme ? interrompit Mozart. — Il ne veut pas être connu. — A la bonne heure ! et que désire-t-il ? — Il vient de perdre une personne qui lui était

---

Je veux enfin qu'au jour marqué pour le repos,
L'hôte laborieux des modeste hameaux,
Sur sa table moins humble, ait, par ma bienfaisance,
Quelques-uns de ces mets réservés à l'aisance ;
Et que, grâce à mes soins, chaque indigent nourri,
Bénisse avec les siens la bonté de Henri.

bien chère, et dont la mémoire lui sera éternellement précieuse ; il veut célébrer tous les ans sa mort par un service solennel, et il vous demande de composer un *Requiem* pour ce service. » Mozart se sentit vivement frappé de ce discours, du ton grave dont il était prononcé, de l'air mystérieux qui semblait répandu sur toute cette aventure. Il promit de faire le *Requiem*. L'inconnu continue : « Mettez à cet ouvrage tout votre génie ; vous travaillez pour un connaisseur en musique. — Tant mieux. — Combien de temps demandez-vous ? — Quatre semaines. — Eh bien, je reviendrai dans quatre semaines. Quel prix mettez-vous à votre travail ? — Cent ducats. » L'inconnu les compte sur la table et disparaît.

Mozart reste plongé quelques moments dans de profondes réflexions ; puis tout à coup demande une plume, de l'encre, du papier, et, malgré les remontrances de sa femme, il se met à écrire. Cette fougue de travail continua plusieurs jours : il composait jour et nuit, et avec une ardeur qui semblait augmenter en avançant ; mais son corps, déjà faible, ne put résister à cet enthousiasme : un matin il tomba enfin sans connaissance, et fut obligé de suspendre son travail. Deux ou trois jours après, sa femme cherchant à le distraire des sombres pensées qui l'occupaient, il lui répondit brusquement : « Cela est certain, c'est pour moi que je fais ce *Requiem ;* il servira à mon service mortuaire. » Rien ne peut le détourner de cette idée.

À mesure qu'il travaillait, il sentait ses forces diminuer de jour en jour, et sa partition avançait lentement. Les quatre semaines qu'il avait demandées s'étant écoulées, il vit un jour entrer chez lui le même inconnu. « Il m'a été impossible, dit Mozart, de tenir ma parole. — Ne vous gênez pas, dit l'étranger : quel temps vous faut-il encore ? — Quatre semaines. L'ouvrage m'a inspiré plus d'intérêt que je ne pensais, et je l'ai étendu beaucoup plus que je n'en avais le dessein. — En ce cas, il est juste d'augmenter les honoraires ; voici cinquante ducats de plus. — Monsieur, dit Mozart, toujours plus étonné, qui êtes-vous donc ? — Cela ne fait rien à la chose ; je reviendrai dans quatre semaines. »

Mozart appelle sur-le-champ un de ses domestiques pour faire suivre cet homme extraordinaire, et savoir qui il était : mais le domestique maladroit vint rapporter qu'il n'avait pu retrouver sa trace.

Le pauvre Mozart se mit dans la tête que cet inconnu n'était pas un être ordinaire ; qu'il avait sûrement des relations avec l'autre monde, et qu'il lui était envoyé pour lui annoncer sa fin prochaine. Il ne s'en appliqua qu'avec plus d'ardeur à son *Requiem*, qu'il regardait comme le monument le plus durable de son génie. Pendant ce travail, il tomba plusieurs fois dans des évanouissements alarmants. Enfin, l'ouvrage fut achevé avant les quatre semaines. L'inconnu revint au terme convenu : Mozart n'était plus.

Sa carrière a été aussi courte que brillante. Il est mort à peine âgé de trente-six ans ; mais dans ce peu d'années il s'est fait un nom qui ne périra point tant qu'il se trouvera des âmes sensibles.

FIN DE LA VIE DE MOZART

LETTRE SUR MOZART

Monticello, le 29 août 1814.

Il résulte, mon cher ami, de la lettre citée ci-dessus, dont l'exposé me semble très-vrai, que, des ouvrages de Mozart, on ne connaît à Paris que *Figaro*, *Don Juan* et *Cosi fan tutte*, qui ont été joués à l'Odéon.

La première réflexion qui se présente sur *Figaro*, c'est que le musicien, dominé par sa sensibilité, a changé en véritables passions les goûts assez légers qui, dans Beaumarchais, amusent les aimables habitants du château d'Aguas-Frescas. Le comte Almaviva y désire Suzanne, rien de plus, et est bien éloigné de la passion qui respire dans l'air

> Vedro mentr'io sospiro
> Felice un servo mio !

Et dans le duo

> Crudel ! perchè finora ?

Certainement ce n'est pas là l'homme qui dit, acte III, scène IV de la pièce française :

« Qui donc m'enchaîne à cette fantaisie ? j'ai voulu vingt fois y renoncer... Étrange effet de l'irrésolution ! si je la voulais sans débat, je la désirerais mille fois moins. » Comment le musicien aurait-il pu atteindre à cette idée, qui cependant est fort juste ? comment peindre un calembour en musique ?

On sent, dans la comédie, que le goût de Rosine pour le petit page pourrait devenir plus sérieux : la situation de son âme, cette douce mélancolie, ces réflexions sur la portion de bonheur que le destin nous accorde, tout ce trouble qui précède la naissance des grandes passions, est infiniment plus développé chez Mozart que dans le comique français. Cette situation de l'âme n'a presque pas de termes pour l'exprimer, et est peut-être une de celles que la musique peut beaucoup mieux peindre que la parole. Les airs de la comtesse font donc une peinture absolument neuve : il en est de même du caractère de Bartholo, si bien marqué par le grand air

La vendetta ! la vendetta !

La jalousie de Figaro, dans l'air

Se vuol ballar signor Contino,

est bien éloignée de la légèreté du Figaro français. Dans ce sens, on peut dire que Mozart a défiguré la pièce autant que possible. Je ne sais trop si la musique peut peindre la galanterie et la légèreté françaises pendant quatre actes, et dans tous les personnages : cela me semble difficile ; il lui faut des passions décidées, du bonheur ou du malheur. Une répartie fine ne fait rien sentir à l'âme, ne donne rien à sa méditation. En parlant du saut par la fenêtre : « La rage de sauter peut prendre, dit Figaro ; voyez plutôt les moutons de Panurge. » Cela est délicieux, mais pendant trois secondes ; si vous insistez, si vous prononcez lentement, le charme disparaît.

Je voudrais voir l'aimable Fioravanti faire la musique des *Noces de Figaro*. Dans celle de Mozart, je ne trouve la véritable expression de la pièce française que dans le duo

Se a caso madama,

entre Suzanne et Figaro ; et encore celui-ci est-il jaloux beaucoup trop sérieusement, lorsqu'il dit :

Udir bramo il resto.

Enfin, pour achever le déguisement, Mozart finit la *Folle journée* par le plus beau chant d'église qu'il soit possible d'entendre : c'est après le mot

<blockquote>Perdono,</blockquote>

dans le dernier finale.

Il a changé entièrement le tableau de Beaumarchais : l'esprit ne reste plus que dans les situations ; tous les caractères ont tourné au tendre et au passionné. Le page est indiqué dans la pièce française ; son âme entière est développée dans les airs

<blockquote>Non so più cosa son,</blockquote>

et

<blockquote>Voi che sapete
Che cosa è amor ;</blockquote>

et dans le duo de la fin avec la comtesse, lorsqu'ils se rencontrent dans les allées obscures du jardin, près du bosquet des grands marronniers.

L'opéra de Mozart est un mélange sublime d'esprit et de mélancolie, tel qu'il ne s'en trouve pas un second exemple. La peinture des sentiments tristes et tendres peut quelquefois tomber dans l'ennuyeux : ici l'esprit piquant du comique français, qui brille dans toutes les situations, repousse bien loin le seul défaut possible du genre.

Pour être dans le sens de la pièce, la

musique aurait dû être faite à frais communs par Cimarosa et Paisiello. Le seul Cimarosa pouvait donner à Figaro la brillante gaieté et l'assurance que nous lui connaissons. Rien ne ressemble plus à ce caractère que l'air

> Mentr'io era un fraschetone
> Sono stato il più felice ;

et il faut avouer qu'il est faiblement rendu par le seul air gai de Mozart :

> Non più andrai farfallone...

La mélodie de cet air est même assez commune ; c'est l'expression qu'il prend peu à peu qui en fait tout le charme.

Quant à Paisiello, il suffit de se rappeler le quintette du *Barbiere di Siviglia*, dans lequel on dit à Bazile

> Allez-vous coucher,

pour voir qu'il était parfaitement en état de rendre les situations purement comiques, et où il n'y a point de chaleur de sentiment.

Comme chef-d'œuvre de pure tendresse et de mélancolie, absolument exempt de tout mélange importun de majesté et de tragique, rien au monde ne peut être comparé aux *Nozze di Figaro*. J'ai vraiment du plaisir à me figurer cet opéra joué par une des Monbelli, pour le rôle de la comtesse ; Bassi, pour celui de Figaro ; Davide ou Nozzari, pour le comte Almaviva ; madame Gaforini pour Suzanne ; encore une des Monbelli pour le petit page, et Pellegrini pour le docteur Bartholo.

Si vous connaissiez ces voix délicieuses, vous partageriez le plaisir que me donne cette supposition ; mais en musique on ne peut parler aux gens que de leurs souvenirs. Je pourrais, à toute force, vous donner une idée de l'*Aurore* du Guide, au palais Rospigliosi, quoique vous ne l'ayez jamais vue ; mais je serais ennuyeux comme un auteur de prose poétique, si j'essayais de vous parlez d'*Idoménée*, ou de la *Clémence de Titus*, avec autant de détails que je l'ai fait de *Figaro*.

On peut dire avec vérité, et sans tomber dans les illusions exagérantes auxquelles on est sans cesse conduit lorsqu'il s'agit d'un homme tel que Mozart, que rien absolument ne peut être comparé à l'*Idoménée*. J'avoue que, contre l'opinion de toute l'Italie, ce ne sont pas les *Horaces* qui, pour moi, sont le premier opéra *seria* existant ; c'est *Idoménée*, ou la *Clémence de Titus*.

La majesté en musique devient bientôt

ennuyeuse. Cet art ne peut absolument pas rendre le mot d'Horace :

> Albano tu sei, io non ti conosco più

et l'exaltation patriotique de tout ce rôle ; tandis que la tendresse seule anime tous les personnages de la *Clémence*. Quoi de plus tendre que Titus disant à son ami :

> Avoue-moi ta faute, l'empereur n'en saura rien ; l'ami seul est avec toi.

Le pardon de la fin, quand il lui dit :

> Soyons amis,

fait venir les larmes aux yeux aux traitants les plus endurcis. C'est ce que j'ai vu à Kœnigsberg, après la terrible retraite de Moscou. En réabordant au monde civilisé, nous trouvâmes la *Clémence de Titus* très bien montée dans cette ville, où les Russes eurent la politesse de nous donner vingt jours de repos, dont, en vérité, nous avions grand besoin.

Il faut absolument avoir vu la *Flûte enchantée* pour s'en faire une idée. La pièce, qui ressemble aux jeux d'une imagination tendre en délire, est divinement d'accord avec le talent du musicien. Je suis convaincu que, si Mozart avait eu le talent d'écrire, il eût sur-le-champ tracé la situation du nègre Monostatos, venant dans le silence de la nuit, au clair de lune, dérober un baiser sur les lèvres de la princesse endormie. Le hasard a fait ce que les amateurs n'avaient rencontré qu'une fois dans le *Devin du village*, de Rousseau. On peut dire, de la *Flûte enchantée*, que le même homme a fait les paroles et la musique.

L'imagination toute romantique de Molière dans *Don Juan*, cette peinture si vraie d'un si grand nombre de situations intéressantes, depuis le meurtre du père de donna Anna, jusqu'à l'invitation faite à la statue, parlant à elle-même, la réponse terrible de cette statue ; tout cela encore est merveilleusement dans le talent de Mozart.

Il triomphe dans l'accompagnement terrible de la réponse de la statue, accompagnement absolument pur de toute fausse grandeur, de toute enflure : c'est, pour l'oreille, de la terreur à la Shakspeare.

La peur de Leporello, lorsqu'il se défend de parler au commandeur, est peinte d'une manière très comique, chose rare chez Mozart ; en revanche, les âmes sensibles retiennent de cet opéra vingt traits mélancoliques ; même à Paris, qui ne se souvient pas du mot

> Ah ! rimembranza amara !
> Il padre mio dov'è ?

Don Juan n'a pas eu de succès à Rome : peut-être l'orchestre n'a-t-il pas pu jouer cette musique très difficile ; mais je parierais qu'un jour elle plaira aux Romains.

La pièce de *Cosi fan tutte* était faite pour Cimarosa, et tout à fait contraire au talent de Mozart, qui ne pouvait badiner avec l'amour. Cette passion était toujours pour lui le bonheur ou le malheur de la vie. Il n'a rendu que la partie tendre des caractères, et nullement le rôle plaisant du vieux capitaine de vaisseau caustique. Il s'est sauvé quelquefois, à l'aide de sa sublime science en harmonie, comme à la fin, dans le trio

Tutte fan cosi.

Mozart, considéré sous le rapport philosophique, est encore plus étonnant que comme auteur d'ouvrages sublimes. Jamais le hasard n'a présenté plus à nu, pour ainsi dire, l'âme d'un homme de génie. Le corps était pour aussi peu que possible dans cette réunion étonnante qu'on appela Mozart, et que les Italiens nomment aujourd'hui *quel mostro d'ingegno*.

LETTRES
SUR
MÉTASTASE

LETTRES SUR MÉTASTASE

LETTRE I

Varèse, le 24 octobre 1812.

Mon ami,

Le commun des hommes méprise facilement la grâce. C'est le propre des âmes vulgaires de n'estimer que ce qu'elles craignent un peu. De là, dans le monde, l'universalité de la gloire militaire, et, au théâtre, la préférence pour le genre tragique. Il faut à ces gens-là, en littérature, l'apparence de la difficulté vaincue ; et voilà pourquoi Métastase jouit de peu de réputation, si on compare cette réputation à son mérite. Tout le monde comprend, au Musée, le *Martyre de saint Pierre* par le Titien ; peu sentent le *saint Jérôme* du Corrège : ils ont besoin qu'on leur apprenne que cette beauté, si pleine de grâce, est pourtant de la beauté. Dans ce genre, les femmes, moins courbées que les hommes sous le joug habituel des calculs d'intérêt, leur sont bien supérieures.

La musique doit faire naître la volupté, et Métastase a été le poëte de la musique. Son génie tendre l'a porté à fuir tout ce qui pouvait donner la moindre peine, même éloignée, à son spectateur. Il a reculé de ses yeux ce qu'ont de trop poignant les peines de sentiment : jamais de dénoûment malheureux ; jamais les tristes réalités de la vie ; jamais ces froids soupçons qui viennent empoisonner les passions les plus tendres.

Il a senti que, si la musique de ses opéras était bonne, elle donnerait des distractions au spectateur, en le faisant songer à ce qu'il aime : aussi, à chaque instant, rappelle-t-il ce qu'il faut savoir du personnage pour comprendre ce qu'il chante. Il semble dire aux spectateurs : « Jouissez, votre attention même n'aura pas la moindre peine ; laissez-vous aller à l'oubli, si naturel, du plan d'une pièce dramatique ; ne songez plus au théâtre ; soyez heureux au fond de votre loge ; partagez le sentiment si tendre qu'exprime mon personnage. » Ses héros ne retiennent presque rien de la triste réalité. Il a créé des êtres qui ont un grain de verve et de génie que les hommes le plus heureusement nés n'ont rencontré que dans quelques moments fortunés de leur existence : Saint-Preux arrivant dans la chambre de Julie.

Les gens raisonnables qui ne sont pas rebutés par l'amertume de Tacite et d'Alfieri ; qui, à peine sensibles à la musique, sont bien loin de soupçonner le but de cet art charmant ; qui, non sensibles à ces mille pointes qui, dans la vie réelle, viennent, à chaque instant, percer l'âme tendre, ou, ce qui est bien pis, la replonger dans la plate réalité ; ces gens-là, dis-je, ont appelé, dans Métastase, manque de vérité ce qui est le comble de l'art. C'est l'effet d'un art, puisque c'est une condition nécessaire pour obtenir un certain plaisir. C'est comme si l'on blâmait le sculpteur qui fit l'*Apollon du Belvédère* d'avoir omis les petits détails de muscles que l'on voit dans le *Gladiateur* et dans les autres statues qui ne représentent que des hommes. Tout ce que l'on peut dire de vrai, c'est que le plaisir que donne un opéra de Métastase n'est pas senti dans le pays situé entre les Alpes, le Rhin et les Pyrénées. Je crois voir un Français, homme d'esprit, bien sûr de ce qu'il doit dire sur tout ce qui peut occuper l'attention d'un homme du monde, arrivant dans le palais du Vatican, à ces délicieuses loges que Raphaël orna de ces arabesques charmantes qui sont peut-être ce que le génie et l'amour ont jamais inspiré de plus pur et de plus divin. Notre Français est choqué des manques de vraisemblance : sa raison ne peut admettre ces têtes de femmes portées par des corps de lions, ces amours à cheval sur des chimères. Cela n'est pas dans la nature, dit-il d'un ton dogmatique ; rien de plus vrai, et il l'est également que vous n'êtes pas susceptible de ce plaisir, mêlé d'un peu de folie, qu'un homme, né sous un ciel plus heureux, trouve le soir d'une journée brûlante en prenant des glaces dans la villa d'Albano. Il est avec une société de femmes aimables ; la chaleur qui vient de cesser le porte à une douce langueur : couché sur un divan d'étoffe de crin, il suit, à un plafond brillant des plus riches couleurs, les formes charmantes que Raphaël a données à ces êtres qui, ne ressemblant à rien que nous ayons rencontré ailleurs, ne nous apportent aucune de ces idées communes qui, dans ces instants rares et délicieux, nuisent tant au bonheur.

Je crois bien aussi que les théâtres sombres de l'Italie, et ces loges, qui sont des salons, contribuent beaucoup à l'effet de la musique. Combien, en France, de femmes aimables qui savent l'anglais, et pour qui le mot *love* a un charme que le mot *amour* ne peut plus présenter. C'est que le mot *love* n'a jamais été prononcé devant elles par ces êtres indignes d'en éprouver le sentiment. Rien ne souille la brillante pureté de *love*, tandis que tous les couplets du vaudeville viennent gâter, dans ma mémoire, l'*amour*.

Eh bien, les personnes sensibles à ces distinctions-là goûteront les arabesques de Raphaël, et les êtres brillants, et exempts de tout ce qu'il y a de terrestre dans le cœur de l'homme, que Métastase nous a montrés.

Il éloigne, le plus possible, le souvenir du côté réel et triste de la vie. Il n'a pris des passions que ce qu'il en fallait pour intéresser ; rien d'âcre et de farouche : il ennoblit la volupté.

Sa musique chérie, de laquelle il n'a jamais séparé ses vers, et qui sait si bien exprimer les passions, ne peut marquer les caractères. Aussi, chez Métastase, le *Romain amoureux*, et le *Prince persan* touché de la même passion, ont le même langage dans ses vers, parce que Cimarosa va leur donner le même langage dans ses chants. L'amour de la patrie, le dévouement de l'amitié, l'amour filial, l'honneur chevaleresque, sont encore ces passions que l'histoire ou la société nous ont fait connaître ; mais elles ont un charme nouveau : vous vous sentez doucement transporté dans le pays des houris de Mahomet.

Ce sont des pièces portées à ce degré d'idéal, et qu'il faut absolument ne pas lire, et entendre seulement avec la musique, que les froids critiques d'un certain peuple ont examinées comme des tragédies. Ces pauvres diables, assez semblables à ce Crescembeni, un de leurs illustres prédécesseurs en Italie, qui, dans son cours de littérature, prit le *Morgante maggiore*, le poëme le plus bouffon, et même quelque chose de plus, pour un ouvrage sérieux ; ces pauvres gens, qui auraient bien dû s'appliquer à quelque métier plus solide, ne se sont seulement pas aperçus que Métastase était si loin de chercher à inspirer la terreur, qu'il se refuse même la peinture de l'odieux : et c'est en cela qu'il a dû être protégé par les gouvernements qui veulent inspirer la volupté à leurs peuples. Trouver une meilleure manière d'arranger les choses, blâmer ce qui existe ; fi donc ! c'est nous rendre haïssants, c'est chercher à nous rendre malheureux ; c'est un manque de politesse.

Ces pauvres critiques ont été bien scandalisés des fréquentes infractions commises par Métastase à la règle de l'unité du lieu ; ils ne se sont pas doutés que le poëte italien, au lieu de songer à cette règle, en suivait une toute contraire qu'il s'était faite, et qui est de changer le lieu de la scène le plus souvent possible, afin que l'éclat des décorations, si belles en Italie, vienne donner un nouveau plaisir à son heureux spectateur.

Métastase, nous enlevant, pour notre bonheur, si loin de la vie réelle, avait besoin, pour nous montrer, dans ses personnages, des êtres semblables à nous, et qui fussent intéressants, du naturel le plus parfait dans les détails ; et c'est en quoi il a égalé Shakspeare et Virgile, et surpassé, de bien loin, Racine et tous les autres grands poëtes.

Je cours aux armes, car je vois que je scandalise ; mes armes sont des citations.

Mais en quelle langue pourriez-vous traduire

Un pauvre bûcheron, tout couvert de ramée,
Sous le faix du fagot aussi bien que des ans
Gémissant et courbé, marchait à pas pesants,
Et tâchait de gagner sa chaumine enfumée.
Enfin, n'en pouvant plus d'effort et de douleur,
Il met bas son fagot, il songe à son malheur.
Quel plaisir a-t-il eu depuis qu'il est au monde ?
En est-il un plus pauvre en la machine ronde ?
Point de pain quelquefois, et jamais de repos...[1]

---

1. L'édition originale citait encore les sept vers suivants. L'erratum de 1817 les supprime, et sur l'exemplaire Mirbeau, Stendhal les a barrés et écrit : « De tels vers ne

Il en est de Métastase comme de notre fabuliste : ce sont peut-être les deux auteurs les plus intraduisibles.

Parcourons quelques situations. Dans l'*Olympiade*, ce chef-d'œuvre de Pergolèse, Clisthène, roi de Sicyone, préside aux jeux olympiques. Sa fille Aristée sera le prix du tournoi ; depuis longtemps elle aime Mégaclès, et elle en est aimée, mais ce jeune Athénien, célèbre par ses succès dans les jeux olympiques, a été refusé par le roi, qui a en horreur le nom d'Athènes. Obligé de quitter Sicyone, il s'est réfugié en Crète, où Licidas, prince crétois, lui a sauvé la vie au péril de la sienne. Les deux amis arrivent aux jeux, présidés par Clisthène. Licidas voit Aristée et en devient amoureux. Il se souvient des succès de son ami dans ces jeux célèbres : comme ces exercices ne sont pas d'usage en Crète, il prie son ami de combattre pour lui, sous son nom, et de lui mériter ainsi la belle Aristée. Mégaclès combat, est vainqueur ; il a été reconnu par la tremblante Aristée. Il parvient à éloigner Licidas pour un moment, et à se trouver tête à tête avec sa maîtresse : elle est au comble du bonheur.

peuvent être prononcés par un acteur... Ces vers tendres ne sont bons que dans un roman. » N. D. L. E.

SCENA NONA [1]

MÉGACLE, ARISTEA.

ARISTEA.

          Al fin siam soli :
Potrò senza ritegni
Il mio contento esagerar, chiamarti
Mia speme, mio diletto,
Luce degli occhi miei.....

MEGACLE.

            No, principessa,
Questi soavi nomi
Non son per me. Serbali pure ad altro
Piu fortunato amante.

---

[1] SCÈNE IX

MÉGACLÈS, ARISTÉE

ARISTÉE.

A la fin nous sommes seuls. Je puis donc, sans contrainte, t'exprimer toute ma joie, t'appeler ma seule espérance, mon seul bien, la lumière de mes yeux.

MÉGACLÈS.

Non, princesse, ces noms charmants ne sont plus faits pour moi ; conservez-les pour un amant plus fortuné.

ARISTEA.

     E il tempo è questo
Di parlarmi cosi ?...
....
....

MEGACLE.

      Tutto l'arcano
Ecco ti svelo. Il principe di Creta
Langue per te d'amor. Pietà mi chiede,
E la vita mi diede. Ah ! principessa,
Se negarla poss'io, dillo tu stessa.

ARISTEA.

E pugnasti...

MEGACLE.
 Per lui.

ARISTÉE.

 Est-ce dans cet heureux moment que tu dois parler ainsi ?
....
....

MÉGACLÈS.

 Ecoute ; je vais te révéler tout le secret. Le prince de Crète brûle d'amour pour toi ; il a imploré mon amitié ; et, en Crète, il m'a sauvé la vie. Ah ! princesse, puis-je aujourd'hui lui en refuser le sacrifice ? dis-le toi-même.

ARISTÉE.
Et tu as combattu ?

MÉGACLÈS.
 Pour lui.

ARISTEA.
         Perder mi vuoi...

MEGACLE.
Si : per serbarmi sempre
Degno di te.

ARISTEA.
    Dunque io dovrô...

MEGACLE.
                        Tu dei
Coronar l'opra mia. Si, generosa,
Adorata Aristea, seconda i moti
D'un grato cor. Sia, qual io fui fin ora,
Licida in avvenire. Amalo. E degno
Di si gran sorte il caro amico...

....

ARISTÉE.
Tu veux me perdre.

MÉGACLÈS.
Oui, pour me conserver toujours digne de toi.

ARISTÉE.
Je dois donc...

MÉGACLÈS.
Tu dois conserver mon ouvrage. Oui, généreuse, adorable Aristée, seconde les mouvements d'un cœur reconnaissant ; que Licidas soit désormais pour toi ce que je fus jusqu'à ce jour ; aime-le ; il est digne d'un [bonheur aussi grand.

....

ARISTEA.

Ah qual passaggio è questo ! io dalle stelle
Precipito agli abissi. Eh! no : si cerchi
Miglior compenso. Ah ! senza te, la vita
Per me vita non è.

MEGACLE.

Bella Aristea,
Non congiurar tu ancora
Contro la mia virtù. Mi costa assai
Il prepararmi a si gran passo. Un solo
Di quei teneri sensi
Quant' opera distrugge !

ARISTEA.

E di lasciarmi...

MEGACLE.

Ho risoluto.

ARISTÉE.

Ah ! ciel ! quel changement ! Du faîte du bonheur je tombe dans les abîmes. Ah ! non, sois reconnaissant d'une autre manière. Ah ! vivre sans toi ce n'est plus vivre.

MÉGACLÈS

Belle Aristée, ne combats plus ce que la vertu m'ordonne ; il m'en coûte assez pour me préparer à ce grand sacrifice. Si tu savais que d'efforts détruit un seul de tes soupirs !

ARISTÉE.

Et tu me laisseras...

MÉGACLÈS.

Il le faut.

ARISTEA.
Hai risoluto ? E quando ?

MEGACLE.
Questo (morir mi sento)
Questo è l' ultimo addio.

ARISTEA.
          L' ultimo ! ingrato...
Soccoretemi, o Numi ! il piè vacilla :
Freddo sudor mi bagna il volto ; e parmi
Ch'una gelida man m'opprima il core !

MEGACLE.
Sento che il mio valore
Mancando va. Più che a partir dimoro,
Meno ne son capace.
Ardir. Vado, Aristea : rimanti in pace.

ARISTÉE.
Il le faut, ô ciel ! et quand ?

MÉGACLÈS.
Cet adieu (oh ! je me sens mourir !), cet adieu est le dernier.

ARISTÉE.
Le dernier ! ingrat... O dieux ! venez à mon secours. Je ne puis me soutenir... Il me semble qu'une main glacée me serre le cœur.

MÉGACLÈS.
Je sens que mon courage m'abandonne. Plus je diffère mon départ et moins j'en suis capable. Courage ! (*Se rapprochant d'Aristée.*) Je pars, Aristée ; vis heureuse.

ARISTEA.

Come ! già m'abbandoni ?

MEGACLE.

E forza, o cara. Separarsi una volta.

ARISTEA.

E parti...

MEGACLE.

E parto Per non tornar più mai.
(*In atto di partire.*

ARISTEA.

Senti. Ah no... Dove vai ?

ARISTÉE.

Comment ! tu m'abandonnes déjà ?

MÉGACLÈS.

Il faut, mon amie, nous séparer une fois.

ARISTÉE.

Et tu pars...

MÉGACLÈS.

Pour ne revenir jamais. (*Il fait quelques pas pour sortir.*)

ARISTÉE.

Ecoute. Ah ! non... Où vas-tu ?

MEGACLE.

A spirar, mio tesoro,
Lungi dagli occhi tuoi.
      (*Parte resoluto, poi si ferma.*)

ARISTEA.

Soccorso... Io... moro.
      (*Sviene sopra un sasso.*)

MEGACLE.

Misero me, che veggo!
Ah l'oppresse il dolor! Cara mia speme,
                (*Tornando.*)
Bella Aristea, non avvilirti; ascolta :
Megacle è qui. Non partirò. Sarai...
Che parlo? Ella non m'ode. Avete, o stelle,
Più sventure per me ? No, questa sola
Mi restava a provar. Chi mi consiglia ?

MÉGACLÈS.

O mon unique bien ! expirer loin de tes yeux ! (*Il s'éloigne avec courage, puis s'arrête.*)

ARISTÉE.

O dieux ! je me meurs. (*Elle s'évanouit et tombe sur un bloc de pierre.*)

MÉGACLÈS.

Malheureux! que vois-je ? Ah ! la douleur l'accable. O ma seule espérance ! (*Il revient.*) Belle Aristée, ne perds pas courage ; écoute : Mégaclès est avec toi, je ne partirai pas, tu seras... Pourquoi parler ? elle ne peut entendre. Avez-vous, ô dieux ! quelque nouveau malheur pour moi ? Non, cette dernière épreuve me manquait seule. Qui me

Che risolvo ? Che fo ? Partir ? Sarebbe
Crudeltà, tirannia. Restar ? Che giova ?
Forse ad esserle sposo ? E il re ingannato,
E l' amico tradito, e la mia fede,
E l' onor mio lo soffrirebbe ? Almeno
Partiam più tardi. Ah ! che sarem di nuovo
A quest' orrido passo ! Ora è pietade
L'esser crudele. Addio, mia vita : addio,
         (*Le prende la mano, e la baccia.*)
Mia perduta speranza. Il ciel ti renda
Più felice di me. Deh, conservate
Questa bell' opra vostra, eterni Dei ;
E i dì, ch' io perderò, donate a lei.
Licida... Dov' è mai ? Licida !

donnera conseil ? que résoudre ? que faire ? Partir ? Ce serait une horrible cruauté. Rester ? Pourquoi ? pour être son époux ? Et le roi trompé, mon ami trahi, mon honneur, peuvent-ils le souffrir ? Au moins, partons plus tard. O ciel ! pour avoir encore des adieux aussi cruels. Il y a maintenant de la pitié à être cruel. Adieu, ma vie, adieu (*Il prend la main d'Aristée et la baise*), toi qui étais toute mon espérance et que je perds. Le ciel te rende plus heureuse que moi ! O dieux immortels ! conservez ce bel ouvrage que vous avez créé ! et les jours que je perdrai, ajoutez-les aux siens. Licidas !... Où est-il ? Licidas !

SCENA DECIMA.

LICIDA, E DETTI.

LICIDA.

Intese Tutto Aristea ?

MEGACLE.

Tutto. T' affretta, o prince, Soccorri la tua sposa.
(*In allo di partire.*)

LICIDA.

Ahimè ! Che miro ? Che fù ?

MEGACLE.

Doglia improvvisa Le oppresse i sensi.

SCÈNE X.

LES PRÉCÉDENTS, ET LICIDAS.

LICIDAS.
As-tu tout déclaré à Aristée ?

MÉGACLÈS.
Ne perds pas de temps, prince, donne des secours à ton épouse. (*Il veut sortir.*)

LICIDAS.
O ciel ! que vois-je ? qu'est-il arrivé ?

MÉGACLÈS.
Un chagrin subit lui a fait perdre l'usage de ses sens.

LICIDA.
E tu mi lasci ?

MEGACLE.
Io vado...
Deh! pensa ad Aristea. (Che dirà mai
Quando in se tornerà! Tutte ho presenti
Tutte le smanie sue.) Licida, ah! senti.

Se cerca, se dice :
L' amico dov' è ?
L' amico infelice,
Rispondi, morì.

Ah no! si gran duolo
Non darle per me :
Rispondi ma solo :
Piangendo partì.

Che abisso di pene!
Lasciare il suo bene,
Lasciarlo per sempre,
Lasciarlo così! (*Parte.*)

LICIDAS
Et tu me laisses ?
MÉGACLÈS.
Je pars. Pense à Aristée. (Que dira-t-elle, ô ciel! en revenant à elle ? Il me semble voir ses douleurs.) Licidas, écoute. Si elle me cherche, si elle te dit : « Mon ami, où est-il ? » — Mon ami malheureux, répondras-tu, vient de mourir. »

Oh! non, ne lui donne pas pour moi une si grande douleur ; réponds-lui, mais dis seulement : « Il est parti en pleurant. »

Quel abîme de peines! Laisser tout ce qu'on aime! le laisser pour toujours, et le laisser ainsi! (*Il sort.*)

C'est en 1731, je crois, que Pergolèse alla à Rome pour écrire l'*Olympiade ;* elle tomba. Comme Rome est, en Italie, la capitale des arts, et que c'est surtout sous les yeux de ce public si sensible, et si digne de les juger, qu'un artiste doit faire ses preuves, cette chute affligea beaucoup Pergolèse. Il retourna à Naples, où il composa quelques morceaux de musique sacrée. Cependant sa santé dépérissait tous les jours : il était attaqué, depuis quatre ans, d'un crachement de sang qui le minait insensiblement. Ses amis l'engagèrent à prendre une petite maison à *Torre del Greco*, village situé sur le bord de la mer, au pied du Vésuve. On dit à Naples que, dans ce lieu, les malades affectés de la poitrine guérissent plus promptement, ou succombent plus tôt, si leur mal est incurable.

Pergolèse, retiré seul dans sa petite maison, allait à Naples tous les huit jours pour faire exécuter les morceaux de musique qu'il avait composés. Il fit, à Torre del Greco, son fameux *Stabat*, la *cantate d'Orphée*, et le *Salve Regina*, qui fut le dernier de ses ouvrages.

Au commencement de 1733, ses forces étant entièrement épuisées, il cessa de vivre, et l'article de gazette qui annonçait sa mort fut le signal de sa gloire. Tous les directeurs des théâtres d'Italie ne firent plus jouer que ses opéras, que peu de temps avant ils dédaignaient. Rome voulut revoir son *Olympiade*, qui fut remise avec la plus grande magnificence. Plus, du vivant de l'auteur, on y avait montré d'indifférence pour son ouvrage sublime, plus on s'empressa alors d'en admirer les beautés.

Dans cet opéra, chef-d'œuvre d'expression de la musique italienne, rien ne l'emporte sur la scène entre Aristée et Mégaclès, que nous venons de citer. L'air

Se cerca, se dice,

est su par cœur de toute l'Italie, et c'est peut-être la principale raison pour laquelle on ne reprend pas l'*Olympiade*. Aucun directeur ne voudrait se hasarder à faire jouer un opéra dont l'air principal serait déjà dans la mémoire de tous ses auditeurs.

Dans l'*Olympiade*, la musique est une langue dont Pergolèse ajoute l'expression à celle du langage ordinaire que parlent les personnages de Métastase. Mais la langue de Pergolèse, qui peut rendre jusqu'aux moindres nuances des mouvements inspirés par les passions, et des nuances bien au delà de la portée de toute langue écrite, perd tout son charme dès qu'on la force d'aller vite. Il a donc mis en simple récitatif l'explication qui a lieu entre Mégaclès et Aristée, et n'a déployée toute l'énergie de la langue divine qu'il sut parler qu'à l'air

> Se cerca, se dice,

qui est peut-être ce qu'il a fait de plus touchant.

Il eût été contre les moyens de l'art de chanter pendant toute la scène. Il n'y a pas d'air propre à peindre les raisons qui font un devoir au malheureux Mégaclès de sacrifier son amante à son ami.

Mais quand le plus grand talent dramatique du monde déclamerait les vers

> Se cerca, se dice :
> *Si elle me cherche, si elle te dit*
> L'amico dov'é ?
> *Mon ami, où est-il ?*
> L'amico infelice,
> *Mon ami malheureux,*
> Rispondi, mori.
> *Répondras-tu, vient de mourir.*

> Ah ! no, si gran duolo
> *Ah ! non, une si cruelle douleur*
> Non darle per me ;
> *Ne lui donne pas pour moi ;*
> Rispondi, ma solo,
> *Réponds, mais seulement,*
> Piangendo parti.
> *Il est parti en pleurant.*

> Che abisso di pene !
> *Quel abîme de peines !*
> Lasciare il suo bene,
> *Laisser tout ce qu'on aime,*
> Lasciarlo per sempre,
> *Le quitter pour toujours,*
> Lasciarlo cosî !
> *Et le quitter ainsi !*

quelque tendresse qu'un habile acteur mît dans la manière de les réciter, il ne les dirait qu'une fois : il ne peindrait qu'une des mille manières dont l'âme du malheureux Mégaclès est déchirée. Chacun de nous sent confusément qu'au moment d'un départ si cruel, on répète, de vingt manières passionnées et différentes, à l'ami qui reste auprès d'une maîtresse si chérie,

> Ah ! no, sì gran duolo
> Non darle per me ;
> Rispondi, ma solo :
> Piangendo partî.

L'amant malheureux dira ces vers, tantôt avec un attendrissement extrême, tantôt avec résignation et courage, tantôt avec un peu d'espérance d'un meilleur sort, tantôt avec tout le désespoir du malheur évident.

Il ne pourra parler à son ami de la douleur où va être plongée Aristée quand elle reprendra ses sens, sans songer lui-même à la situation où il va se trouver dans un moment ; aussi les mots

> Ah ! no, si gran duolo
> Non darle per me,

répétés cinq ou six fois par Pergolèse, ont cinq ou six expressions tout à fait différentes dans la langue qu'il leur prête. La sensibilité humaine ne peut aller plus loin que la peinture que ce grand homme a laissée de la situation de Mégaclès. On sent qu'un tel état ne peut durer : quelques minutes d'une telle musique épuisent également l'acteur et le spectateur ; et cela vous explique, mon ami, l'ivresse avec laquelle on applaudit, en Italie, un air bien chanté. C'est que le chanteur habile est le plus grand des bienfaiteurs ; c'est qu'il vient de donner à tout un théâtre des plaisirs divins, et dont la moindre indisposition, ou la moindre négligence de sa part, eût pu priver les spectateurs. Jamais homme, peut-être, n'a causé un plus grand plaisir à un autre homme, que Marchesi, chantant le rondo

> Mia speranza ! io pur vorrei

de l'*Achille in Sciro*, de Sarti [1].

---

[1] Une femme sensible, qui était bien éloignée de soup-

Ce bonheur est réel, son existence est historique. Pour trouver un bonheur égal, il faut sortir de la vie réelle ; il faut avoir recours aux situations de roman ; il faut se figurer le baron d'Étange prenant Saint-Preux par la main, et lui accordant sa fille.

On voit qu'avec sept ou huit petits vers que le poète fournit au musicien, après avoir amené et fait comprendre une situation intéressante, celui-ci peut attendrir toute une foule de spectateurs. Il exprimera non-seulement le principal mouvement de la passion du personnage, mais quelques-unes des cent manières dont son cœur change en parlant à ce qu'il aime. Quel homme, en se séparant d'une maîtresse chérie, ne lui répète souvent : Adieu, adieu ! C'est le même mot dont il se sert ; mais quel est l'être assez malheureux pour ne pas se souvenir qu'à chaque fois ce nom est prononcé d'une manière différente ? C'est que, dans ces instants de peine et de bonheur, la situation du cœur change à

çonner qu'un jour ses lettres seraient imprimées, écrivait à son ami, le 29 août 1774 :

« Est-ce que je ne vous aurais pas dit que j'ai entendu chanter Millico ? C'est un italien. Jamais, non jamais on n'a réuni la perfection du chant avec tant de sensibilité et d'expression. Quelles larmes il fait verser ! quel trouble il porte dans l'âme ! j'étais bouleversée : jamais rien ne m'a laissé une impression plus profonde, plus sensible, plus déchirante même ; mais j'aurais voulu l'entendre jusqu'à en mourir. » (*Lettres de mademoiselle de l'Espinasse*, t. I, p. 185.)

chaque seconde. Il est tout simple que nos langues vulgaires, qui ne sont qu'une suite de signes convenus pour exprimer des choses généralement connues, n'aient point de signe pour exprimer de tels mouvements, que vingt personnes peut-être, sur mille, ont éprouvés. Les âmes sensibles ne pouvaient donc se communiquer leurs impressions et les peindre. Sept ou huit hommes de génie trouvèrent en Italie, il y a près d'un siècle, cette langue qui leur manquait. Mais elle a le défaut d'être inintelligible pour les neuf cent quatre-vingts personnes sur mille qui n'ont jamais senti les choses qu'elle peint. Ces gens-là sont devant Pergolèse comme nous devant un sauvage Miâmi, qui nous nommerait, en sa langue sauvage, un arbre particulier à l'Amérique, qui croît dans les vastes forêts qu'il parcourt en chassant, et que nous n'avons jamais vu. C'est un simple bruit que ce que nous entendons, et il faut convenir que si le sauvage prolonge son discours, ce bruit-là nous ennuiera bientôt.

Il faut pousser la franchise plus loin. Si, en bâillant, nous voyons, chez les gens assis à côté de nous, les symptômes du plaisir le plus vif, nous chercherons à déprimer ce bonheur insolent dont nous sommes privés ; et, tout naturellement, les jugeant d'après nous, nous leur nierons leur sensation, et nous chercherons à jeter du ridicule sur leur prétendu ravissement.

Rien n'est donc plus absurde que toute discussion sur la musique. On la sent, ou on ne la sent pas ; puis c'est tout. Malheureusement pour les intérêts de la vérité, il est devenu de mode d'être passionné pour cet art. Le vieux Duclos, cet homme qui avait tant d'esprit, et un esprit si sec, partant pour l'Italie à soixante ans, se croit obligé de nous dire qu'il est passionné pour la musique : quelle diable d'idée !

Cette langue donc, pour laquelle il est d'usage d'être passionné, est très-vague de sa nature. Elle avait besoin d'un poète qui pût guider notre imagination, et les Pergolèse et les Cimarosa ont eu le bonheur de trouver Métastase. Les expressions de cette langue vont droit au cœur, sans traverser, pour ainsi dire, l'esprit ; elles produisent directement *peine* ou *plaisir* : il fallait donc que le poëte des musiciens portât une extrême clarté dans les discours de ses personnages ; c'est ce qu'a fait Métastase.

La musique élève à une beauté idéale tous les caractères qu'elle touche. Beaumarchais a peint Chérubin d'une manière charmante ; Mozart, employant une langue plus puissante, a fait chanter à Chérubin les airs

> Non so più cosa son cosa faccio,

et

> Voi che sapete
> Che cosa è amor,

et a laissé bien loin derrière lui le charmant comique des Français. Les scènes de Molière ravissent l'homme de goût ; mais ce grand génie, qui d'ailleurs a fait tant de choses que la musique ne peut atteindre, a-t-il produit des peintures comiques égales à l'effet des airs de Cimarosa :

> Mentr'io era un fraschetone,
> Sono stato il più felice ;

et

> Quattro baj e sei morelli ;

et

> Le orecchie spalancate ?

Notez que toute la musique bouffe de Cimarosa produit son effet malgré les paroles, qui, les trois quarts du temps, sont les plus absurdes du monde. Remarquez cependant qu'elles offrent presque toujours, dans les personnages, du malheur ou du bonheur bien décidé, ou un ridicule bouffon plein de verve et de folie, et que c'est précisément ce qu'il faut à la musique. Cet art a en horreur la finesse, quelquefois pleine de sentiment, de l'aimable Marivaux. Je citerais toute la *Servante maîtresse* de Pergolèse, si elle était connue à Paris mais, puisque je ne puis rappeler cette musique délicieuse, qu'il me soit permis de citer un des hommes les plus aimables qu'ait produits notre France. M. le président de Brosses[1], se trouvant à Bologne en 1740, écrivait à un de ses amis de Dijon une lettre où se trouve ce passage, qu'il ne croyait certainement pas devoir jamais être imprimé :

« ...Mais l'un des premiers et des plus essentiels de tous ses devoirs (du cardinal Lambertini, archevêque de Bologne, depuis pape sous le nom de Benoît XIV) est d'aller trois fois la semaine à l'Opéra. Ce n'est pas ici qu'est cet Opéra ; vraiment personne n'irait, cela serait trop bourgeois : mais, comme il est dans un village à quatre lieues de Bologne, il est du bon ordre d'y être exact. Dieu sait si les petits-maîtres ou petites-maîtresses manquent de mettre quatre chevaux de poste à une berline, et d'y voler de toutes les villes voisines, comme à un rendez-vous ! C'est

---

1. L'édition originale portait de Berville, l'erratum de 1817 rétablit de Brosses et l'exemplaire Mirbeau porte cette note : « Je mis Berville au lieu de de Brosses pour ne pas choquer un petit maître des requêtes, fils de cet homme d'esprit, qui ne veut pas publier son voyage en Italie. Le manuscrit fut volé dans la Terreur. » N. D. L. E.

presque le seul Opéra qu'il y ait, dans cette saison, en Italie. Pour un Opéra de campagne, il est assez passable : ce n'est pas qu'il y ait ni chœurs, ni danses, ni poëmes supportables, ni acteurs ; mais les airs italiens sont d'une telle beauté qu'ils ne laissent plus rien à désirer dans le monde quand on les entend. Surtout il y a un bouffon et une actrice bouffe qui jouent une farce dans les entr'actes, d'un naturel et d'une expression comiques qui ne se peuvent ni payer ni imaginer. Il n'est pas vrai qu'on puisse mourir de rire, car, à coup sûr, j'en serais mort, malgré le déplaisir que je ressentais de l'épanouissement de ma rate, qui m'empêchait de sentir, autant que je l'aurais voulu, la musique céleste de cette farce. La musique est de Pergolèse. J'ai acheté, sur le pupitre, la partition originale, que je veux porter en France. Au reste, les dames se mettent là fort à l'aise, causent, ou, pour mieux dire, crient d'une loge à celle qui est vis-à-vis, se lèvent en pied, battent des mains, en criant : *bravo ! bravo !* Pour les hommes, ils sont plus modérés : quand un acte est fini, et qu'il leur a plu, ils se contentent de hurler jusqu'à ce qu'on le recommence ; après quoi, sur le minuit, quand l'opéra est fini, on s'en retourne chez soi, en partie carrée de madame de Bouillon, à moins que l'on n'aime mieux souper ici, avant le retour, dans quelque petit réduit. »

Dans ces *œuvres* charmantes, soit tragiques, soit comiques, l'air et le chant commencent avec la passion. Dès qu'elle se montre, le musicien s'en empare. Tout ce qui ne fait que préparer ses explosions est en récitatif.

Lorsque l'âme du personnage commence à être vivement émue, le récitatif a un accompagnement écrit par le musicien, comme le beau récitatif de Crivelli, au second acte de *Pirro* :

L'ombra d'Achille
Mi par di sentire ;

ou celui de Carolina, au second acte du *Mariage secret* :

Come tacerlo puoi ?

La passion s'empare-t-elle tout à fait de l'acteur, l'air commence.

Il y a une chose singulière, c'est que le poëte ne doit être éloquent et développé que dans les récitatifs. Dès que la passion paraît, le musicien ne lui demande qu'un très-petit nombre de paroles ; c'est lui qui se charge de toute l'expression.

Voyons encore quelques situations du charmant Métastase. Si je montrais ce soir ma lettre à l'aimable société que je vais joindre à la *Madonna del Monte*, tout le monde, mon aimable Louis, saurait les airs touchants faits sur les paroles que je vais transcrire, et les chanterait à demi-voix. Qu'il en est autrement aux lieux où vous êtes !

Oh ! fortunatos nimium, sua si bona norint !

Ah ! malheureux, connaissez le bonheur pendant qu'il en est temps encore !

Quelle folie de s'indigner, de blâmer, de se rendre haïssant, de s'occuper de ces grands intérêts de politique qui ne nous intéressent point ! Que le roi d'Espagne fasse pendre tous les philosophes ; que la Norwège se donne une constitution, ou sage, ou ridicule, qu'est-ce que cela nous fait ? Quelle duperie ridicule de prendre les soucis de la grandeur, et seulement ses soucis ! Ce temps que vous perdez en vaines discussions compte dans votre vie ; la vieillesse arrive, vos beaux jours s'écoulent.

Cosi trapassa al trapassar d'un giorno,
Della vita mortale il fiore e'l verdè :
Nè perchè faccia indietro april ritorno,
Si rinfiora ella mai, nè si rinverde...
..........Amiamo, or quando
Esser si puote riamato amando.

TASSO, c. XVI, ott. xv.

LETTRE II

Le Dante reçut de la nature une manière de penser profonde ; Pétrarque un penser agréable ; Bojardo et l'Arioste, une tête à imagination ; le Tasse, un penser plein de noblesse : mais aucun d'eux n'eut une pensée aussi claire et aussi précise que Métastase ; aucun d'eux encore n'est parvenu, en son genre, au point de perfection que Métastase atteignit dans le sien.

Le Dante, Pétrarque, l'Arioste, le Tasse, ont laissé quelque petite possibilité à ceux qui sont venus après eux d'imiter quelquefois leur manière. Il est arrivé à un petit nombre d'hommes d'un rare talent d'écrire quelques vers que ces grands hommes n'auraient peut-être pas désavoués.

Plusieurs sonnets du cardinal Bembo se rapprochent de ceux de Pétrarque ; Monti, dans sa *Basvigliana*, a quelques *terzine* dignes du Dante ; Bojardo a trouvé, dans Agostini, un heureux imitateur de son style, si ce n'est une imagination digne d'être comparée à la sienne. Je pourrais vous citer quelques octaves qui, par la richesse et le bonheur des rimes, rappellent d'abord l'Arioste. J'en connais un plus grand nombre dont l'harmonie et la majesté auraient peut-être trompé le Tasse lui-même ; tandis que, malgré des milliers d'essais tentés depuis près d'un siècle pour produire une seule *aria* dans le genre de Métastase, l'Italie n'a pas encore vu deux vers qui pussent lui faire l'illusion d'un moment.

Métastase est le seul de ses poëtes qui, littéralement, soit resté jusqu'ici inimitable.

Combien n'a-t-on pas fait de réponses à la *Canzonnetta a Nice* ! Aucune n'a pu être lue ; et rien de comparable n'existe, à ma connaissance, dans aucune langue, pas même Anacréon, pas même Horace.

LA LIBERTA

A NICE.

CANZONNETTA [1].

Grazie agl' inganni tuoi,
Al fin respiro, o Nice !

1. Faite à Vienne en 1763.

LA LIBERTÉ

A NICE.

CHANSON.

Grâce à ta perfidie, à la fin je respire, ô Nice ! à la fin les dieux ont eu pitié d'un malheureux !

Al fin d'un infelice
Ebber gli Dei pietà !

Sento da' lacci suoi,
Sento che l' alma è sciolta ;
Non sogno questa volta,
Non sogno libertà.

Mancò l' antico ardore,
E son tranquillo a segno,
Che in me non trova sdegno
Per mascherarsi amor.

Non cangio più colore
Quando il tuo nome ascolto ;
Quando ti miro in volto,
Più non batte il cor.

Sogno, ma te non miro
Sempre ne' sogni miei ;
Mi desto, e tu non sei
Il primo mio pensier.

Je sens que mon âme est dégagée de ses liens ; non, cette fois ce n'est pas un songe, je ne rêve pas la liberté.

Ce feu qui m'enflamma si longtemps s'est éteint, et je suis tranquille, au point que l'amour, pour se déguiser, ne trouve pas de dépit dans mon cœur.

Je ne change plus de couleur quand j'entends prononcer ton nom ; quand je regarde tes yeux, je ne sens plus battre mon cœur.

Si des songes viennent occuper mon sommeil, tu n'en es pas sans cesse l'objet ; au moment où je m'éveille, tu n'es plus ma première pensée.

CHANSON

Lungi da te m'aggiro
Senza bramarti mai ;
Son teco, e non mi fai
Nè pena, nè piacer.

Di tua beltà ragiono,
Nè intenerir mi sento ;
I torti miei rammento,
E non mi so sdegnar.

Confuso più non sono
Quando mi vieni appresso ;
Col mio rivale istesso
Posso di te parlar.

Volgimi il guardo altero,
Parlami in volto umano ;
Il tuo disprezzo è vano,
E vano il tuo favor.

Che più l'usato impero
Quei labbri in me non hanno ;

Je m'éloigne de toi, sans sentir, à chaque instant, le besoin de revenir ; si je suis assis à tes côtés, je n'éprouve ni peine ni plaisir.

Je parle de ta beauté, et je ne me sens plus attendrir ; je rappelle mes torts, et ne suis point en colère.

Je ne suis plus tout troublé si tu viens à t'approcher de moi ; je puis parler de toi, même avec mon rival.

Regarde-moi d'un œil altier, ou parle-moi avec bonté, ton mépris n'a plus d'effet, et ta faveur est vaine.

Non, cette bouche charmante n'a plus sur moi son empire

Quegli occhi più non sanno
La via di questo cor.

Quel che or m' alletta o spiace,
Se lieto o mesto or sono,
Già non è più tuo dono,
Già colpa tua non è.

Che senza te mi piace
La selva, il colle, il prato ;
Ogni soggiorno ingrato
M' annoja ancor con te.

Odi, s'io son sincero :
Ancor mi sembri bella ;
Ma non mi sembri quella
Che paragon non ha.

E (non t'offenda il vero)
Nel tuo leggiadro aspetto
Or vedo alcun difetto,
Che mi parea beltà.

accoutumé ; ces yeux brillants ne connaissent plus le chemin de mon cœur.

Aujourd'hui, ce qui me charme ou ce qui fait mon tourment, ce qui me rend triste ou heureux, ce n'est plus une marque de ta tendresse, ce n'est plus un instant de rigueur.

Sans toi, la forêt, la prairie, la colline ombragée, peuvent m'être agréables ; et un séjour déplaisant m'ennuie encore à tes côtés.

Vois si je suis sincère : tu me sembles encore belle ; mais tu ne me sembles plus celle à laquelle rien ne pourrait être comparé.

Et que la vérité ne t'offense pas : dans cette figure charmante j'aperçois maintenant des défauts que je prenais pour des beautés.

Quando lo stral spezzai,
(Confesso il mio rossore)
Spezzar m' intesi il core,
Mi parve di morir.

Ma per uscir di guai,
Per non vedersi oppresso,
Per racquistar sè stesso
Tutto si può soffrir.

Nel visco, in cui s' avvenne
Quell' augellin talora,
Lascia le penne ancora,
Ma torna in libertà.

Poi le perdute penne
In pochi dì rinnova,
Cauto divien per prova,
Nè più tradir si fa.

So che non credi estinto
In me l' incendio antico,

Quand je rompis ma chaîne, je confesse ma honte, je sentis mon cœur se briser ; il me sembla mourir.

Mais, pour sortir du malheur, pour ne pas se voir opprimé, pour redevenir soi-même, on peut tout souffrir.

Tel est cet oiseau que son imprudence conduit dans un piège ; il y laisse quelques plumes, il est vrai, mais il retourne à la liberté.

Ensuite, en peu de jours, ses plumes perdues reviennent : la prudence est un fruit du malheur, et il ne se laisse plus tromper.

Je sais que tu ne crois pas éteint le feu qui m'enflamma jadis ; j'en parlerais moins souvent, penses-tu, et je saurais me taire.

Perchè si spesso il dico,
Perchè tacer non so :

Quel naturale istinto,
Nice, a parlar mi sprona,
Per cui ciascun ragiona
De' rischj che passò.

Dopo il crudel cimento
Narra i passati sdegni,
Die sue ferite i segni
Mostra il guerrier cosí.

Mostra cosí contento
Schiavo, che uscí di pena,
La barbara catena,
Che strascinava un dí.

Parlo, ma sol parlando
Me soddisfar procuro ;
Parlo, ma nulla io curo
Che tu mi presti fè.

O Nice ! ce penchant naturel m'excite à parler, qui porte chacun de nous à se rappeler les dangers qu'il courut.
Après la bataille sanglante, le guerrier conte la fureur qui l'animait, et montre la place de ses blessures.
C'est avec une joie pareille que l'esclave dont le sort a changé montre la chaîne cruelle qu'autrefois il traînait après lui.
Je parle, il est vrai, mais seulement pour me satisfaire ; mais sans songer si tu prêtes foi à mes paroles.

Parlo, ma non dimando
Se approvi i detti miei,
Nè se tranquilla sei
Nel ragionar di me.

Io lascio un' incostante ;
Tu perdi un cor sincero ;
Non so di noi primiero
Chi s'abbia a consolar.

So che un si fido amante
Non troverà più Nice ;
Che un' altra ingannatrice
È facile a trovar.

Je parle, mais je ne demande point si tu approuves mes pensées ; je ne demande point si tu es tranquille en t'occupant de moi.
Je quitte une inconstante ; tu perds un cœur sincère : j'ignore qui de nous deux se consolera le premier.
Je sais que Nice ne trouvera plus un amant si fidèle ; je sais qu'une autre trompeuse est facile à trouver [*].

[*] Voilà l'amour dans la manière italienne, dans celle de Cimarosa : ses peines attaquent le bonheur, il est vrai, mais ne détruisent pas l'être sensible. Un Allemand nous eût décrit les ravages que le malheur a faits dans son être : il ne prouve l'énergie des passions que par le vilain tableau des maladies. Voyez, en français, les romans de madame Cottin.
La version qu'on vient de donner n'est destinée qu'à faciliter l'intelligence de l'original. On sent à chaque vers, en traduisant cette chanson célèbre, combien la langue italienne admet plus de naturel que la nôtre. Pour n'être pas excessivement plat, il faut à tout moment s'éloigner du texte, tourner en maxime ce que le personnage exprime comme un sentiment ; on ajoute une épithète à un mot qui eût semblé trop nu à une oreille française. Ce n'est pas sous ces couleurs que les quinze ou vingt *Cours de littérature* qui ont paru en France depuis quelques années peignent la langue italienne.

La clarté, la précision, la facilité sublime, qui, comme on voit, caractérisent le style de ce grand poëte, qualités si indispensables dans des paroles qui doivent être chantées, produisent aussi le singulier effet de rendre ses ouvrages extrêmement faciles à apprendre par cœur. On retient, sans s'en douter, cette poésie divine, qui, soumise à la correction la plus parfaite, repousse cependant jusqu'à l'idée de la moindre gêne.

La *canzonnetta a Nice* vient plaire à la même partie de l'âme qui est charmée de la petite *Madeleine* du Corrége, qui est à Dresde, et que le burin de Longhi nous a si bien rendue.

Il est difficile de lire, sans répandre des larmes, la *Clémence de Titus*, ou *Joseph*; et l'Italie a peu de morceaux plus sublimes que certains passages des rôles de Cléonice, de Démétrius, de Thémistocle et de Régulus.

Je ne vois pas ce qu'on peut comparer, en aucune langue, aux cantates de Métastase. On serait tenté de tout citer.

Alfieri a surpassé tous les poëtes dans la manière de peindre le cœur des tyrans, parce que, s'il eût été moins honnête homme, lui-même, je crois, sur le trône, eût été un tyran sublime. Les scènes de son *Timoléon* sont bien belles ; je le sens, la manière est absolument différente de celle de Métastase, mais je ne pense pas que la postérité trouve que le mérite soit supérieur. On songe trop au style en lisant Alfieri. Le style, qui, comme un vernis transparent, doit recouvrir les couleurs, les rendre plus brillantes, mais non les altérer, dans Alfieri usurpe une part de l'attention.

Qui songe au style en lisant Métastase ? On se laisse entraîner. C'est le seul style étranger qui m'ait reproduit le charme de la Fontaine.

La cour de Vienne n'a pas eu, pendant cinquante ans, un jour de naissance ou un mariage à célébrer, qu'on n'ait demandé une cantate à Métastase. Quel sujet plus aride ! Parmi nous, on n'exige du poëte que de n'être pas détestable : Métastase y est divin ; l'abondance naît du sein de la stérilité.

Remarquez, mon ami, que, par ses opéras, Métastase a charmé, non pas l'Italie seulement, mais tout ce qu'il y a de spirituel dans toutes les cours de l'Europe, et cela en observant fidèlement les petites règles commodes que voici :

Il faut, dans chaque drame, six personnages, tous amoureux, pour que le musicien puisse avoir des contrastes. Le primo soprano, la prima donna et le ténor, les trois principaux acteurs de l'opéra, doivent chacun chanter cinq airs : un air passionné (l'*aria patetica*), un air brillant (*di bravura*), un air d'un style uni (*aria parlante*), un air de demi-caractère, et enfin un air qui respire la joie (*aria brillante*). Il faut que le drame, divisé en trois actes, n'outrepasse pas un certain nombre de vers ; que chaque scène soit terminée par un *aria* ; que le même personnage ne chante jamais deux airs de suite ; que jamais aussi deux airs du même caractère ne se présentent l'un après l'autre. Il faut que le premier et le deuxième acte soient terminés par des airs d'une plus grande importance que ceux qui se rencontrent dans le reste de la pièce. Il faut que, dans le deuxième et le troisième acte, le poëte ménage deux belles niches, l'une pour y placer un récitatif obligé, suivi d'un air à prétention (*di tranbusto*) ; l'autre pour un grand duo, sans oublier que ce duo doit toujours être chanté par le premier amoureux et la première amoureuse. Sans toutes ces règles, pas de musique. Il est bien entendu, outre cela, que le poëte doit fournir au décorateur de fréquentes occasions de faire briller son talent. Ces règles, si singulières en apparence, et dont quelques-unes ont été trouvées par Métastase, l'expérience a prouvé qu'on ne pouvait s'en écarter sans nuire à l'effet de l'opéra.

Enfin ce grand poëte lyrique, pour produire tant de miracles, n'a pu se servir que d'un septième, environ, des mots de la langue italienne. Elle en a quarante-quatre mille selon un moderne lexicographe, qui a pris la peine de les compter, et la langue de l'opéra n'en admet que six ou sept mille au plus.

Voici ce que, sur ses vieux jours, Métastase écrivait à un de ses amis :

« ..... Il se trouve, pour mes péchés, que les rôles de femmes *del Rè pastore* ont tellement plu à Sa Majesté, qu'elle m'a ordonné de faire, pour le mois de mai prochain, une autre pièce du même genre. Dans l'état où est ma pauvre tête, par la tension constante de mes nerfs, c'est une terrible tâche que d'avoir affaire à ces friponnes de Muses. Mais mon travail est mille fois plus désagréable encore par toutes les gênes qu'on m'impose. D'abord il ne peut être question de sujets grecs ou romains, parce que nos chastes nymphes ne veulent pas de ces costumes indécents. Je suis obligé d'avoir recours à l'histoire de l'Orient, pour que les femmes qui jouent les rôles d'hommes puissent être dûment enveloppées, de la tête aux pieds, dans les draperies asiatiques. Les contrastes entre le vice et la vertu sont nécessairement exclus de ces pièces, parce que aucune femme ne veut jouer un rôle odieux. Je ne puis employer que cinq personnages, par la très-bonne raison que donnait un certain gouverneur de château, qu'il ne faut pas cacher ses supérieurs dans la foule[1]. La durée de la représentation, les changements de scènes, les airs, et presque le nombre des mots, tout est limité. Dites-moi s'il n'y aurait pas de quoi faire devenir fou l'homme le plus patient ! Imaginez donc l'effet de tout cela sur moi, qui suis le grand prêtre de tous les maux de cette vallée de misère. »

Ce qu'il y a de plaisant, et qui prouve que le hasard entre dans tout, même dans les jugements de cette postérité dont on nous fait tant de peur, c'est qu'on ait cru faire une espèce de grâce à un tel homme en l'admettant au rang du froid amant de Laure, duquel il nous reste une cinquantaine de sonnets, à la vérité, pleins de douceur.

Métastase, né à Rome en 1698, était déjà, à dix ans, un improvisateur célèbre. Un riche avocat romain, nommé Gravina, qui faisait de mauvaises tragédies pour se désennuyer, fut charmé de cet enfant :

1. Ces opéras étaient joués par les archiducs et archiduchesses.

il commença, *pour l'amour du grec*, par changer son nom de Trapassi en celui de Métastase ; il l'adopta, donna les plus grands soins à son éducation, qui, par hasard, fut excellente, et enfin lui laissa de la fortune.

Métastase avait vingt-six ans lorsque son premier opéra, la *Didone*, fut joué à Naples en 1724. Il l'avait composé d'après les conseils de la belle Marianne Romanina, qui chanta supérieurement le rôle de Didone, parce qu'elle aimait passionnément le poëte ; il paraît que cet attachement dura. Métastase, intime ami du mari de Marianne, vécut plusieurs années dans cette maison, se laissant charmer par la douce musique, et étudiant sans relâche les poëtes grecs.

En 1729, l'empereur Charles VI, ce grand musicien qui ne riait jamais, et qui, dans sa jeunesse, avait joué un si pauvre rôle en Espagne, l'appela à Vienne pour être le poëte de son opéra. Il hésita un peu, mais partit.

Métastase ne sortit plus de Vienne ; il y parvint à une extrême vieillesse, au milieu d'une volupté délicate et noble, n'ayant d'autre soin que d'exprimer, dans de beaux vers, les sentiments qui animaient sa belle âme. Le docteur Burney, qui le vit à soixante-douze ans, le trouva encore le plus bel homme de son siècle et l'homme le plus gai. Il refusa toujours les cordons et les titres, sut cacher sa vie, et fut heureux. Aucun des sentiments tendres ne manqua à cette âme sensible.

En 1780, âgé de quatre-vingt-deux ans, au moment de recevoir le viatique, il rassembla ses forces, et chanta à son Créateur :

>   Eterno Genitor,
>   Io t'offro il proprio figlio
>   Che in pegno del tuo amor
>   Si vuole a me donar.
>
>   A lui rivolgi il ciglio,
>   Mira chi t'offro ; e poi
>   Niega Signor, se puoi,
>   Niega di perdonar.

Cet homme heureux et grand mourut le 2 avril 1782, ayant pu connaître, pendant sa longue carrière, tous les grands musiciens qui ont charmé le monde.

LETTRE

SUR L'ÉTAT ACTUEL DE LA MUSIQUE EN ITALIE.

Venise, 29 août 1814.

Vous vous souvenez donc encore, mon ami, des lettres que je vous écrivais de Vienne, il y a six ans. Vous voulez que je vous donne une esquisse de l'état actuel de la musique en Italie. Mes idées ont bien changé de cours depuis cette époque. Je suis aujourd'hui plus riche, plus heureux qu'à Vienne, et les moments que je ne donne pas à la société sont entièrement consacrés à l'histoire de la peinture.

Vous savez quelle a été ma joie lorsqu'on m'a rendu un revenu suffisant juste au nécessaire. Il paraît que j'avais été trompé par mon ambition ; car, sur ce prétendu nécessaire, je trouve tous les jours de quoi acheter de bons petits tableaux, que les grands faiseurs de collections ont négligés, ou plutôt n'ont pas reconnus. J'ai vu, il y a quelques jours, à la *Riva dei schiavoni*, chez un capitaine de vaisseau, le plus poli des hommes, de charmantes petites esquisses de Paul Véronèse, remplies de ce beau ton de couleur dorée qui donne tant de vie à ses grands tableaux : eh bien, j'ai déjà l'espérance de pouvoir me procurer une ou deux ébauches pareilles de ce grand maître, dont les chefs-d'œuvre sont enterrés, avec tant d'autres, dans votre immense Musée. Vous croyez être bien civilisés, et vous avez fait, en les ôtant à l'Italie, un trait de barbares. Vous ne vous êtes pas aperçus, messieurs les voleurs, que vous n'emportiez pas, avec les tableaux, l'atmosphère qui en fait jouir. Vous avez diminué les plaisirs du monde. Tel tableau, qui est solitaire et comme inconnu dans un des coins de votre galerie, faisait ici la gloire et la conversation de toute une ville. Dès que vous arriviez à Milan, on vous parlait du *Couronnement d'épines* du Titien : à Bologne, le premier mot de votre valet de place était de vous demander si vous vouliez voir la *Sainte Cécile* de Raphaël : ce valet de place, lui-même, savait par cœur cinq ou six phrases sur ce chef-d'œuvre.

Je sais bien que ces phrases ennuient l'amateur qui veut juger et sentir par lui-même ; il est souvent importuné des superlatifs italiens ; mais ces superlatifs montrent quel est l'esprit général du pays par rapport aux arts. Ces superlatifs, qui m'ennuient, éveillent peut-être l'amour de l'art chez un jeune tailleur de Bologne, qui un jour, sera un Annibal Carrache. Ces superlatifs-là sont un peu comme les signes de respect que l'on rend au marquis de Wellington lorsqu'il passe dans les rues de Lisbonne : certainement le petit clerc de procureur qui crie *e viva !* ne peut pas juger des talents militaires et de la prudence sublime de cet homme rare ; mais, n'importe, ces cris-là sont pour lui une récompense de ses vertus, et feront peut-être un autre Wellington de ce jeune capitaine qui est son aide de camp.

Le personnage le plus estimé, le plus connu dans Rome, c'est Canova. Le peuple d'un quartier de Paris connaît monsieur le duc un tel, dont l'hôtel est au bout de la rue. Il n'en faut pas davantage pour voir que vous avez beau emporter à Paris la *Transfiguration* et l'*Apollon ;* vous avez beau faire transporter sur toile la *Descente de croix* peinte à fresque par Daniel de Volterre, toutes ces œuvres sont des œuvres mortes : il manque à vos beaux-arts un public.

Ayez un Opéra italien, ayez un Musée ; c'est fort bien : vous pourrez parvenir peut-être à acquérir, dans ces genres là, un goût d'une belle médiocrité ; mais vous ne serez jamais grands que dans la comédie, dans la chanson, dans les livres d'une morale piquante :

> Excudent alii spirantia mollius æra.
> VIRG., VI, v. 847.

Vous, Français, vous aurez des Molière, des Collé, des Pannard, des Hamilton, des La Bruyère, des Dancourt, des *Lettres persanes*. Dans ce genre charmant, vous serez toujours le premier peuple du monde : cultivez-le, mettez-y votre luxe, encouragez les écrivains de ce genre ; les grands hommes sont produits par la terre que vous foulez. Donnez un orchestre supportable à votre Théâtre-Français ; achetez pour lui ces belles décorations du théâtre de la Scala, de Milan, que l'on recouvre d'une nouvelle couleur tous les deux mois, et que vous auriez pour une quantité de toile égale en étendue de la décoration. Les hommes d'esprit de Naples et de Stockholm se rencontreront sur la place du Carrousel, allant à votre théâtre voir jouer le *Tartufe* et le *Mariage de Figaro*. Nous, qui avons voyagé, nous savons que ces pièces sont injouables partout ailleurs qu'à Paris.

De même, les tableaux de Louis Carrache peuvent être regardés comme invisibles ailleurs qu'en Lombardie. Quelle est celle de vos femmes aimables qui a jamais regardé autrement qu'en bâillant cette *Vocation de saint Mathieu* [1], cette *Vierge portée au tombeau*, dont les couleurs ont un peu poussé au noir ? Je suis convaincu que les plus mauvaises copies, mises dans le cadre de ces tableaux, produiraient juste autant d'effet sur la grande société de France. Or, à Rome, cette grande société parlera pendant quinze jours de la manière dont cette fresque, peinte par le Dominiquin au couvent de Saint-Nil, va être transportée sur toile. A Rome, la considération est pour le grand artiste ; à Paris, elle est pour le général heureux, pour le conseiller d'État en faveur, pour le maréchal de Saxe, ou pour M. de Calonne. Je ne dis pas que cela est bien ou mal ; je fais seulement observer que cela est. Et le grand artiste qui aime sa gloire, et qui connaît le faible du cœur humain, doit vivre là où l'on est le plus sensible à son mérite, et où, par conséquent, on est le plus sévère à ses fautes. A Rome, MM. G. G. G. G., dont je n'ai jamais vu que les charmants ouvrages, au reste, pourraient impunément habiter au quatrième étage : la considération de la ville entière, depuis le neveu du pape jusqu'au moindre petit

---

1. Musée, n° 878.

abbé, y monterait avec eux ; on leur saurait beaucoup plus de gré d'un joli tableau que d'une repartie aimable. Voilà l'atmosphère qu'il faut à l'artiste ; car l'artiste aussi, comme un autre homme, à ses moments de découragement.

Une des conversations les plus intéressantes pour moi, dans une ville où j'arrive, est celle que j'établis avec le sellier qui me loue la voiture dans laquelle je vais rendre mes lettres de recommandation. Je lui demande qu'elles sont les curiosités à voir, quels sont les plus grands seigneurs du pays ; il me répond en me disant un peu de mal des collecteurs des impôts indirects ; mais, après ce tribut payé au rang qu'il occupe dans la société, il m'indique fort bien où se trouve le courant actuel de l'opinion publique.

Lorsque je suis rentré à Paris, vous aviez encore votre charmante madame Barilli : Dieu sait si le maître de mon bel hôtel garni de la rue Cérutt m'en a dit le moindre mot ; à peine s'il connaît de nom mademoiselle Mars et Fleury. Arrivez à Florence, chez Schneider, le moindre marmiton va vous dire : « Davide le fils est arrivé il y a trois jours ; il va chanter avec les Monbelli, l'Opéra fera *furore ;* tout le monde arrive à Florence pour le voir. »

Vous serez bien scandalisé, mon cher

Louis, si jamais vous venez en Italie, de trouver des orchestres bien inférieurs à celui de l'Odéon, et des troupes où il n'y a qu'une voix ou deux. Vous me croirez menteur comme un voyageur de long cours. Jamais de réunion égale à celle que vous possédiez à Paris, lorsque vous aviez, dans le même opéra, madame Barilli, mesdames Neri et Festa, et, en hommes, Crivelli, Tachinardi et Porto. Mais ne désespérez pas de votre soirée : les chanteurs que vous trouvez médiocres ici seront électrisés par un public sensible et capable d'enthousiasme ; et le feu circulant du théâtre aux loges, et des loges au théâtre, vous entendrez chanter avec un ensemble, une chaleur, un *brio*, dont vous n'avez pas même d'idée. Vous verrez de ces moments d'entraînement où, chanteurs et spectateurs, tous s'oublient pour n'être sensibles qu'à la beauté d'un finale de Cimarosa. Ce n'est pas assez de donner, à Paris, trente mille francs à Crivelli ; il faudrait encore acheter un public fait pour l'entendre et pour nourrir l'amour qu'il a pour son art. Il fait un trait superbe et simple, pas un applaudissement [1]; il se permet un de ces agréments communs et

---

[1]. Ceci est la plus grande preuve de barbarie. Tout au plus *on sait* la musique, jamais on ne la sent. On sent une réplique fine de M. Scribe. (*Note manuscrite de l'exemplaire Mirbeau.*)

aisés à distinguer ; chaque spectateur, charmé de prouver qu'il est connaisseur, assourdit son voisin par des battements de mains d'énergumène : mais ces applaudissements sont sans véritable chaleur ; son âme ne vient pas de recevoir un grand plaisir, c'est seulement son esprit qui approuve. Un Italien se livre franchement à la jouissance d'admirer un bel air qu'il entend pour la première fois ; un Français n'applaudit qu'avec une sorte d'inquiétude, il craint d'approuver une chose médiocre : ce n'est qu'à la troisième ou quatrième représentation, lorsqu'il sera bien décidé que cet air est *délicieux*, qu'il osera crier *bravo !* en appuyant sur la première syllabe, pour montrer qu'il sait l'italien. Voyez-le dire, le jour d'une première représentation, à son ami, qu'il aborde au foyer : *Cela est divin !* sa bouche affirme, mais son œil interroge. Si son ami ne lui répond pas par un autre superlatif, il est prêt à détrôner sa divinité. Aussi l'enthousiasme musical de Paris n'admet-il aucune discussion ; cela est toujours délicieux ou exécrable : au delà des Alpes, comme chacun est sûr de ce qu'il sent, les discussions sur la musique sont infinies.

J'ai trouvé froids tous les grands chanteurs que j'ai vus à l'Odéon : Crivelli n'est plus le même qu'à Naples ; Tachinardi seul avait des moments parfaits dans la *Distruzzione di Gerusalemme*. Ce malheur-là n'est pas de ceux qui se réparent avec de l'argent, il tient aux qualités intimes du public français.

Voyez ce même Français, si contraint en parlant de musique, si craintif pour les intérêts de son amour-propre ; voyez-le admirer un bon mot ou une repartie ingénieuse ; avec quel esprit, avec quel sentiment plein de feu et de finesse, avec quelle abondance n'en détaille-t-il pas tout le piquant ! Vous diriez, si vous étiez un songe-creux : ce pays-là doit produire des Molière et des Regnard, et non pas des Galuppi et des Anfossi.

Un jeune prince italien est *dilettante* ; il compose, bien ou mal, quelques airs, et est éperdûment amoureux d'une actrice : s'il paraît à la cour de son souverain, il y est embarrassé et respectueux. Un jeune duc français arrive jusqu'à la chambre du roi, en se donnant des airs élégants ; on voit qu'il est heureux, son âme jouit pleinement de ses facultés : il va s'appuyer, en fredonnant, contre la balustrade qui sépare le lit du roi du reste de la chambre. Un huissier, un homme noir, s'approche et lui dit qu'il n'est pas permis de s'asseoir ainsi, qu'il *profanise* la balustrade du roi. — « Ah ! vous avez raison, mon ami ; allez, je *préconerai* partout votre zèle ; » et il fait une pirouette en riant.

Je vous avouerai, mon cher Louis, que je n'ai point varié dans l'opinion que j'avais, il y a six ans, en vous parlant du premier symphoniste du monde. Le genre instrumental a perdu la musique. On joue plus souvent et plus facilement du violon ou du piano qu'on ne chante : de là la malheureuse facilité qu'a la musique instrumentale pour corrompre le goût des amateurs de la musique chantée ; c'est aussi ce dont elle s'acquitte fort bien depuis une cinquantaine d'années.

Un seul homme connaît encore, en Italie, la belle manière de conduire la voix : c'est Monbelli, et le principal avantage de ses charmantes filles est sans doute d'avoir eu un tel maître.

Cette vraie manière de chanter, que je soutiendrai jusqu'à la mort exclusivement, était celle que nous avions, à Vienne, dans mademoiselle Martinez, l'élève de Métastase, qui s'y connaissait, et qui, ayant passé sa jeunesse, au commencement du dix-huitième siècle, à Rome et à Naples, avec la célèbre Romanina, savait ce que doit faire la voix humaine pour charmer tous les cœurs.

Son secret est bien simple, elle doit être belle et se montrer.

Voilà tout. Pour cela il faut des accompagnements peu forts, des *pizzicati* sur le violon [1], et, en général, que la voix exécute des morceaux lents. Actuellement les belles voix se sauvent dans les récitatifs : c'est dans ces morceaux-là que madame Catalani et Velluti sont le plus beaux. C'est ainsi qu'on chantait, il y a quatre-vingts ans, les cantates à la mode alors : aujourd'hui on exécute, au galop, une polonaise ; vient ensuite un grand air, pendant lequel les instruments luttent de force avec la voix, ou ne se taisent un instant que pour les points d'orgue, et pour permettre au chanteur de faire des roulades éternelles ; et tout cela s'appelle un opéra ; et tout cela amuse un quart d'heure ; et tout cela n'a jamais fait verser une larme.

Les meilleures cantatrices que j'aie entendues en Italie (remarquez, pour l'acquit de ma conscience, que les plus grands talents peuvent avoir eu le malheur de ne jamais chanter devant moi) ; les meilleures cantatrices donc que j'aie entendues dans ces derniers temps, ce sont mademoiselle Eiser et les demoiselles Monbelli.

---

1. Paganini, Génois, est, ce me semble, le premier violon de l'Italie ; il a une douceur extrême ; il joue des concertos aussi insignifiants que ceux qui font bâiller à Paris, mais il a toujours pour lui la douceur. J'aime surtout à lui entendre jouer des variations sur la quatrième corde. Au reste, ce Génois a trente-deux ans : peut-être qu'il jouera mieux que des concertos avec le temps ; peut-être qu'il aura le bon sens de comprendre qu'il vaut mieux jouer un bel air de Mozart.

La première a épousé un poëte aimable, et ne chante plus en public ; les autres sont les espérances de la Polymnie italienne. Figurez-vous la plus belle méthode, la plus grande douceur dans les sons, l'expression la plus parfaite ; figurez-vous la pauvre madame Barilli avec une voix encore plus belle et toute la chaleur désirable. Je crois que les Monbelli ne chantent que le sérieux ; madame Barilli aurait donc toujours gardé sur elles l'avantage de chanter si divinement la *Fanciulla sventurata* des *Ennemis généreux*, la comtesse Almaviva de *Figaro*, donna Anna de *Don Juan*, etc. Il faut avoir entendu les petites Monbelli, à Milan, chanter l'*Adriano in Siria* de Métastase : cela était admirable et fit *furore*. Heureusement pour vous, elles sont de la première jeunesse, et vous pouvez espérer d'entendre un jour la cadette, celle qui s'habille en homme.

Il ne manquait au plaisir des amateurs que de voir réunis dans le même opéra l'excellent Velluti, le seul bon soprano d'une certaine façon, que l'Italie ait aujourd'hui à ma connaissance, et Davide le fils. Celui-ci a une voix charmante, mais il est bien loin encore de la belle méthode des Monbelli. C'est un homme qui fait sans cesse des ornements délicieux, un vrai chanteur de concert à Paris ; je suis convaincu qu'il y balancerait la réputation de M. Garat. Pour les pauvres petites Monbelli, tous nos connaisseurs diraient : N'est-ce que ça ? En Italie, elles sont faites pour aller à la plus haute réputation ; il ne faut demander qu'une chose au ciel, c'est qu'elles n'aillent pas se marier à quelque homme riche qui nous en priverait.

Madame Manfredini vous ferait un plaisir extrême dans la *Camille* de Paër : elle a une voix retentissante ; mais ce qui m'a enlevé dans cet opéra, que j'ai vu à Turin, c'est le bouffe Bassi, sans contredit le premier bouffe qu'ait aujourd'hui l'Italie. Il faut le voir, dans cette même *Camille*, dire à son maître, jeune officier, qui veut passer la nuit dans un château de mauvaise mine :

> Signor, la vità è corta ;
> Andiam, per carità.

Il a la chaleur, il a les jeux de scène, il a la passion pour son métier. Il joint à cela une profonde intelligence du comique, et fait lui-même des comédies agréables. Toute cette admiration-là m'est venue en le voyant jouer *Ser Marc' Antonio* à Milan. Je ne sais où il se trouve actuellement. Il a d'ailleurs une bonne voix, et serait parfait s'il avait la basse-taille de votre Porto.

Mais que voulez-vous ? Dans mon système, un certain degré de passion détruit la voix chez les hommes ; et, chez les femmes, une certaine fraîcheur dans les attraits. Vous direz que c'est encore une de mes pensées singulières ; je vous répondrai, comme César de Senneville : *A la bonne heure !*

Nozzari, que vous avez vu à Paris, est le premier homme du monde pour chanter le rôle de Paolino du *Mariage secret*, que j'ai trouvé un peu haut pour les moyens de votre superbe Crivelli.

Pellegrini a une basse-taille magnifique : il aurait besoin de prendre quelques leçons de Baptiste cadet, de Thénard et de Potier, ou, mieux encore, de l'excellent Dugazon, si vous aviez encore ce bouffon charmant, que vous avez méconnu, gens graves et *importants* que vous êtes.

Vous connaissez mieux que moi mesdames Grassini, Correa, Festa, Neri, Sessi, qui ont été à Paris. Vous regrettez encore madame Strinasacchi, si supérieure dans le rôle de Caroline du *Mariage secret*, et que vos habitués de spectacle appelaient, avec assez de justesse, la Dumesnil du théâtre Louvois.

J'ai entendu avec beaucoup de plaisir,

dans la superbe salle neuve de Brescia, madame Carolina Bassi : c'est une actrice pleine de feu. C'est aussi par cette qualité que brille madame Malanotti. Vittoria Sessi, de son côté, a une très jolie figure et une voix très forte.

Je n'ai jamais vu madame Camporesi, qui doit être à Paris, et dont on fait beaucoup de cas à Rome.

Je ne vous parle pas de Tachinardi, qui est si bon lorsqu'il s'anime ; le ténor Siboni marche sur ses traces. Parlamagni et Ranfagni sont toujours ce que vous les avez vus, c'est-à-dire d'excellents bouffes. De Grecis et Zamboni jouent fort bien : de Grecis était parfait dans les *Pretendenti delusi*, qui avaient beaucoup de succès à Milan il y a trois ans. C'est notre opéra des *Prétendus*, fort bien arrangé pour la scène italienne, et sur lequel Mosca a fait une musique amusante. Le trio

Con rispetto e riverenza,

avec l'air de flûte de la fin, m'a fait beaucoup de plaisir.

Je ne vous dirai rien ni de madame Catalani, ni de madame Gaforini. Je n'ai pas vu la première depuis ses débuts à Milan, il y a treize ans, et malheureusement la seconde s'est mariée. C'était le chant bouffe dans toute sa perfection. Il fallait la voir dans la *Dama soldato*, dans *Ser Marc'Antonio*, dans le *Ciabattino*. Un être vif, plus sémillant, plus pétillant d'esprit, plus gai, plus enflammé, ne renaîtra jamais pour les menus plaisirs des gens d'esprit. Madame Gaforini était, pour la Lombardie, ce que madame Barilli était pour Paris : on ne remplacera pas plus l'une que l'autre. Le caractère des peuples vous fait présumer que, sous beaucoup de rapports, madame Gaforini devait être le contraire de madame Barilli, et vous présumez bien.

J'ai entendu, il y a trois mois, une très belle voix au conservatoire de Milan. J'entendais mes voisins se dire : « N'est-il pas bien ridicule qu'on laisse tel excellent bouffe, plein d'âme et de feu, végéter dans un coin de Milan, et qu'on ne le fasse pas professeur au Conservatoire, pour qu'il anime cette belle statue ? » Je ne me souviens pas du nom de la statue.

Les gens qui reviennent de Naples font le plus grand éloge du bouffon Casacieli. J'ai aussi entendu vanter madame Paër et le tenor Marzochi[1]. Voilà, mon ami,

1. Il y a ici une omission assez étendue. L'auteur, au lieu de faire connaître ses jugements ténébreux sur des compositeurs très estimables, quoique peut-être entraînés, par la mode, dans une fausse route, va rappeler les faits relatifs à chacun d'eux.

ce que je connais de mieux en Italie. J'y ajouterai madame Sandrini que j'ai entendue avec plaisir à Dresde. Je ne vous dirai rien de nos théâtres de Vienne ; j'aurais

Paisiello et Zingarelli ne sont pas de l'école actuelle : ce sont les derniers contemporains des Piccini et des Cimarosa.

Valentin Fioravanti, si connu à Paris par ses *Cantatrici villane*, est de Rome, et jeune encore. On goûte beaucoup ses opéras buffas : le *Pazzie a vicenda*, qu'il donna en 1791, à Florence ; *il Furbo*, et *il Fabro Parigino*, joués à Turin en 1797, sont ses principaux ouvrages.

Simone Mayer, né en Bavière, mais élevé en Italie, est peut-être le compositeur qu'on y estime le plus ; c'est en même temps celui dont je puis le moins parler : sa manière est précisément celle qui nous semble nous mener le plus rapidement à la perte totale de la musique de théâtre. Ce compositeur habite Bergame, et les propositions les plus avantageuses n'ont jamais pu l'attirer ailleurs. Il travaille beaucoup. J'ai vu jouer vingt ouvrages de lui au moins. Il est connu à Paris par les *Finte rivali*, opéra buffa, joué par madame Correa. On y trouva quelques chants, mais pas toujours assez nobles, et un grand luxe d'accompagnements. Son *Pazzo per la musica* est joli ; *Adelasia ed Aleramo*, opéra seria, a eu un grand succès à Milan. Mayer nous a fait jouir des immenses progrès que la musique instrumentale a faits depuis le siècle des Pergolèse, et en même temps nous fait regretter les beaux chants de cette époque.

Ferdinando Paër, sur le compte duquel j'ai le malheur de penser comme sur Mayer, est né à Parme en 1774. J'ai vu les gens les plus spirituels de Paris faire l'éloge de son esprit. Ce compositeur a déjà fait trente opéras. La *Camilla* et *Sargines* étaient joués en même temps, il y a deux ans, à Naples, à Turin, à Vienne, à Dresde et à Paris.

Pavesi et Mosca, auteurs très-aimés en Italie, ont fait beaucoup d'opéras buffas. On y trouve des chants aimables, qui ne sont pas tout à fait étouffés par l'orchestre. Ces deux compositeurs sont jeunes.

On entend avec plaisir les opéras de Farinelli, né près de Padoue, c'est un élève du conservatoire de'*Turchini*, à Naples : il a déjà composé huit ou dix opéras.

trop à en dire : demandez aux officiers français qui y furent en 1809 ; je parie qu'ils se souviennent encore des larmes qu'ils répandaient au *Croisé*, mélodrame égal, pour l'effet, aux meilleures tragédies romantiques, et du rire inextinguible que provoquait l'excellent danseur Rainaldi, je crois, qui jouait si bien le ballet des *Vendanges*. En même temps on exécutait supérieurement *Don Juan*, le *Mariage secret*, la *Clémence de Titus*, le *Sargines* de Paër, *Eliska* de Chérubini, une *Lisbeth folle par amour*, et plusieurs autres ouvrages allemands justement estimés.

Ai-je besoin de vous répéter que, probablement, plusieurs grands talents jouissent en Italie d'une réputation méritée et sont passés par moi sous silence parce que je ne les connais pas ? Je ne suis jamais allé en Sicile ; il y a bien longtemps que j'ai quitté Naples. C'est dans cette terre heureuse, c'est dans ce pays produit par le feu, que naissent les belles voix. J'y trouvai autrefois des usages bien différents des nôtres et un peu plus gais. On

On conçoit les plus hautes espérances de M. Rossini jeune homme de vingt-cinq ans, qui débute. Il faut avouer que ses airs, chantés par les aimables Monbelli, ont une grâce étonnante. Le chef-d'œuvre de ce jeune homme, qui a une charmante figure, est l'*Italiana in Algeri*. Il paraît que déjà il se répète un peu. Je n'ai trouvé nulle originalité et nul feu dans le *Turco in Italia*, qu'on vient de donner à Milan, et qui est tombé.

ne dénonce pas les plagiats par des brochures dans ce pays-là ; on prend les voleurs sur le fait. Si donc le compositeur dont on exécute l'ouvrage a dérobé à un autre un *aria* ou seulement quelques *passages*, quelques *mesures*, dès que le morceau volé commence à se faire entendre, il s'élève de tous côtés des bravos auxquels est joint le nom du véritable propriétaire. Si c'est Piccini qui a pillé Sacchini, on lui criera sans rémission : Bravo, Sacchini ! Si l'on reconnaît, pendant son opéra, qu'il ait pris un peu de tout le monde, on criera : Fort bien ! bravo Galuppi ! bravo, Traetta ! bravo, Guglielmi !

Si on avait le même usage en France, combien des opéras de Feydeau auraient de ces bravos-là ! Mais ne parlons pas des vivants.

Tout le monde sait aujourd'hui que dans les *Visitandines* l'air si connu, *Enfant chéri des dames*, est de Mozart.

Duni eût entendu crier : Bravo, Hasse ! pour le début de l'air *Ah ! la maison maudite !* dont les quinze premières mesures sont aussi les quinze premières de l'air *Priva del caro bene*[1].

Monsigny eût eu un bravo, Pergolèse ! pour le début de son duo *Venez, tout nous*

---

1. *Voyage de Roland.*

réussit, qui est précisément celui de l'air *Tu sei troppo scelerato.* Autre bravo pour l'air *Je ne sais à quoi me résoudre.*

Philidor eût entendu crier : Bravo, Pergolèse ! pour son air *On me fête, on me cajole,* dont l'accompagnement se trouve dans l'air *Ad un povero polacco ;* Bravo, Cocchi ! pour l'air *Il fallait le voir au dimanche, quand il sortait du cabaret,* qui n'est autre chose que l'air tout entier *Donne belle che pigliate ;* Bravo, Galuppi ! pour la cavatine *Vois le chagrin qui me dévore.* Grétry eût eu aussi quelques paquets à son adresse.

Quoi de plus aisé que de faire un tour en Italie où, en général, on ne grave pas la musique, de prendre des copies de tout ce qu'on entend de bon ou de conforme au goût qu'on sait régner à Paris dans les cent théâtres chantants ouverts chaque année dans ce pays ; de lier les morceaux par un peu d'harmonie et de venir être en France un compositeur renommé ! on ne court pas de danger. Jamais une partition française ne passe les Alpes.

Quel succès n'auraient pas à Feydeau l'air *Con rispetto e riverenza* de Mosca, dans les *Pretendenti delusi,* le quatuor *Dà che siam uniti, parliam de'nostri affari,* du même opéra ; et surtout qui les y reconnaîtrait ?

Quant aux belles voix d'Italie, une des sottises de messieurs nos petits philosophes nuira probablement à nos plaisirs encore pendant un grand nombre d'années. Ces messieurs sont montés en chaire pour nous apprendre qu'une petite opération faite à quelques enfants de chœur allait faire de l'Italie un désert : la population allait périr, l'herbe croissait déjà dans la rue de Tolède ; et d'ailleurs, les droits sacrés de l'humanité ! Ah ciel ! Ces messieurs doivent être de bien bonnes têtes, si l'on en juge par leur froideur pour les arts. Malheureusement une autre bonne tête, un peu meilleure, M. Malthus, docteur anglais, s'est avisé de faire sur la population un ouvrage de génie qui contrebalancera un peu les petites assertions des Roland, des d'Alembert, et autres honnêtes gens, qui auraient dû se rappeler le mot *ne sutor*, et ne jamais parler des arts ni en bien ni en mal.

Malthus donc explique fort bien à nos chatouilleux philosophes que la population d'un pays augmente toujours en raison de la nourriture qu'on peut s'y procurer. Il ajoute que la principale cause de cette triste pauvreté, si commune, est la tendance qu'en vertu des penchants de la nature et de l'imprévoyance humaine, la population a de s'accroître au delà des limites de la production. Il exprime souvent le vœu de voir les gouvernements cesser de donner au mariage des encouragements dont il n'aura jamais besoin. Créez un produit, montrez une nouvelle terre, une nouvelle industrie, et vous verrez des mariages et des enfants ; formez des mariages sans cela, vous aurez des enfants ; mais ils ne croîtront pas, ou mettront obstacle à la naissance d'autres enfants.

Le nombre des mariages est toujours, lorsque la raison s'en mêle, en harmonie avec les moyens d'élever une famille. Dans des villages de Hollande que le docteur Malthus a observés, un homme meurt, voilà un héritage, des capitaux vacants, une industrie dont on peut s'emparer ; vous voyez sur-le-champ un mariage ; pas de mort, pas d'hymen. Les plus terribles causes de mortalité, la peste, la guerre, une famine passagère, ne dépeuplent pas pour longtemps une contrée où l'industrie et la fertilité sont dans un état croissant.

Sans entrer dans une dissertation savante et dans de beaux calculs, je dirai, avec M. Malthus, que si les moines, à qui les philosophes doivent tant de reconnaissance pour leur avoir fourni de si vastes sujets de déclamation ; si les moines nuisaient à la population, ce n'est point parce qu'ils n'y participaient pas directement, mais parce qu'ils étaient inutiles à la production. Cependant les moines ne peuvent pas être tout à fait comparés à nos ravissants Napolitains ; mais aussi ils étaient en bien plus grand nombre.

Il ne faut qu'avoir une âme pour sentir que l'Italie est le pays du beau dans tous les genres. Ce n'est pas à vous qu'il faut prouver cela, mon ami ; mais mille choses de détail semblent y favoriser particulièrement la musique. La chaleur extrême, suivie, le soir, d'une fraîcheur qui rend tous les êtres respirants heureux, fait, de l'heure où l'on va au spectacle, le moment le plus agréable de la journée. Ce moment est, à peu près partout, entre neuf et dix heures du soir, c'est-à-dire quatre heures au moins après le dîner.

On écoute la musique dans une obscurité favorable. Excepté les jours de fête, le théâtre de la Scala, de Milan, plus grand que l'Opéra de Paris, n'est éclairé que par les lumières de la rampe ; enfin on est parfaitement à son aise dans des loges obscures, qui sont de petits boudoirs.

Je croirais volontiers qu'il faut une certaine langueur pour bien jouir de la musique vocale. Il est de fait qu'un mois de séjour à Rome change l'allure du Français le plus sémillant. Il ne marche plus avec la rapidité qu'il avait les premiers jours ; il n'est plus pressé pour rien. Dans les climats froids, le travail est nécessaire à la circulation ; dans les pays chauds, le *divino far niente* est le premier bonheur.

A Paris .....[1]

Me reprocherez-vous, en cherchant où en est la musique en France, de ne parler que de Paris ? En Italie, on peut citer Livourne, Bologne, Vérone, Ancone, Pise, et vingt autres villes qui ne sont pas des capitales ; mais la province, en France, n'a nulle originalité : Paris seul, dans ce grand royaume, peut compter pour la musique.

Les provinces sont animées d'un malheureux esprit d'imitation qui les rend nulles pour les arts comme pour beaucoup d'autres choses. Allez à Bordeaux, à Marseille, à Lyon, vous croyez être au Marais. Quand ces villes-là se résoudront-elles à être elles-mêmes, et à siffler ce qui vient de Paris, quand ce qui vient de Paris ne leur plaît pas ? Dans l'état actuel de la société, on y imite pesamment la légè-

1. L'auteur supprime tout ce qu'il disait, dans une correspondance intime, des compositeurs et des chanteurs vivant à Paris. Il est bien fâché que cet acte de politesse le prive du plaisir de répéter tout le bien qu'il pense de mesdames Branchu et Regnaut, ainsi que d'Elleviou.

reté de Paris ; on y est simple avec affectation, naïf avec étude, sans prétention avec prétention.

A Toulouse, comme à Lille, le jeune homme qui se met bien, la jolie femme qui veut plaire, veulent être surtout comme on est à Paris ; et dans les choses où la pédanterie est la plus inconcevable on trouve des pédants. Ces gens-là semblent n'être pas bien sûrs de ce qui leur fait peine ou plaisir ; il faut savoir ce qu'on en dit à Paris. J'ai souvent ouï dire à des étrangers, et avec assez de raison, qu'il n'y a en France que Paris, ou le village. Un homme d'esprit, né en province, a beau faire, pendant longtemps il aura moins de simplicité dans les manières que s'il fût né à Paris. La simplicité, « cette droiture d'une âme qui s'interdit tout retour sur elle et sur ses actions [1] », est peut-être la qualité la plus rare en France.

Pour qui connaît bien Paris, rien de nouveau à voir à Marseille et à Nantes, que la Loire et le port, que les choses physiques ; le moral est le même ; tandis que de belles villes de quatre-vingt mille âmes, dans des positions aussi différentes, seraient fort curieuses à examiner si elles avaient quelque originalité. L'exemple de

1. Fénelon. On n'a pas noté avec exactitude toutes les idées pillées. Cette brochure n'est presque qu'un centon.

Genève, qui n'est pas le quart de Lyon, et où, malgré un peu de pédantisme dans les manières, les étrangers s'arrêtent beaucoup plus, et avec raison, devrait être un exemple pour Lyon. En Italie, rien de plus différent, et souvent de plus opposé, que des villes situées à trente lieues l'une de l'autre. Madame Gaforini, si aimée à Milan, fut presque sifflée à Turin.

Pour juger de l'état de la musique en France et en Italie, il ne faut pas comparer Paris à Rome ; on se tromperait encore en faveur de notre chère patrie. Il faut considérer qu'en Italie des villes de quatre mille âmes, comme Créma et Como, que je cite entre cent, ont de beaux théâtres, et de temps en temps d'excellents chanteurs. L'année dernière on allait de Milan entendre les petites Monbelli à Como ; c'est comme si de Paris on allait au spectacle à Melun ou à Beauvais. Ce sont des mœurs tout à fait différentes ; on se croit à mille lieues.

Dans les plus grandes villes de France on ne trouve que le chant aigre du petit opéra-comique français. Un opéra réussit-il à Feydeau, deux mois après on est sûr de le voir applaudir à Lyon. Quand les gens riches d'une ville de cent mille âmes, située à la porte de l'Italie, auront-ils l'idée d'appeler un compositeur, et de faire faire de la musique pour eux ?

Le ciel de Bordeaux, les fortunes rapides, les idées nouvelles que donne le commerce de mer ; tout cela, joint à la vivacité gasconne, devrait y faire naître une comédie plus gaie et plus fertile en événements que celle de Paris. Pas la moindre trace d'un tel mouvement. Le jeune Français, là comme ailleurs, étudie son La Harpe, et ne s'avise pas de poser le livre, et de se dire : Mais cela me plaît-il réellement ?

On ne trouve un peu d'originalité en France que dans les classes du peuple, trop ignorantes pour être imitatrices ; mais le peuple ne s'y occupe pas de musique, et jamais le fils d'un charron de ce pays-là ne sera un Joseph Haydn.

La classe riche y apprend tous les matins, dans son journal, ce qu'elle doit penser le reste de la journée en politique et en littérature. Enfin la dernière source de la décadence des arts en France, c'est l'attention anglaise que les gens qui ont le plus d'âme et d'esprit y donnent aux intérêts politiques. Je trouve très commode d'habiter un pays pourvu d'une constitution libre ; mais, à moins d'avoir un orgueil extrêmement irritable, et une sensibilité mal placée pour les intérêts du bonheur, je ne vois pas quel plaisir on peut trouver à s'occuper sans cesse de constitution et de politique.

Dans l'état actuel des jouissances et des habitudes d'un homme du monde, le bonheur que nous pouvons tirer de la manière dont le pouvoir est distribué dans le pays où nous vivons n'est pas très grand : cela peut nous nuire, mais non nous faire plaisir.

Je compare l'état de ces patriotes qui songent sans cesse aux lois et à la balance des pouvoirs, à celui d'un homme qui prendrait un souci continuel de l'état de solidité de la maison qu'il habite. Je veux bien, une fois pour toutes, choisir mon appartement dans une maison solide et bien bâtie ; mais enfin on a bâti cette maison pour y jouir tranquillement de tous les plaisirs de la vie, et il faut être, ce me semble, bien malheureux quand on est dans un salon, avec de jolies femmes, pour aller s'inquiéter de l'état de la toiture de la maison.

Et propter vitam, vivendi perdere causas.

Vous voyez, mon ami, que je vous ai obéi courrier par courrier. Voilà le relevé des idées assez peu approfondies que je me trouve avoir sur l'état actuel de la musique en Italie. Elle y est en pleine décadence, si l'on en croit l'opinion publique, qui, par hasard, a raison. Pour moi, je jouis tous les soirs de la *décadence ;* mais pendant la journée je vis avec un autre art.

Ainsi tout ce que je viens de vous écrire doit être bien médiocre et bien incomplet ; par exemple, je me souviens seulement à cette heure que Mosca a un frère, qui, ainsi que lui, est un compositeur très-agréable.

J'aurais bien mieux aimé avoir à vous parler de la superbe copie, faite par M. le chevalier Bossi, de la *Cène* peinte à Milan par Léonard de Vinci ; des jolis tableaux esquissés par ce grand peintre et cet homme aimable pour le feu comte Battaglia, et relatifs au caractère des quatre grands poëtes italiens ; des fresques d'Appiani au palais royal ; de la villa bâtie par M. Melzi sur le lac de Como, etc. Tout cela m'irait mieux aujourd'hui que de vous parler du plus bel opéra moderne.

En musique, comme pour beaucoup d'autres choses, hélas ! je suis un homme d'un autre siècle.

Madame de Sévigné, fidèle à ses anciennes admirations, n'aimait que Corneille, et disait que Racine et le café passeraient. Je suis peut-être aussi injuste envers MM. Mayer, Paër, Farinelli, Mosca, Rossini[1], qui sont très-estimés en Italie. L'air

Ti rivedrò, mi rivedrai

---

1. L'auteur est injuste envers Rossini. Rappelé à Paris, il n'avait entendu que deux fois de la musique de Rossini. (*Note manuscrite de l'ex, Mirbeau.*)

du *Tancrède* de ce dernier, qu'on dit fort jeune, m'a pourtant fait un vif plaisir. J'en ai toujours à entendre certain duo de Farinelli, qui commence par

<blockquote>No, non v'amo,</blockquote>

et que, sur plusieurs théâtres, on ajoute au second acte du *Mariage secret*.

Je vous avouerai, mon aimable Louis, que depuis que je vous écrivais en 1809, de ma retraite de Salzbourg, je n'ai pu encore parvenir à m'expliquer d'une manière satisfaisante le peu d'empressement que l'on montre en Italie pour Pergolèse et les grands maîtres ses contemporains. C'est à peu près aussi singulier que si nous préférions nos petits écrivains actuels aux Racine et aux Molière. Je vois bien que Pergolèse est né avant que la musique eût atteint, dans toutes ses branches, une entière perfection : le genre instrumental a fait, depuis sa mort apparemment, tout le chemin qu'il lui est donné de faire ; mais le clair-obscur a fait des progrès immenses après Raphaël, et Raphaël n'en est pas moins resté le premier peintre du monde.

Montesquieu dit fort bien : « Si le ciel donnait un jour aux hommes les yeux perçants de l'aigle, qui doute que les règles de l'architecture ne changeassent sur-le-champ ? Il faudrait des ordres plus compliqués. »

Il est évident que les Italiens sont changés depuis le temps de Pergolèse.

La conquête de l'Italie, opérée au moyen d'actions qui avaient de la grandeur, réveilla d'abord les peuples de la Lombardie ; dans la suite, les exploits de ses soldats en Espagne et en Russie, son association aux destinées d'un grand empire, quoique cet empire ait eu du malheur, le génie d'Alfieri, qui est venu ouvrir les yeux à son ardente jeunesse sur les études niaises où l'on égarait son ardeur, tout a fait naître dans ce beau pays,

> Il bel paese
> Ch'Apennin parte, e'l mar circonda e l'Alpe.
> PÉTRARQUE.

la soif d'être une nation.

L'on m'a même dit qu'en Espagne les troupes d'Italie passaient pour l'avoir emporté, en quelques occasions, sur les vieilles bandes françaises. Plusieurs beaux caractères se sont fait distinguer dans les rangs de cette armée. A en juger par un jeune officier général que je vis blessé au cou à la bataille de la Moskowa, cette armée a des officiers aussi remarquables par la noblesse de leur caractère que par leur mérite militaire. J'ai trouvé parmi eux beaucoup de naturel dans les manières, une raison simple et profonde, et nulle jactance. Tout cela n'était pas en 1750.

Voilà donc un changement bien réel dans les habitants de l'Italie. Ce changement n'a pas encore eu le temps d'influer sur les arts. Les peuples de l'ancien royaume d'Italie n'ont pas encore joui de ces longs intervalles de repos, pendant lesquels les nations demandent des sensations aux beaux-arts.

Je suis très-content de remarquer depuis plusieurs années, en Lombardie, une chose qui ne plaît pas également à tous nos compatriotes : je veux dire un peu d'éloignement pour la France. Alfieri a commencé ce mouvement, qui a été fortifié par les vingt ou trente millions que le budget du royaume d'Italie payait chaque année à l'empire français.

Un jeune homme fougueux qui entre dans la carrière, brûlant de se distinguer, est importuné par l'admiration à laquelle le forcent ceux qui l'ont précédé dans cette même carrière, et qui y ont reçu les premières places des mains de la victoire. Si les Italiens nous admiraient davantage, ils nous ressembleraient moins dans nos qualités brillantes. Je ne serais pas trop surpris qu'ils sentissent aujourd'hui qu'il n'y a point de vraie grandeur dans les arts sans originalité, et de vraie grandeur dans une nation sans une constitution à l'anglaise. Peut-être vivrai-je encore assez pour voir rejouer en Italie la *Mandragore* de Machiavel, les comédies *dell' arte* et les opéras de Pergolèse. Les Italiens sentiront tôt ou tard que ce sont là leurs titres de gloire ; ils en seront plus estimés des étrangers. Pour moi, j'avoue que j'ai été tout désappointé, entrant un de ces jours au spectacle à Venise, de trouver qu'on donnait *Zaïre*. Tout le monde pleurait, même le caporal de garde qui était à la porte du parterre, et les acteurs n'étaient pas sans mérite. Mais, quand je veux voir *Zaïre*, je vais à Paris, au Théâtre-Français. J'ai été bien plus satisfait le lendemain en voyant l'*Ajo nel imbarazzo* (le *Gouverneur embarrassé*), comédie faite par un Romain, et supérieurement jouée par un gros acteur, qui m'a rappelé sur-le-champ Iffland de Berlin, et Molé, dans les rôles demi-sérieux qu'il avait pris vers la fin de sa carrière. Ce gros acteur m'a paru tout à fait digne d'entrer dans ce triumvirat. Mais c'est en vain que j'ai cherché à Venise la comédie de Gozzi et la comédie *dell' arte* ; au lieu de cela, on donnait presque tous les jours des traductions du théâtre français. Avant-hier je me suis sauvé de la triste *Femme jalouse*, pour aller un peu rire, sur la place Saint-Marc, devant le théâtre de Polichinelle. C'est, en vérité, ce qui m'a fait le plus de plaisir à Venise, en fait de théâtres non chantants. Je trouve cela tout simple, c'est que Polichinelle et Pantalon sont indigènes en Italie, et que, dans tous les genres, on a beau faire, on n'est grand, si l'on est grand, qu'en étant soi-même.

DÉDICACE

A MADAME D'OLIGNY

Londres, 13 octobre 1814.

Il est bien naturel, madame, que je vous présente ce petit ouvrage, le premier que j'aie jamais écrit. Il fut fait dans un moment où le malheur aurait pu m'atteindre, si je ne m'étais pas donné une distraction. Vous daigniez me demander quelquefois ce que je faisais, et comment je n'étais pas plus affecté de ce qui m'arrivait. Voici mon secret : je vivais dans un autre monde ; je n'aurais jamais quitté celui dont vous faites l'ornement, si j'avais connu dans ce pays-là quelques âmes comme la vôtre, ou s'il eût été possible que celle que j'admirais sentît pour moi autre chose que de l'amitié.

Je pars avec le regret d'avoir vu un nuage s'élever entre vous et moi dans ces *derniers jours ; et comme, entre amis, c'est le moment de la séparation qui décide de l'intimité future, je crains que, par la suite, nous ne vivions en étrangers. J'ai trouvé de la douceur à déposer dans ce petit endroit caché l'expression simple des sentiments qui m'animent, et dont je ne prétends point de reconnaissance ; j'aime parce que j'y trouve du plaisir.*

Je sais d'ailleurs ce que vous avez voulu faire pour moi. Vous l'avez voulu, j'en suis certain ; et cette volonté, quoique privée de succès, me donne le plaisir d'être reconnaissant à jamais.

Adieu, madame. La vaine fierté que le monde impose me fera peut-être vous parler en indifférent ; mais il est impossible que je le sois jamais pour vous, dans quelque pays éloigné que le sort me conduise.

Je suis avec un profond respect,

THE AUTHOR.

TABLE

Préface de l'éditeur.................. i

Préface.............................. 1

LETTRES SUR HAYDN.

Lettre Ire. — Maison de Haydn ; — la petite vieille ; — la larve de Haydn ; — mélancolie qu'inspire la vue de ce grand homme ; — description de Vienne ; — le Prater et Haydn ; — les femmes de Vienne ; — les mœurs et le gouvernement favorables à la musique........................ 7

Lettre II. — Lulli ; — les ouvertures ; — la *Cène* de Paul Véronèse ; — les troubadours ; — l'orchestre de l'Odéon ; — Rameau, — Scarlatti, — Pleyel ; — la symphonie............................. 15

Lettre III. — Naissance de Haydn ; — son père, charron et musicien de village ; — Frank, cousin du charron, premier maître de Haydn ; — Haydn chante au lutrin à Haimbourg ; — cerises qui lui apprennent à triller ; — devient enfant de chœur à la cathédrale de Vienne ; — son extrême assiduité au travail ; — les plaisirs du musicien qui compose ; — ses avantages sur le poëte, le peintre, le sculpteur, l'architecte, le guerrier ; — avis à nos femmes sentimentales ; — ôter ses souliers, signe de plaisir ; — les lancer en l'air, extase complète............................... 25

Lettre IV. — Première messe de Haydn ; — sa pauvreté extrême ; — il travaille seul à apprendre le contre-point ; — Porpora ; — Haydn se fait son jockey pour en tirer quelques bons conseils ; — il y gagne d'apprendre à chanter dans le grand goût italien ; — son originalité se développe.. 34
Lettre V. — Haydn chassé de Saint-Etienne après onze ans de service ; — le perruquier Keller devient son protecteur ; — petites sérénades qu'il exécute la nuit, et qui lui font donner un opéra à composer ; — la tempête du Diable-Boiteux ; — il donne six trios ; — la nomenclature de la musique ; — insurrection générale des pédants, heureuse pour Haydn ; — il loge avec Métastase ; — fait des symphonies ; — entre chez le prince Esterhazy ; — compose pour le baryton ; — épouse la fille du perruquier Keller ; — mademoiselle Boselli. 41
Lettre VI. — Distribution du temps de Haydn au fort de son génie ; — caractère de ses ouvrages ; — mot de Mozart sur nos opéras comiques.......................... 54
Lettre VII. — Le jeune Italien des îles Borromées ; — le caractère italien comparé au caractère français ; — la gaieté et la mélancolie ; — le bon ton français ; — le salon de madame du Deffant ; — le café de Foy ; — influence comparative des caractères des deux nations sur leur musique. 62
Lettre VIII. — Anecdote encourageante pour l'étude des beaux-arts ; — on apprend à sentir ; — secrets de la composition de Haydn ; — du chant ; — romans qui guidaient Haydn dans la composition des symphonies............................. 70
Lettre IX. — Suite des jugements sur le style de Haydn ; — considérations fort peu savantes sur la musique............ 93

LETTRE X. — Les *Sept Paroles* ; — symphonies pour les jours saints.............. 107
LETTRE XI. — Gaieté et vivacité de Haydn ; — il pouvait porter le comique dans la musique instrumentale ; — symphonie comique ; — anecdotes................. 111
LETTRE XII. — Opéras de Haydn ; — leur mérite ; — plaisir donné par la musique, différent du plaisir que cause la peinture ; — en quoi.................. 118
LETTRE XIII. — De la mélodie ; — du chant chez les différentes nations ; — Haydn en manque dans ses opéras 125
LETTRE XIV. — Lettre adressée à l'auteur sur l'école de Naples ; — Scarlatti, — Porpora, — Leo ; — Durante, — Vinci, — Pergolèse, — il Sassone, — Jomelli, — Perez, — Traetta, — Sacchini, — Bach, — Piccini, — Paisiello, — Guglielmi, — Anfossi 134
LETTRE XV. — Nouveaux détails sur la vie de célèbres compositeurs ; — Haydn, — Gluck, — Sarti, — Cimarosa, — Sacchini, — Paisiello, — Zingarelli ; — bague de Haydn ; — mort du prince Nicolas ; — trait de ridicule fort précieux de la part d'un amateur parisien ; — la mort de mademoiselle Boselli décide Haydn à faire un voyage à Londres ; — anecdotes sur son séjour dans cette ville ; — second voyage de Haydn à Londres ; — mademoiselle Billington ; — l'*Ariane abandonnée* ; — son retour ; — sa fortune...... 142
LETTRE XVI. — Les messes de Haydn ; — Palestrina, — Durante ; — aventure de Farinelli et de Senesino ; — les brebis musiciennes des îles Borromées ; — caractère des messes de Haydn.............. 157
LETTRE XVII. — Petit avertissement.... 174

Lettre XVIII. — Réflexions un peu amères; — *Tobie* ; — la *Création* ; — détails sur l'oratorio ; — Hændel ; — la *Destruction de Jérusalem* ; — imitation physique de la nature par la musique ; — imitation *sentimentale* ; — musique pittoresque ; — examen de la *Création*................ 176
Lettre XIX. — Succès de la *Création* ; — la machine infernale ; — les moments de plaisir et de peine ne laissent pas de souvenir distinct ; — anecdotes ; — du beau en musique ; — du beau idéal en général. 200
Fragment de la réponse à la lettre précédente 216
Lettre XX. — L'oratorio des *Quatre Saisons* — histoire de Stradella et d'Hortensia ; comparaison des principaux musiciens avec les peintres les plus célèbres...... 220
Lettre XXI. — Dernières années de Haydn ; — la messe de l'Institut ; — touchante célébration du jour de la naissance de Haydn, chez le prince Lobkowitz................................ 236
Lettre XXII. — Mort de Haydn ; — sa piété ; — son héritier ; — son épitaphe ; — des artistes du jour 241
Catalogue des œuvres de Haydn....... 251

VIE DE MOZART.

Chapitre Ier. — Son enfance ; — ses étonnantes dispositions ; — ses succès à l'âge de six ans ; — voyage à Vienne ; — il vient à Paris à l'âge de sept ans, y joue dans des concerts publics, et y compose ; — il va à Londres, y joue des symphonies de sa composition ; — continue ses voyages à la Haye, à Amsterdam ; — retourne à Salzbourg ; — son séjour à Milan, — à Rome ; — *Miserere* de la chapelle Sixtine 259

Chapitre II. — Suite des merveilles de son enfance.................................. 281
Chapitre III. — Mozart vient à Paris dans l'intention de s'y fixer ; — il quitte cette ville au bout de dix-huit mois ; — *Idoménée* ; — la *Flûte enchantée* ; — liste de ses œuvres ; — son portrait ; — son caractère ; — son aventure au théâtre de Berlin.................................. 285
Chapitre IV. — Habitudes de Mozart ; — anecdotes.................................. 295
Chapitre V. — Son désintéressement ; — son traitement à la cour de Vienne..... 302
Chapitre VI. — La femme de Mozart ; — singuliers pressentiments de ce grand artiste ; — son extrême application au travail.................................. 306
Chapitre VII. — Comparaison de la *Flûte enchantée* et des *Mystères d'Isis* ; — le fameux *Requiem* ; — mort de Mozart... 314
Lettre sur Mozart ; — caractère de sa musique.................................. 322

LETTRES SUR MÉTASTASE.

Ire Lettre. — Manière dont on doit envisager ses ouvrages ; — l'*Olympiade* ; — Musique de Pergolèse.................. 333
IIe Lettre. — Son génie comparé à celui des autres grands poëtes de l'Italie ; — la *Canzonnetta à Nice* ; — quelques détails sur sa vie 364
Lettre sur l'état actuel de la musique en Italie.................................. 379
Dédicace.................................. 413

FIN DE LA TABLE.

ACHEVÉ D'IMPRIMER LE 5 JUILLET 1928
SUR LES PRESSES
DE L'IMPRIMERIE ALENÇONNAISE
F. GRISARD, Administrateur
11, RUE DES MARCHERIES, 11
ALENÇON (ORNE)

www.ingramcontent.com/pod-product-compliance
Lightning Source LLC
Chambersburg PA
CBHW060927230426
43665CB00015B/1864